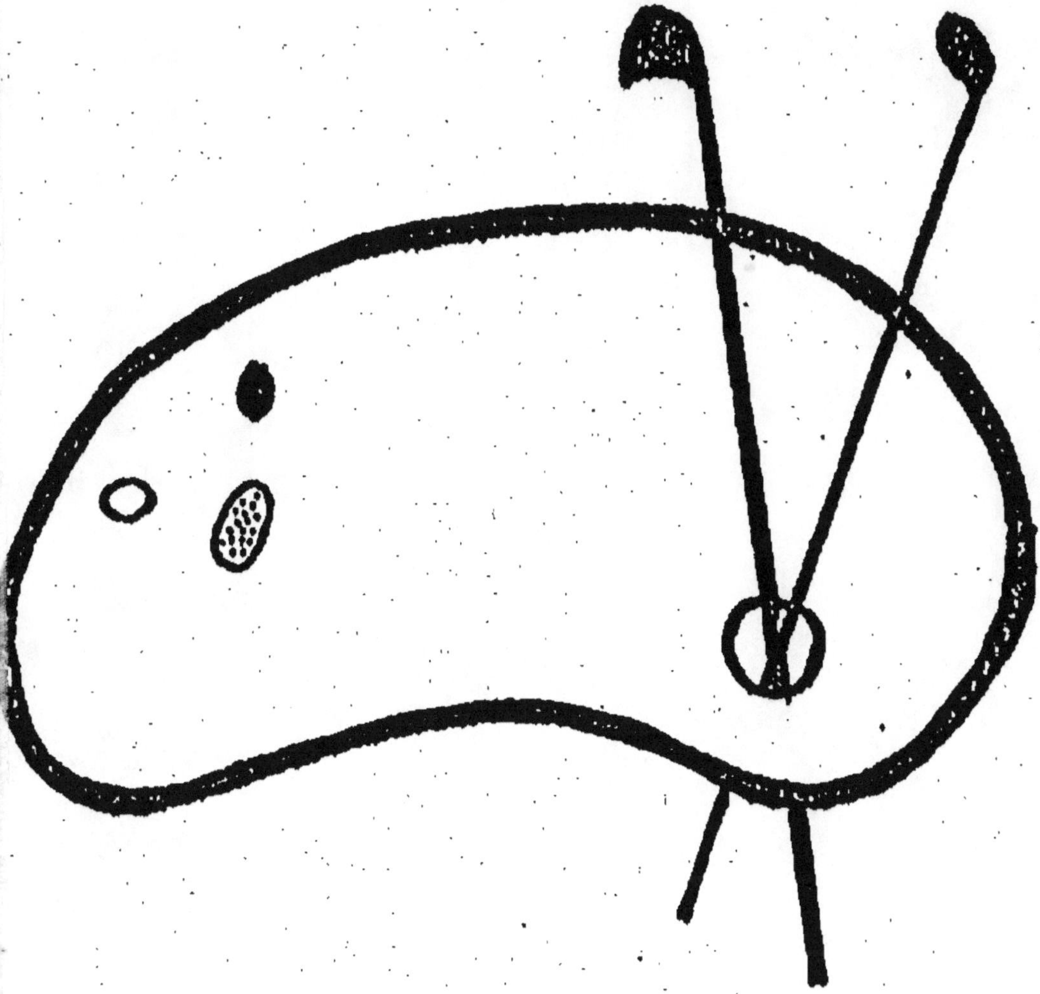

DEBUT D'UNE SERIE DE DOCUMENTS
EN COULEUR

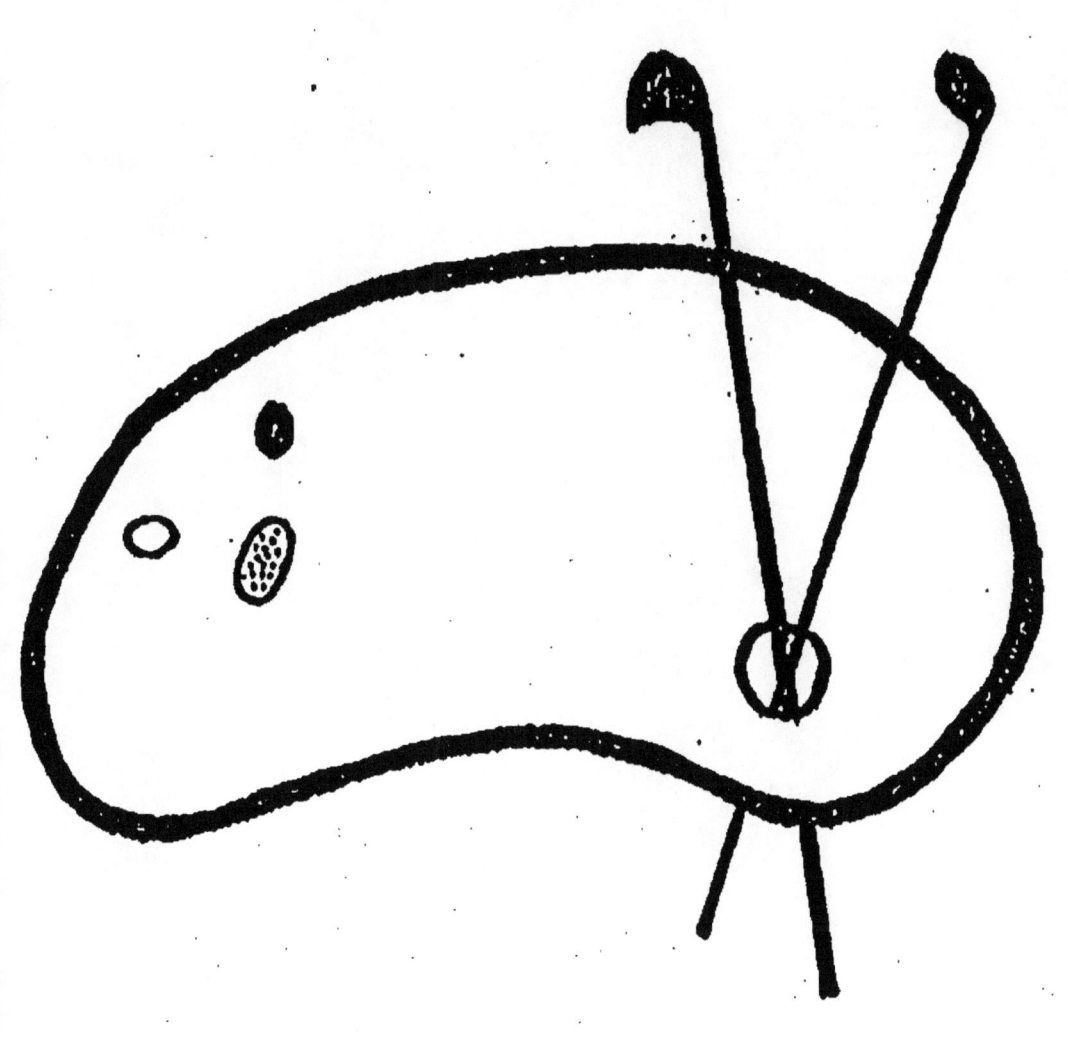

FIN D'UNE SERIE DE DOCUMENTS EN COULEUR

MANUEL

D'ÉDUCATION MORALE

ET D'INSTRUCTION CIVIQUE

DU MÊME AUTEUR

L'Education morale et civique avant et pendant la Révolution. (Librairie H. Oudin.) *Ouvrage couronné par l'Académie française.*

    Un beau volume in-8°. Prix. . . . . 5 »

Les Études classiques avant la Révolution. (Librairie académique Perrin). *Ouvrage couronné par l'Académie française.*

    Un beau volume in-12. Prix. . . . . 4 »

Les deux Maîtres de l'Enfance, le Prêtre et l'Instituteur. (Librairie académique Perrin).

    1 vol. in-12. Prix. 3 50

MANUEL

D'ÉDUCATION MORALE

ET

D'INSTRUCTION CIVIQUE

PAR

A. SICARD

Auteur de : *l'Éducation morale et civique avant et pendant la Révolution.*
Lauréat de l'Académie française.

—

Deuxième édition.

———— ❋ ————

CHEZ LES ÉDITEURS

PARIS	LYON
H. OUDIN	**VITTE ET PERRUSSEL**
17, RUE BONAPARTE, 17	3, PLACE BELLECOUR, 3

ÉDUCATION MORALE

ET INSTRUCTION CIVIQUE

PREMIÈRE PARTIE

ÉDUCATION MORALE

LIVRE PREMIER

L'HOMME

CHAPITRE PREMIER

L'HOMME ET L'ANIMAL

L'homme est composé d'un corps et d'une âme. Parlons en quelques mots de ce corps et de cette âme.

I. — EN QUOI L'HOMME PAR SON CORPS RESSEMBLE A L'ANIMAL EN QUOI IL EN DIFFÈRE

1° Le corps.

Par le corps, l'homme est un animal. Comme les animaux, l'homme naît, grandit, se développe, dépérit et meurt. Comme les animaux, il a une tête, des membres, un estomac, des poumons, des veines, du sang. Comme les animaux il mange, il boit, il digère, il respire, il éprouve des sensations.

2° Supériorité du corps de l'homme sur celui des animaux.

L'homme diffère déjà du simple animal par son corps qui est plus beau, plus noble que celui des bêtes. Voyez-le : tandis que les autres animaux sont courbés vers la terre, lui est droit sur ses pieds, touchant à peine le sol ; sa tête est tournée vers le ciel, son œil embrasse l'univers. Son front large et découvert, le feu de son regard, la dignité de sa démarche, la majesté de son port, l'expression de sa physionomie, la finesse de ses traits, le son de sa voix, la souplesse, l'harmonie de ses membres, la perfection de ses organes, tout concourt à faire de l'homme le roi de la création.

« C'est parmi les animaux, le seul qui est droit, le seul tourné vers le ciel, le seul où reluit par une si belle et si singulière situation, l'inclination de la nature raisonnable aux choses hautes. C'est de là aussi qu'est venue à l'homme cette singulière beauté sur le visage, dans les yeux, dans tout le corps. D'autres animaux montrent plus de force, d'autres plus de vitesse et de légèreté, et ainsi du reste ; l'excellence de la beauté appartient à l'homme et c'est comme un admirable rejaillissement de l'image de Dieu sur sa face. »

BOSSUET.

II. — DIFFÉRENCE ESSENTIELLE, DU COTÉ DE L'AME, ENTRE L'HOMME ET L'ANIMAL

« N'allez point ressembler au cheval et au mulet qui n'ont point d'intelligence.

PS. XXXI, 9.

« Il existe des hommes qui se ravalent au-dessous de la brute pour avoir le droit de vivre comme elle. »

BOSSUET.

C'est par son âme que l'homme se distingue essentiellement des animaux.

1° L'homme seul a la raison.

Il a un esprit qui se développe et qui acquiert chaque jour des connaissances. Où est la raison de l'animal? A-t-on fondé pour lui des écoles, va-t-il en classe, a-t-on jamais songé à lui apprendre à lire, à compter, à dessiner?

Tous les efforts de ce genre ont à peine habitué le chien à rapporter l'objet qu'on lui jette, à présenter aux passants la sébile du mendiant. Tout ce qu'on obtient de lui et des autres animaux vient, non de la raison, mais de l'instinct qu'ils tiennent du créateur. Ils ne sortent pas du domaine de la sensation. Je n'ai pas entendu dire que les animaux aient fait des livres, qu'ils aient compté des savants. On ne s'est jamais avisé de chercher des géomètres parmi les chats ni des astronomes chez les oiseaux.

2° L'homme seul est un être moral.

Il a la notion du devoir; il sait que telle chose est permise, telle autre défendue. Il y a plus; l'homme est un être religieux. Il croit en Dieu, il le prie, il l'adore. Il croit à une autre vie où la vertu sera récompensée et le vice puni.

Qui a jamais songé à parler de Dieu, de religion à l'animal, à lui attribuer une conscience, à l'exciter au bien par l'espérance du ciel? Le cocher n'a jamais demandé à son cheval de monter la côte au nom du devoir. Ici, un bon coup de fouet vaut mieux que tous les appels à la conscience. La mère dit à son enfant désobéissant que Dieu le punira. La ménagère n'a jamais pensé à menacer de la vengeance divine le chat qui a emporté le pâté, le chien qui a dévoré un poulet.

3° L'homme est le seul être qui parle.

C'est par le langage qu'il entretient ses relations les plus douces avec ses semblables. Il est l'être unique de la création qui jouisse de cette prérogative. La petite fille qui joue avec sa poupée a beau l'interroger, la presser de questions, la poupée reste muette. Les animaux eux-mêmes ne parlent pas. Le perroquet répète machinalement quelques mots qu'il ne comprend pas. Le chien, qui paraît le plus intelligent de tous les animaux, borne toutes ses démonstrations à des cris et à des aboiements qui n'ont rien du langage humain.

4° L'homme est le seul être capable de progrès.

Il a fait sans cesse de nouvelles découvertes à travers les temps, depuis l'âge de pierre, où il se servait de haches en silex, jusqu'à notre siècle où il a inventé les chemins de fer et les télégraphes. Il a accumulé des trésors de connaissances, il a cultivé les sciences les plus sublimes.

L'animal n'a pas fait un seul progrès depuis qu'il existe. Les hirondelles construisent leur nid, les abeilles leur ruche comme il y a quatre mille ans. L'oiseau, qui en voit un autre pris au piège, n'a pas l'idée de fuir et tombe dans le lacet voisin. Les bêtes ne profitent en rien de l'expérience. Les voyageurs ont observé que lorsque la caravane quitte l'endroit où elle a passé la nuit, les singes accourent auprès du feu allumé par elle, mais ils n'ont jamais l'idée d'avancer le bois pour faire durer la flamme plus longtemps. Elphis de Samos, ayant débarqué sur les côtes d'Afrique, aperçut un lion qui venait à lui en suppliant pour se faire enlever un os embarrassé dans ses dents. Ce lion n'avait pas songé à demander secours à un autre lion.

ÉDUCATION MORALE.

5° L'homme a l'empire sur les animaux.

Il les domine, il se fait servir et porter par eux. Il grimpe sur le dos de l'éléphant et le dirige à son gré. Un troupeau de bœufs obéit docilement à un petit enfant qu'un coup de corne mettrait en pièces. Ils ne songent même pas à se servir de leur force pour secouer le joug et recouvrer leur liberté. Oh! c'est que l'homme est le roi des animaux. Il est d'une autre race et les preuves que nous venons d'apporter montrent qu'il y a un abîme entre lui et la bête.

« Les hommes semblent vouloir élever les animaux jusqu'à eux-mêmes, afin d'avoir droit de s'abaisser jusqu'aux animaux et de vivre comme eux, semblables à quelqu'un de grande naissance qui, ayant le courage bas, ne voudrait point se souvenir de sa dignité, de peur d'être obligé à vivre dans les exercices qu'elle demande. »

Bossuet.

« Quoi! je puis observer, connaître les êtres et leurs rapports; je puis sentir ce que c'est qu'ordre, beauté, vertu; je puis contempler l'univers, m'élever à la main qui le gouverne; je puis contempler le bien et le faire, et je me comparerais aux bêtes! Ame abjecte! C'est ta triste philosophie qui te rend semblable à elles, ou plutôt tu veux en vain t'avilir, ton génie dépose contre tes principes, ton cœur dément ta doctrine et l'abus même de tes facultés prouve leur excellence en dépit de toi. »

Jean-Jacques Rousseau.

RÉSUMÉ

L'homme et l'animal. — I. En quoi l'homme par son corps ressemble à l'animal, — en quoi il en diffère : 1° Le corps; 2° supériorité du corps de l'homme sur celui des animaux. — II. Différence essentielle du côté de l'âme entre l'homme et l'animal : 1° L'homme seul a la raison; 2° l'homme seul est un être moral; 3° l'homme est le seul être qui parle; 4° l'homme est le seul être capable de progrès; 5° l'homme a l'autorité sur les animaux.

CHAPITRE DEUXIÈME

L'AME

« Dieu dit : « Faisons l'homme à notre image et à notre ressemblance. » Et il forma l'homme du limon de la terre et il inspira sur sa face un souffle de vie, et l'homme fut fait en une âme vivante.

Bible.

« Après Dieu, il n'y a rien de plus grand que notre âme. »
Saint Augustin.

I. — NOUS AVONS UNE AME

1° Ce qu'on entend par l'âme.

Nous avons dit que l'homme est composé d'un corps et d'une âme. J'ai une âme, c'est-à-dire qu'il y a en moi une substance immatérielle, un esprit distinct du corps. On a défini l'âme : un esprit créé à l'image de Dieu pour être uni à un corps et qui ne mourra jamais.

2° Nous ne connaissons pas notre âme de la même façon que le corps.

Rien de plus facile que de voir le corps. Il est étendu, palpable, pesant, doué de figure et de couleur. C'est une matière qui tombe sous les sens. L'homme a cinq sens : la *vue*, qui a pour organes les yeux; l'*ouïe*, qui a pour organes les oreilles; le *toucher*, qui se fait par les doigts, la main et toute la surface du corps; l'*odorat*, qui a son siège dans le nez; le *goût*, qui est placé dans la langue et le palais. Ces cinq sens sont les cinq fenêtres de la maison. L'homme, pour constater qu'il a un corps, n'a qu'à ouvrir les yeux, qu'à se toucher avec la main, qu'à s'écouter marcher.

L'âme, à la différence du corps, ne se voit pas par les

sens extérieurs, ne se touche pas, ne s'entend pas. Mais l'homme porte en lui un sens intérieur, un *sens intime* appelé conscience, qui lui montre son âme aussi certainement que les yeux lui montrent le corps. Il lui suffit de rentrer en lui-même pour y constater immédiatement la présence d'un esprit qui constitue son *moi*.

3° C'est l'âme qui pense en nous.

« L'âme est ce qui pense. »
La Bruyère.

Ce qui me prouve le mieux l'existence d'une âme immatérielle, c'est que je pense; or la matière, et par conséquent le corps qui est matière, ne pense pas. Comment affirmer sans rire que ce banc sur lequel je suis assis est intelligent et pense ? S'il est si intelligent, il pourrait bien répondre pour moi quand on m'interroge en classe. Quand je confie mes idées au papier, est-ce la plume, qui les transcrit, qui les a conçues, ou bien est-ce mon esprit ? Si cette plume est si intelligente, elle pourrait bien marcher toute seule pour résoudre mon problème ou faire ma rédaction d'histoire. Mes yeux lisent le livre, mais c'est l'âme qui l'étudie et qui le retient. Mes oreilles entendent le maître, mais c'est l'âme qui le comprend. Ma langue et mes lèvres se remuent pour répondre aux questions qu'on me pose, mais c'est l'âme qui les dirige et qui dicte la réponse.

On ne doit demander à un arbre que les fruits qu'il peut porter. Des organes matériels ne peuvent produire que des effets matériels. C'est ainsi que les glandes lacrymales sécrètent des larmes, les glandes salivaires de la salive, le foie de la bile. Dès lors, puisque la matière, puisque mon corps qui est matière ne peut produire la pensée qui est immatérielle, il faut qu'il y ait en moi un principe pensant, une substance spirituelle, c'est-à-dire une âme.

Je suis là dans tel lieu et puis tout d'un coup je suis par la pensée à Saint-Pétersbourg, à Pékin. Je vis dans le présent, je ne suis ni dans le passé ni dans l'avenir, et pourtant je me transporte à Rome, deux mille ans en arrière, cent siècles en avant. Ce n'est pas le corps, qui se meut lourdement, qui me fait ainsi franchir en un clin d'œil le temps et l'espace. C'est l'âme qui m'emporte sur les ailes de la pensée.

4° C'est l'âme qui sent en nous.

Mon corps a des organes appelés sens : la vue, l'ouïe, le toucher, l'odorat, le goût; mais ce n'est pas lui qui les met en exercice. Ce n'est pas le corps, c'est mon âme qui voit par mes yeux, entend par mes oreilles, vibre à chaque impression extérieure. Nous avons appelé les cinq sens les fenêtres du corps. Ces fenêtres sont toujours ouvertes; sans elles l'âme ne pourrait pas voir le monde; mais ôtez l'âme, il n'y a personne pour regarder au dehors ni pour répondre du dedans. Le corps sans âme serait une belle statue pourvue d'une tête, de bras, de jambes, des divers organes, ayant tout, excepté le mouvement et la vie. Les sens sont comme les touches d'un orgue qui ne résonne que sous la main de l'artiste.

C'est l'âme qui donne un langage aux impressions physiques reçues du dehors. Nous savons, par exemple, que les paroles que nous entendons arrivent au tympan de l'oreille au moyen de la vibration de l'air mis en branle par la langue. « Tous les mots, dit Fontenelle, font sur l'oreille et le cerveau des impressions semblables. Comment donc se fait-il que certaines paroles nous laissent indifférents tandis que d'autres excitent notre joie ou notre indignation, nous attendrissent ou nous irritent? c'est qu'indépendamment de l'action physique sur le cerveau, les mots produisent une impression sur un principe indépendant du corps, une âme immatérielle. »

Il est si vrai que l'exercice de nos sens tient à l'âme, que cette âme une fois chassée par la mort, tous les sens sont frappés d'inertie. Le corps de mon père est là, étendu sur sa couche funèbre; j'ai beau lui parler, il n'entend pas; j'ai beau solliciter son regard, son œil est ouvert et ne voit pas; j'ai beau lui tendre la main, son bras glacé par la mort ne répond pas à mon étreinte.

Ce qui est vrai de la sensibilité physique l'est à plus forte raison de la sensibilité morale. Dans la même journée, quelquefois dans la même heure, je suis gai et triste, heureux et malheureux; je passe par des alternatives de joie et de chagrin. Évidemment ces sentiments qui m'agitent ainsi entre des impressions contraires, sans qu'il y ait le moindre changement dans l'état de mon corps ou de mon cœur, ne viennent ni du corps ni du cœur matériel, mais de mon âme en qui Dieu a créé ces abîmes et comme ce flux et ce reflux de pensées et de passions.

Qu'est-ce donc que l'âme? demandait un enfant à sa mère; et tandis que celle-ci cherchait une réponse: « Je l'ai trouvé, reprit-il, c'est avec quoi je t'aime. »

5° C'est l'âme qui veut en nous.

> Je sens en moi certain agent,
> Tout obéit dans ma machine
> A ce principe intelligent;
> Il est distinct du corps, se conçoit nettement,
> Se conçoit mieux que le corps même;
> De tous nos mouvements, c'est l'arbitre suprême.
>
> LA FONTAINE.

J'agis, je me meus, je veux et ne veux pas, je me détermine dans un sens ou dans un autre. — Or, la matière est inerte, indifférente au repos et au mouvement, incapable de changer spontanément d'état. La poupée que j'ai placée dans son petit lit, en lui recommandant d'être bien sage et de dormir, n'a pas bougé de place. L'argent que j'ai dans ma bourse ne me jouera pas le mauvais tour de passer dans la poche de mon voisin.

Je sens qu'il y a en moi deux natures souvent en lutte. — L'une commande à l'autre, mais parfois le corps résiste ou n'obéit qu'en maugréant aux ordres qu'il reçoit. Si le corps était seul, s'il n'avait pas à compter avec l'esprit qui lui est uni, qu'est-ce qui l'empêcherait de suivre ses penchants?

Sans une âme qui veut, concevrait-on Mucius Scævola tenant sa main droite sur un brasier pour la punir de s'être trompée en ne tuant pas Porsenna? Chaque jour, chaque heure nous offrent des exemples de cet empire de l'âme. Cet enfant qu'on éveille le matin voudrait bien dormir encore; il est retenu au lit par le corps, mais un sentiment supérieur qui lui vient de l'âme, l'idée du devoir, le désir d'obéir à sa mère, la pensée d'aller en classe lui donnent la force de se lever. Dans tout le cours de la vie, ce corps continuera à obéir, travaillant malgré la fatigue, conduit au danger, au feu, peut-être à une mort certaine par une âme « maîtresse du corps qu'elle anime ».

On raconte que Turenne, visitant une position située en face des canons ennemis, reçut une terrible décharge qui le fit tressaillir malgré lui. Aussitôt, parlant à ce corps qui n'avait pu s'empêcher de frémir : « Tu trembles, carcasse, lui dit-il, tu tremblerais bien davantage si tu savais où je vais te mener tout à l'heure. »

6° Le corps se renouvelle sans cesse. C'est par l'âme que je suis toujours la même personne.

Le corps change avec les années; sa matière est souvent renouvelée par un mouvement incessant qui substitue les molécules aux molécules; au bout d'un certain temps les éléments qui le composent sont entièrement nouveaux.

L'âme reste la même. Ma *mémoire*, qui me rappelle les souvenirs d'il y a vingt ans, me dit que j'étais alors le même homme qu'aujourd'hui. Je me sens également *responsable* devant Dieu et devant les hommes de ce que j'ai fait il y a vingt ans. C'est donc que je suis le même. Et si je suis le même, je le dois non au corps qui se renouvelle sans cesse, mais à un principe qui ne change pas, parce qu'il est immatériel, à l'âme.

7° L'âme est donc spirituelle.

En disant que l'âme est spirituelle, j'entends qu'elle n'a ni étendue, ni figure, ni couleur, qu'elle ne tombe pas sous les sens, qu'elle ne fait point partie du corps, qu'elle n'est ni mon cerveau, ni ma tête, ni rien de matériel, qu'elle est indivisible.

Le corps se compose de parties, il est divisible, il peut être coupé en morceaux. J'ai connu Pierre, intrépide soldat, qui avait laissé ses bras et ses jambes à Sébastopol. Son corps était amoindri puisqu'il n'avait plus les quatre membres. Mais cet amputé était bien Pierre, sa personne n'était pas diminuée. Pourquoi cela? C'est que, si on peut amputer un membre du corps, on n'ampute jamais l'âme. Que j'aie un bras de plus ou de moins, l'âme reste la même parce qu'elle est simple. Il n'y a pas de quart d'âme, de moitié d'âme.

S'il n'y avait pas en moi un principe simple, une âme spirituelle, je serais incapable de porter un jugement, car pour affirmer une chose d'une autre, c'est la même intelligence qui doit saisir la convenance. Quand je dis : Paul est plus sage que Pierre, il faut qu'il y ait en moi un seul esprit comparant la conduite de Paul à celle de Pierre et concluant en faveur de Pierre.

Je sais que j'ai une âme bien que je ne la voie pas. Je n'ai pas besoin de voir votre pensée pour savoir que vous pensez. Je n'ai pas besoin d'ouvrir une montre pour être certain qu'il y a un ressort au dedans faisant mouvoir les aiguilles. Il me suffit de regarder l'homme, de l'entendre, pour savoir qu'un esprit intérieur anime le feu de son regard, remue sa langue, le rend sensible à ma voix. Sans l'âme, le corps serait inerte et sans vie comme une statue de cire.

RÉSUMÉ

I. — *Nous avons une âme.* — 1° Ce qu'on entend par l'âme; 2° nous ne connaissons pas notre âme de la même façon que le corps; 3° c'est l'âme qui pense en nous; 4° c'est l'âme qui sent en nous; 5° c'est l'âme qui veut en nous; 6° c'est par l'âme que nous sommes toujours la même personne, le corps se renouvelant sans cesse. L'âme est donc spirituelle.

II. — FACULTÉS DE L'AME

Les facultés de l'âme sont la *sensibilité* ou la faculté d'éprouver du plaisir, de la douleur; l'*intelligence* ou la faculté de connaître; la *volonté* ou la faculté d'agir.

1° *Sensibilité.* — La sensibilité se divise en sensibilité *physique*, laquelle se manifeste à l'occasion du corps, de la vie animale, et en sensibilité *morale*, laquelle est excitée en nous par les idées. A la sensibilité physique se rapportent les *appétits* et les *sensations*; à la sensibilité morale se rattachent les *inclinations*, les *sentiments*, les *passions*.

2° *Intelligence.* — On peut distinguer dans l'intelligence : 1° les facultés qui nous fournissent les matériaux de nos pensées; ce sont les *sens*, la *conscience* ou *sens intime*, la *mémoire*, l'*imagination*, la *raison* ou la faculté de l'absolu; 2° les opérations intellectuelles qui mettent ces matériaux en œuvre : ce sont l'*attention*, la *réflexion*, la *comparaison*, l'*abstraction*, la *généralisation*, le *jugement*, le *raisonnement*, le *langage*.

3° *Volonté.* — *Liberté.* — Il ne faut pas confondre la volonté avec l'*instinct* qui est une impulsion aveugle. La volonté est la faculté de se déterminer librement. Il n'y a pas de volonté humaine sans *liberté*. L'homme est libre; l'enfant se sent libre d'obéir ou de désobéir, d'apprendre sa leçon ou de ne pas étudier, et il abuse trop souvent de cette liberté. Si l'homme n'était pas libre de ses actes, il n'éprouverait point de remords quand il a fait le mal, et la société n'aurait point fait de lois pour punir les méchants.

On appelle *habitude* la facilité à produire certains actes, acquise par leur fréquente répétition.

RÉSUMÉ

II. — *Facultés de l'âme.* — 1° Sensibilité. 2° Intelligence. 3° Volonté. Liberté.

III. — LOI MORALE. — CONSCIENCE

1° *Loi morale.* — L'enfant sait *qu'il y a une différence essentielle entre le bien et le mal*, qu'il est bien par exemple d'aimer, de respecter son père et sa mère, qu'il est mal de leur désobéir, qu'il serait criminel de les frapper. En même temps, *l'enfant se sent obligé* de faire ce qui est bien et d'éviter ce qui est mal.

L'obligation de faire ce qui est bien, d'éviter ce qui est mal, s'appelle le *devoir*. Le devoir est la règle de nos actions, la *loi morale* de l'homme.

Rien de plus beau, rien de plus grand que cette apparition de la notion du devoir dans l'âme de l'enfant. Alors que les autres êtres de la création sont dépourvus de raison, alors que l'animal n'obéit qu'à l'instinct, l'enfant perçoit la distinction du bien et du mal; il se sent obligé, il est capable de vertu. Sa plus haute dignité, sa vraie noblesse consiste ainsi à connaître le devoir, à suivre la loi de Dieu manifestée par la conscience.

2° *Conscience.* — La conscience est cette voix intérieure qui, dans chaque circonstance, nous avertit de ce qui est bien et de ce qui est mal. La loi morale n'est pas formulée dans un code, elle est gravée dans notre cœur, elle est inscrite dans notre âme en caractères que chacun peut lire par les yeux de la conscience. Toutes les fois que l'homme est placé en face d'une action accomplie ou à accomplir, la conscience est le juge intérieur qui, rapprochant cette action de la loi, lui dit si elle est bonne ou mauvaise, permise ou défendue.

Il faut suivre sa conscience, il ne faut jamais agir contre sa conscience. Voilà notre grande règle de conduite. Enfants, prenez l'habitude d'écouter toujours votre conscience. Vos parents, vos maîtres ne seront pas toujours près de vous pour vous dire ce qu'il faut faire et, à mesure que vous avancerez dans la vie, vous dépendrez davantage de vous-mêmes. Prêtez de bonne heure l'oreille à cette voix intérieure qui se fait entendre au fond du cœur et est toujours prête à vous avertir.

Puisque la conscience est chargée de décider, rendez-la *droite* de façon à ce que ses arrêts soient toujours conformes à la loi morale. Évitez de la *fausser* en cherchant à la faire parler selon vos passions, vos intérêts et vos caprices. Quand vous êtes dans le doute, consultez pour en sortir. S'il y a nécessité d'opter, de prendre un parti, *formez-vous la conscience* en faisant pour le mieux, en vous disant que qui agit de bonne foi ne pèche pas. Surtout gardez-vous bien d'*étouffer* la voix de la conscience; malheur à l'enfant dont la conscience est muette! Il est déchu de sa dignité d'homme; ce n'est plus un être moral, c'est une brute.

Celui qui obéit à sa conscience éprouve, au fond de l'âme, une satisfaction intérieure; celui qui va contre ses décisions est poursuivi par *le remords*. L'homme éprouve du remords parce qu'étant à la fois libre d'agir et obligé par la loi, il se sent *responsable* de ses actes, responsable devant sa conscience qui lui reproche sa lâcheté et sa faute, responsable devant l'opinion publique qui, le plus souvent, condamne le coupable, responsable devant Dieu qui vengera sa volonté outragée.

RÉSUMÉ

III. — *Loi morale. Conscience.* — 1° Loi morale. 2° Conscience : — Définition. — Ne jamais agir contre sa conscience. — Remords.

IV. — IMMORTALITÉ DE L'AME

« Oui, Platon, tu dis vrai, notre âme est immortelle. »
V.

1° L'immortalité de l'âme nous est promise par la religion.

« L'espérance des justes est pleine d'immortalité. »
SAGESSE. IV. 4.

La foi nous enseigne de la façon la plus claire, la plus certaine, la réalité d'une autre vie. Elle nous apprend que la mort est un passage à une autre existence, existence qui doit durer toujours et dans laquelle les bons seront récompensés et les méchants punis.

> Il m'a dit : Va, mon fils, ma loi n'est pas pesante,
> Toi, qui dans la nuit même as suivi mes chemins,
> Tu ceindras des heureux la robe éblouissante,
> Parmi les innocents tu laveras tes mains.
V. Hugo.

2° La Justice divine réclame une vie future où les bons soient récompensés et les méchants punis.

Dans ce monde, que de fautes restent sans châtiment, que de vertus sans récompense. Combien de coupables réussissent à capter l'estime publique et à étouffer tout remords. Il faut donc qu'il y ait une autre vie où l'équilibre soit rétabli entre la vertu et le bonheur, entre le vice et la douleur, où chacun soit traité selon ses œuvres.
« Sous le soleil, dit l'Ecclésiaste, j'ai vu l'iniquité à la place de la justice et j'ai dit dans mon cœur : Dieu jugera le juste et l'impie, et alors sera le temps de toutes choses. »

3ᵉ Preuve d'immortalité tirée de l'horreur de l'homme pour le néant.

« Que la poussière retourne à la terre d'où elle venait, que l'esprit retourne à Dieu qui l'a donné. »
ECCLÉSIASTE.

« J'ai soif, mais d'immortalité. »
LAMARTINE.

L'homme aime la vie; il s'y attache de toutes les puissances de son être. *Le néant lui fait horreur.* Il ne peut croire qu'ayant été appelé par Dieu à l'existence, cet être souverainement bon l'ait créé pour le détruire. Il a des aspirations sans fin, des ambitions éternelles. La mort, même entrevue de loin, est le tourment de sa pensée parce qu'elle lui donne le frisson par la sensation de quelque chose qui finit. Otez-lui l'espérance que tout recommence sous une forme nouvelle, vous le rivez au désespoir.

Et pourquoi l'homme serait-il anéanti? *Rien ne se perd dans la nature.* La matière désagrégée continue à subsister dans ses éléments. Pourquoi Dieu, qui n'a pas créé pour détruire, qui laisse durer la feuille détachée de l'arbre, enlèverait-il l'existence à une âme qu'il a comblée de ses dons, qu'il a faite capable de le connaître, de l'aimer et de le servir? Si l'atome ne périt pas, à plus forte raison une substance douée de conscience et qui, par l'exercice de sa volonté libre, s'élève à la vertu, à la beauté morale dans un constant effort. « Au milieu de tous ces êtres endormis, dit M. Jules Simon, pourquoi m'éveiller si je suis une proie toute prête pour le néant? Est-ce un Dieu sage qui ne me rend si grand que pour me rendre si malheureux? Je puis vivre demain puisque je vis aujourd'hui; je ne fais pas obstacle à Dieu. Il m'a donné l'être gratuitement, mais ce bienfait reçu me confère un droit puisque Dieu est juste. »

Un esprit fort affirmait un jour hautement dans une réunion qu'il n'y a rien après la mort. « Monsieur, dit un architecte, ne vous y fiez pas: la mort évidemment est une porte, et, voyez-vous, les portes ouvrent toujours sur quelque chose. »

« Oui; j'espère, Seigneur, en ta magnificence :
Partout, à pleines mains, prodiguant l'existence,
Tu n'auras pas borné le nombre de mes jours
A ces jours d'ici-bas, si troublés et si courts.
Je te vois en tous lieux conserver et produire ;
Celui qui peut créer, dédaigne de détruire.
Témoin de ta puissance et sûr de ta bonté,
J'attends le jour sans fin de l'immortalité. »

LAMARTINE.

« Puisque nos corps, quand la mort les prend, ne font que changer de forme, puisque la matière est immortelle et que ce qu'il y a de plus fragile et de plus misérable doit vivre éternellement, comment concevoir que nos pensées les plus hautes, et nos sentiments les plus sublimes, que nos dévouements, notre charité, notre foi, nos élans vers Dieu, nos amours, nos souffrances, nos larmes, que tout cela doive périr avec nous sans laisser de traces... sans trouver un avenir, un refuge, une justice!... Ainsi, tout survivrait excepté ce qui est pur!... Tout serait éternel, excepté ce qu'il y a en nous de bon et de grand... excepté tout ce qui honore, tout ce qui décore la terre, tout ce qui plaît au ciel! Oh! non. »

O. FEUILLET.

4° Preuve tirée des aspirations de l'âme humaine et de sa soif de bonheur.

« Quel tombeau que le cœur et quelle solitude! »

ALFRED DE MUSSET.

Aucune des facultés de l'âme humaine n'atteint son plein développement ici-bas. Son intelligence est faite pour la vérité et elle passe la vie à se débattre contre les ombres et les ténèbres; sa volonté est faite pour la liberté et elle porte les chaînes des passions; sa conscience est faite pour la vertu et elle n'atteint presque jamais l'idéal moral qui lui est montré par la raison; son cœur est fait pour aimer, et trop souvent des affections coupables viennent le détourner du seul amour qui soit digne et capable de le remplir.

Est-ce que l'homme est condamné à périr sans atteindre sa fin, sans posséder jamais la vérité, la liberté, le souverain bien, l'infiniment aimable? Le Dieu qui l'a pétri d'infini, qui lui a donné des aspirations, des besoins inassouvis ici-bas, n'est-il point tenu de les satisfaire là-haut? Il conduit infailliblement tous les autres êtres à la fin pour laquelle il les a créés; l'homme ferait-il seul exception? Serait-il digne de la sagesse divine d'avoir creusé dans notre âme les fondements, d'y avoir posé les pierres d'attente d'un édifice qui ne doit jamais être bâti?

Il y va de la justice et de la sagesse divine; il y va aussi de mon *bonheur*.

> O vous qui demandez si l'âme est immortelle,
> Et ma part de bonheur, dites, où donc est-elle?

Je poursuis le bonheur, je crois le tenir et il m'échappe. Quelle disproportion entre l'immensité de mes désirs et les tristes réalités de la vie! Le sens de l'au-delà, la soif de l'infini m'empêchent de me reposer dans aucune joie de ce monde. Aucun bonheur n'est le bonheur. Je brise aujourd'hui comme un jouet d'enfant ce que je cherchais hier. « Nous traînons jusqu'au tombeau, dit Bossuet, la longue chaîne de nos espérances trompées. » Oh! ce n'est pas trop de l'immortalité pour essuyer mes larmes, pour oublier mes peines, pour dilater mon âme, pour m'enivrer dans la possession du souverain bien, dans la jouissance du bonheur éternel.

« Puisque nous espérons toujours, c'est un signe très manifeste que nous ne sommes pas dans le lieu où nous puissions posséder les choses que nous souhaitons. »   BOSSUET.

5° L'immortalité de l'âme prouvée par la croyance de tous les peuples.

Tous les peuples, dans tous les temps, ont cru à l'immortalité de l'âme. Cette foi se manifeste d'une façon éclatante dans le culte des morts. Un instinct irrésistible, une impulsion invincible conduit l'homme sur la tombe des aïeux pour y verser des larmes avec des prières. Mais lorsqu'au 2 novembre toute la population parisienne se porte dans les vastes nécropoles qui entourent la capitale, elle ne croit pas se remuer uniquement pour des cadavres; elle envoie avant tout ses regrets et ses souvenirs à l'âme qui anima ces restes qui n'ont plus de nom dans aucune langue.

Aucune négation, aucun sophisme n'arrachera du cœur de cette mère l'espérance de retrouver un jour l'enfant qu'elle a perdu. Aucun abîme ne sépare complètement ceux qui se sont aimés. La communication des âmes défie le temps et l'espace. Au-dessus du monde des corps plane une région supérieure où les esprits se parlent, s'appellent et se répondent avec d'autant plus de liberté qu'ils sont délivrés des liens de la chair.

> La tombe est le berceau d'une seconde vie.
> Le corps né de la fange y reste enseveli,
> Mais l'esprit remontant vers sa source divine
> Va chercher son arrêt où fut son origine.

« Je n'ai point de termes pour exprimer l'horreur et le mépris qu'inspire la dégradation de ceux qui appellent les sens en témoignage et veulent que la vie s'arrête là où s'arrêtent les yeux, semblables à des enfants qui, voyant le soleil descendre au-dessous de l'horizon, le croiraient à jamais éteint. Mais quoi, sont-ils donc les seuls qu'ait frappés le triste spectacle d'organes en dissolution? Sont-ils les premiers qui aient entendu le silence du sépulcre? Il y a six mille ans que les hommes passent comme des ombres devant l'homme, et néanmoins le genre humain, défendu contre le prestige des sens par une foi puissante et par un sentiment invincible, ne vit jamais dans la mort qu'un changement d'existence, et, malgré les contradictions de quelques esprits dépravés, il conservera toujours, comme un dogme de la raison générale, une haute tradition de l'immortalité. Que ceux-là donc qui la repoussent se séparent du genre humain et s'en aillent à l'écart porter aux vers leur pâture, un cœur palpitant d'amour pour la vérité, pour la justice, et une intelligence qui connaît Dieu. »

LAMENNAIS.

6° Le chrétien mourant.

Qu'entends-je? Autour de moi l'airain sacré résonne!
Quelle foule pieuse en pleurant m'environne?
Pour qui ce chant funèbre et ce pâle flambeau?
O mort! est-ce ta voix qui frappe mon oreille
Pour la dernière fois? Eh quoi! Je me réveille
    Sur le bord d'un tombeau.

O toi, d'un feu divin précieuse étincelle,
De ce corps périssable habitante immortelle,
Dissipe ces terreurs : la mort vient t'affranchir.
Prends ton vol, ô mon âme, et dépouille tes chaînes,
Déposer le fardeau des misères humaines
    Est-ce donc là mourir!

Oui, le temps a cessé de mesurer mes heures,
Messagers rayonnants des célestes demeures,
Dans quels palais nouveaux allez-vous me ravir?
Déjà, déjà je nage en des flots de lumière·
L'espace devant moi s'agrandit et la terre
    Sous mes pieds semble fuir.

Mais qu'entends-je? Au moment où mon âme s'éveille,
Des soupirs, des sanglots ont frappé mon oreille.
Compagnons de l'exil, quoi! vous pleurez ma mort!
Vous pleurez, et déjà dans la coupe sacrée
J'ai bu l'oubli des maux et mon âme enivrée
    Entre au céleste port.

LAMARTINE.

ÉDUCATION MORALE

RÉSUMÉ

IV. — *Immortalité de l'âme.* — 1° L'immortalité de l'âme nous est promise par la religion. 2° Elle est réclamée par la justice divine. 3° Preuve tirée de l'horreur de l'homme pour le néant. 4° Preuve tirée des aspirations de l'âme humaine et de sa soif de bonheur. 5° Preuve tirée de la croyance de tous les peuples. 6° Le chrétien mourant

LIVRE DEUXIÈME

DIEU

CHAPITRE PREMIER

EXISTENCE DE DIEU

« Tenez votre âme en état de ne pas craindre Dieu, et vous ne douterez jamais de son existence. »
J.-J. Rousseau.

I. — PREUVES TIRÉES DU SPECTACLE DE L'UNIVERS

1° L'existence du monde, 2° le bel ordre du monde prouvent l'existence de Dieu.

1° L'existence de Dieu prouvée par l'existence du monde.

> J'étais seul près des flots, par une nuit d'étoiles ;
> Pas un nuage aux cieux, sur les mers pas de voiles.
> Mes yeux plongeaient plus loin que le monde réel.
> Et les bois, et les monts, et toute la nature
> Semblaient interroger dans un confus murmure
>   Les flots des mers, les feux du ciel.
> Et les étoiles d'or, légions infinies,
> A voix haute, à voix basse, avec mille harmonies,
> Disaient, en inclinant leurs couronnes de feu ;
> Et les flots bleus, que rien ne gouverne et n'arrête,
> Disaient, en recourbant l'écume de leurs crêtes :
>   « C'est le Seigneur, le Seigneur Dieu. »
> V. Hugo.

Puisque le monde existe, il faut qu'il ait été créé par quelqu'un qui n'a pas été créé lui-même, c'est-à-dire par Dieu.

Le monde existe. Je le vois de mes yeux, je le touche de mes mains. Le monde existe, mais il ne s'est pas fait lui-même; car du moment où il n'était pas, il n'était rien, c'était le néant. Or rien ne se fait de rien et le néant est incapable de produire.

Le conseil municipal de telle commune veut bâtir une école. Si le maire ne prend aucune disposition, sous prétexte que les matériaux sortant tout à coup du néant pourraient se trouver un beau jour réunis comme par enchantement à l'endroit voulu, on dira qu'il est fou.

Si donc il n'y avait pas eu quelqu'un pour créer le monde, le monde n'existerait pas. Il n'y a pas d'effet sans cause; comme le monde existe, je conclus de son existence à l'existence d'un être qui la lui a donnée, c'est-à-dire à l'existence de Dieu.

Cet être qui a fait le monde existe en effet de toute éternité; il n'a pas eu de commencement. Car, le monde n'existerait pas s'il n'y avait pas un être qui, n'ayant pas eu de commencement, n'a pas eu besoin d'être créé lui-même et a créé le monde. « J'existe, dit Descartes, or je ne puis tenir mon existence de moi-même. Ceux qui m'ont donné la vie l'ont reçue comme moi. Je suis donc forcé de remonter à un premier être qui ne tienne l'existence que de lui-même, être éternel, infini, parfait. » Rien de plus clair. « Qu'il y ait un seul moment où rien ne soit, éternellement rien ne sera, s'écrie Bossuet. Il y a donc nécessairement quelque chose qui est avant tous les êtres et de toute éternité. »

Ce quelque chose qui n'a pas eu de commencement, qui était avant tous les êtres et de toute éternité, ce n'est pas le monde. L'astronomie, la géologie, les sciences naturelles nous apprennent que le soleil, la terre et toutes les planètes ont commencé. On arrive à compter le nombre et la durée de leurs révolutions successives. On démontre que ces globes lancés dans l'espace ont eu un commencement, comme on peut prédire avec certitude qu'ils auront une fin. L'humanité elle aussi a eu un commencement. Dès lors l'être éternel, l'être qui n'a pas eu de commencement n'est pas le monde, c'est Dieu.

2º L'existence de Dieu prouvée par le bel ordre du monde.

« Les cieux racontent la gloire de Dieu. »
Dᴀᴠɪᴅ.

« Levez les yeux en haut, considérez qui fait marcher dans un si bel ordre l'armée des étoiles ; qui les appelle par leur nom ? »
Iꜱᴀïᴇ.

« Pour ma part, plus j'y pense et moins je puis songer
Que cette horloge marche et n'ait point d'horloger. »
V.

« J'ai vu passer l'ombre d'un Dieu éternel, immense, tout puissant, souverainement intelligent, et j'ai été stupéfait. J'ai suivi dans le désert la trace de ses pas. Quelle force, quelle sagesse, quelle insondable perfection en toutes ses œuvres ! »
Lɪɴɴéᴇ.

L'ordre suppose un ordonnateur. — Je vois une maison bien construite, un palais ; je demande le nom de l'architecte qui les a élevés. Le mécanisme d'une montre me fait penser à l'horloger. Si j'entends un air de musique joué sur un instrument, le musicien a beau se cacher derrière le rideau, je suis sûr qu'il est là. Mais le monde est plus beau qu'un palais, il est mieux ordonné qu'une montre. Le son du plus admirable instrument n'est rien en comparaison du chant de la création. Il faut donc qu'il y ait un grand architecte, un grand horloger, un grand musicien. Ce grand architecte, ce grand horloger, ce grand musicien, nous l'appelons Dieu.

« Il n'y a genre de machines qu'on ne trouve dans le corps humain. Pour sucer quelque liqueur, les lèvres servent de tuyau et l[a] langue sert de piston. Au poumon est attachée l'âpre-artère (l[a] trachée-artère) comme une espèce de flûte douce d'une fabriqu[e] particulière qui, s'ouvrant plus ou moins, modifie l'air et diversifi[e] les tons. La langue est un archet qui, battant sur les dents et sur l[e] palais, en tire des sons exquis. L'œil a ses humeurs et son cristalli[n] où les réfractions se ménagent avec plus d'art que dans les verre[s] les mieux taillés : il a aussi sa prunelle qui s'allonge et se resser[re] pour rapprocher les objets comme les lunettes de longue vue. L'oreille a son tambour où une peau aussi délicate que bien tendue résonne au mouvement d'un petit marteau que le moindre brui[t] agite; elle a, dans un os fort dur, des cavités pratiquées pour faire re[ten]tir la voix, de la même sorte qu'elle retentit parmi les rocher[s] et dans ces échos. Les vaisseaux ont leurs soupapes ou valvules tournées en tous sens; les os et les muscles ont leurs poulies e[t] leurs leviers; les proportions qui font et les équilibres, et la multiplication des forces mouvantes, y sont observées dans une justesse où rien ne manque. Toutes les machines sont simples, le jeu en est si aisé et la structure si délicate, que toute autre machine est grossière à comparaison. »

BOSSUET.

Traits.

A quelqu'un qui cherchait une preuve de l'existence de Dieu, Newton montra le ciel et s'écria: Voyez!

« Tenez, disait un jour à Monge le général Bonaparte, tenez, ma religion est bien simple. Je regarde cet univers si vaste, si compliqué, si magnifique, et je me dis qu'il ne peut être le produit du hasard, mais qu'il est l'œuvre d'un être tout-puissant, supérieur à l'homme autant que l'univers est supérieur à nos belles machines. Cherchez, Monge, aidez-vous de vos amis les mathématiciens et les philosophes, vous ne trouverez pas une raison plus forte, plus décisive; quoi que vous fassiez pour la combattre, vous ne l'infirmerez pas. »

Les cieux racontent la gloire de Dieu.

« L'univers est une lyre qui chante la gloire de l'Éternel. Chaque grain de poussière d'or qui se balance dans le rayon solaire chante la gloire et la beauté de l'Éternel; chaque goutte de rosée qui brille sur chaque brin d'herbe, chante la gloire et la beauté de l'Éternel. Chaque flot du rivage, chaque roche, chaque brin de mousse, chaque insecte chante la gloire et la beauté de l'Éternel.

« Et le soleil de la terre, et la lune pâle, et les vastes planètes, et tous les soleils de l'infini, avec les mondes innombrables qu'ils éclairent, et les splendeurs de l'Empyrée entendent la voix du grain de sable qui roule sur la pente de la montagne, la voix que l'insecte produit en dépliant son aile diaprée, la voix de la fleur qui sèche et éclate en laissant tomber sa graine, la voix de la mousse qui fleurit, la voix de la feuille qui se dilate en buvant la goutte de rosée, et l'Éternel entend toutes les voix de la lyre universelle. Il entend notre voix aussi bien que celle des constellations; car rien n'est petit pour celui devant lequel rien n'est grand, et rien n'est inépuisable pour celui qui a tout créé! »

G. S.

RÉSUMÉ

I. — *L'existence de Dieu* prouvée : 1° Par l'existence du monde. Puisque le monde existe, il faut qu'il ait été créé par quelqu'un qui n'ait pas été créé lui-même, c'est-à-dire par Dieu. 2° L'existence de Dieu prouvée par le bel ordre du monde lequel suppose un ordonnateur souverain.

II. — L'EXISTENCE DE DIEU PROUVÉE PAR L'ÉTUDE DE L'HOMME

> Du grand livre de la nature
> Si la lettre, à vos yeux obscure,
> Ne le trahit pas en tout lieu,
> Oh! l'homme est le livre suprême.
> Dans les fibres de son cœur même
> Lisez, mortels, il est un Dieu.
>
> LAMARTINE.

L'homme a un sens des choses divines.

PLATON.

L'étude de l'homme, soit que l'on considère les facultés de l'individu, soit que l'on consulte l'humanité en général, nous apporte de nouveaux témoignages de l'existence de Dieu.

1° Témoignage des facultés de l'âme.

1° *Témoignage de l'esprit.*

L'homme pense, il a des connaissances, il a l'idée du vrai, du beau, du bien. Or, la pensée ne peut venir de la matière qui ne pense pas. Il faut donc qu'il y ait au-dessus de nous un être pensant de qui l'homme tient la pensée. « Quelle plus grande absurdité, dit Montesquieu, qu'une fatalité aveugle qui aurait produit des êtres intelligents. »

Il y a au fond de ma raison certaines notions absolues, universelles, éternelles, nécessaires. J'ai l'idée de l'être infini, de l'être parfait. Comment moi, qui suis fini et imparfait, qui ne vois autour de moi que des êtres finis et imparfaits, aurais-je l'idée de l'infini et du parfait, si cette idée n'avait point été mise en moi par un être infini et parfait, c'est-à-dire par Dieu.

2° *Témoignage de la conscience.*

O divine, ô charmante loi !
O justice, ô bonté suprême !
Que de raisons, quelle douceur extrême
D'engager à ce Dieu son amour et sa foi !

RACINE.

La loi morale preuve de l'existence de Dieu. — La loi morale, qui lie l'homme, suppose un suprême législateur qui est Dieu.

J'ai des devoirs, je me sens tenu de faire le bien et d'éviter le mal. Qui est-ce qui me lie ainsi, qui est-ce qui m'oblige ? Ce n'est pas moi. Je ne crée pas l'obligation, je la subis, elle m'étreint malgré moi. Je me sens obligé et souvent je me révolte contre l'obligation. Je reconnais la loi et je la transgresse. Si la peur m'a fait déserter le champ de bataille, si la haine m'a fait calomnier le prochain, je sens que j'ai mal fait puisque j'en ai du remords. Ce n'est pas moi qui ai établi ces lois de courage et de justice qui me condamnent et que je ne songe pas à nier, même si j'y manque. Il y a donc en dehors de moi un être souverain, un suprême législateur qui saisit ma conscience, la lie, l'oblige malgré moi; cet être, c'est Dieu.

La voix de la conscience, preuve de l'existence de Dieu. — Qui a mis en nous cette voix intérieure qui parle à tous les hommes, qui tient à chacun dans tous les temps et dans tous les lieux le même langage, qui impose la pratique du devoir malgré le cri de la passion, que rien ne peut étouffer, qui procure à l'âme la joie la plus pure quand elle a été obéie, qui la torture par le remords quand elle a été méconnue. Évidemment l'homme ne s'est pas donné sa conscience, car s'il en était l'auteur il en serait le maître ; il pourrait la faire parler et la faire taire à son gré ; elle varierait avec les intérêts et les passions de chacun. Il faut donc qu'elle ait été placée dans notre âme par le suprême législateur, par celui qui est la source de tout bien, la règle immuable de toute justice, par Dieu.

3° *Témoignage du cœur.*

L'homme a soif d'infini, de bonheur, d'amour parfait. Ces besoins, il sent qu'il ne peut les satisfaire qu'en Dieu.

Malgré moi l'infini me tourmente.

ALFRED DE MUSSET.

La nature a deux chants, de bonheur, de tristesse,
Qu'elle rend tour à tour ainsi que notre cœur;
De l'une à l'autre note elle passe sans cesse.
Homme, l'une est ta joie et l'autre ta douleur !
L'une sort du matin et chante avec l'aurore,
L'autre gémit le soir un triste et long adieu;
Au premier, au second, le ciel répond : Adore !
Et de l'hymne éternel le mot unique est Dieu.

LAMARTINE.

4° *Témoignage de la volonté.*

L'homme est libre, il veut et ne veut pas, il se détermine comme il l'entend. Or, la liberté ne peut venir à l'homme de la matière, du monde extérieur qui obéissent aveuglément à des lois qu'ils ne se sont pas données. Il faut donc qu'il y ait un être souverainement puissant et libre, de qui l'homme tienne la faculté de se déterminer librement.

C'est vers cet être que l'homme, dans les circonstances où il sent particulièrement son impuissance, se tourne instinctivement pour demander protection et refuge. Qu'il soit mis subitement en présence d'un grand danger, ce cri : mon Dieu, mon Dieu, sortira comme invinciblement de son âme. Qu'il soit trahi, abandonné, victime d'une injustice, on le verra par un mouvement irrésistible lever les yeux vers le ciel et aller chercher en Dieu celui qui juge les jugements, répare les iniquités et rend à chacun selon ses œuvres. Qu'il soit mis en présence d'une loi morale, dont l'observation déconcerte sa faiblesse, la prière que le chrétien adresse à son Dieu soir et matin : *libera nos a malo*, Seigneur, délivrez-nous du mal, jaillira spontanément de ses lèvres.

2° L'existence de Dieu prouvée par le sentiment général de tous les peuples.

> Consultez Zoroastre et Minos et Solon,
> Et le martyr Socrate et le grand Cicéron,
> Ils ont adoré tous, un maître, un juge, un père.
> Ce système sublime à l'homme est nécessaire;
> C'est le sacré lien de la société,
> Le premier fondement de la sainte équité,
> Le frein du scélérat, l'espérance du juste.
> Si les cieux, dépouillés de son empreinte auguste,
> Pouvaient cesser jamais de le manifester,
> Si Dieu n'existait pas, il faudrait l'inventer.
>
> V.

1° *Tous les hommes ont cru à l'existence de Dieu.*

Tous les peuples ont cru à l'existence de Dieu. Le culte de la divinité a pris les formes les plus diverses depuis le plus grossier fétichisme jusqu'au spiritualisme le plus élevé ; mais à travers ces manifestations multiples, l'histoire nous montre dans tous les temps et dans tous les lieux les hommes prosternés devant la Divinité.

Tous les hommes ont regardé l'existence de Dieu comme le fondement de la société. Il est la loi des peuples comme des individus, il règne sur les codes comme sur les consciences. A son nom, les justes espèrent, les méchants tremblent.

> Apprenez, roi des Juifs, et n'oubliez jamais
> Que les rois dans le ciel ont un juge sévère,
> L'innocence un vengeur et l'orphelin un père.
>
> RACINE.

2° Cette croyance universelle prouve l'existence de Dieu.

Cette croyance à l'existence de Dieu ne vient ni des *préjugés*, qui changent selon les temps et les lieux, ni des *passions* auxquelles cette vérité est contraire, ni de *l'ignorance*, puisque nous la trouvons chez les peuples les plus intelligents et les plus civilisés, ni de la *politique*, puisqu'on ne peut nommer personne qui l'ait établie ou ait été assez puissant pour la faire accepter. Elle a donc été mise dans notre âme par Dieu lui-même.

Il est impossible en effet de voir l'humanité, dans tout le cours des siècles, sous toutes les latitudes, dans toutes les civilisations comme dans toutes les barbaries, se prosterner devant la Divinité, s'obstiner à mêler à ses joies et à ses tristesses, à ses espérances et à ses craintes, le nom de quelque puissance supérieure, sans conclure que ce sentiment religieux, qui reparaît toujours et partout sous ses formes multiples, qui a résisté à toutes les transformations, à toutes les révolutions, à toutes les nouveautés et à toutes les ruines, à tous les désenchantements et à tous les scepticismes, à l'usure du temps comme à l'oubli des hommes, fait partie intégrante de notre nature. Cette soif de divin, cette obstination à placer quelqu'un ou quelque chose au dessus de nos têtes ces perpétuels élans vers un monde meilleur, ce besoin d'adoration et de prière qui suscite partout des rites sacrés, des temples et des sacrifices, en un mot, cette persistance de l'idée religieuse à travers le temps et l'espace prouve que l'homme est fait pour regarder le ciel, comme l'œil pour voir, l'oreille pour entendre et le cœur pour aimer.

Si cette foi invincible n'avait pas d'objet, si Dieu n'existait pas, il faudrait dire que les hommes de tous les temps et de tous les lieux qui ont cru, espéré en lui, étaient des fous.

RÉSUMÉ

11. *L'Existence de Dieu prouvée par l'étude de l'homme.* — 1° Témoignage des facultés de l'âme, de l'esprit, de la conscience, du cœur, de la volonté. 2° Témoignage du sentiment général de tous les peuples. Tous les peuples ont cru à l'existence de Dieu. Cette croyance universelle prouve son existence.

CHAPITRE DEUXIÈME

LA NATURE OU LES ATTRIBUTS DE DIEU

Après avoir prouvé que *Dieu est*, il faut nous demander *ce qu'il est*. Après avoir démontré son existence, il faut exposer ses attributs.

On entend par attributs de Dieu les différents aspects sous lesquels sa perfection se manifeste à notre intelligence. C'est pour arriver à le mieux connaître que notre esprit distingue diverses manières d'être en Dieu qui est nécessairement un.

On divise d'ordinaire les attributs divins en deux classes :

1° *Attributs de Dieu considéré en lui-même.*

2° *Attributs de Dieu considéré dans ses rapports avec les créatures.*

I. — ATTRIBUTS DE DIEU CONSIDÉRÉ EN LUI-MÊME

1° Dieu existe par lui-même. Il est l'être nécessaire.

« L'être qui est par lui-même renferme en soi la plénitude ou la totalité de l'être. »

FÉNELON.

L'homme est une créature, il tient son existence d'un autre. Dieu n'a pas été créé, il est le créateur; il tient son être non d'autrui, mais de lui-même. Il réalise dans sa plénitude le mot *être*; aussi répondit-il à Moïse qui lui demandait son nom : « Je suis celui qui est. »

« Dieu a tout l'être de chacune de ses créatures, mais en retranchant la borne qui la restreint. Otez toutes bornes, ôtez toute imperfection qui resserre l'être, qui le limite et le rend imparfait, vous demeurerez dans la perfection infinie de l'être par lui-même. »

Fénelon.

2° Dieu est infini ou infiniment parfait.

« Qui dit Dieu dit un océan infini de toute perfection. »
Bossuet.

« Il est infiniment tout ce qu'il est. »
Fénelon.

« Sénéchal, demandait un jour saint Louis à Joinville : Qu'est-ce que Dieu ? Sire, lui dis-je, c'est si bonne chose que meilleure ne peut être. Vraiment, fit-il, c'est bien répondu. »
Joinville.

En nous, tout est borné, fini. En Dieu tout est illimité, infini, parfait. Dans l'homme, dans la nature, toutes les perfections sont limitées, le soleil même a des taches. Dieu seul est infini, infiniment parfait.

« Qu'appelle-t-on parfait, dit Bossuet ? Un être à qui rien ne manque. Qu'appelle-t-on imparfait ? Un être à qui quelque chose manque. » Rien ne manque à Dieu ; il est, il est tout ce qu'on peut être, il a toutes les qualités et il les a au suprême degré, il est parfait.

3° Dieu est éternel.

« Dieu est le Seigneur éternel. »
Isaïe, 40.

« L'Éternel est son nom. »
Racine.

> Tu vis et tu vis ; les âges,
> Inégaux pour tes ouvrages,
> Sont tous égaux sous ta main !
> Et jamais ta voix ne nomme
> Hélas ! ces trois mots de l'homme:
> Hier, aujourd'hui, demain.
>
> LAMARTINE.

Dieu est éternel, c'est-à-dire qu'il n'a pas eu de commencement et qu'il n'aura point de fin. L'homme n'a pas toujours existé, il a eu un commencement. Dieu n'a pas eu de commencement, parce qu'il est la cause première ; il était avant toutes choses, puisqu'il est l'auteur de toutes choses. S'il y avait eu un moment où Dieu ne fût pas, éternellement rien ne serait.

Dieu est en dehors du temps, il n'y a pour lui ni passé ni futur, tout lui est présent. « En lui rien ne dure parce que rien ne passe, s'écrie Fénelon ; tout est fixe, tout est à la fois, tout est immobile. En Dieu rien n'a été, rien ne sera, mais tout est. »

> Rien ne sera, Seigneur ! Mais toi, source des mondes,
> Qui fais briller les feux, qui fais couler les ondes,
> Qui sur l'axe des temps fais circuler les jours,
> Tu seras, tu seras ce que tu fus toujours.
> Tous ces astres éteints, ces fleuves qui tarissent,
> Ces sommets écroulés, ces mondes qui périssent,
> Dans l'abîme des temps ces siècles engloutis,
> Ces temps et cet espace eux-mêmes anéantis,
> Ce pouvoir qui se rit de ses propres ouvrages,
> A Celui qui survit ce sont autant d'hommages,
> Et chaque être mortel par le temps emporté
> Est un hymne de plus à ton éternité.
>
> LAMARTINE.

4° Dieu est immuable. Dieu ne change pas.

« Je suis le Seigneur et je ne change pas. »
MAL. III. 6.

L'homme change; il y a une mobilité constante dans ses impressions, dans ses pensées, dans ses déterminations. Il veut et ne veut pas, il ne veut pas aujourd'hui ce qu'il voulait hier, il ne veut pas ce soir ce qu'il voulait ce matin. Il n'y a pas un jour, pas une heure qui le trouve parfaitement égal à lui-même. Le changement se produit jusque dans le renouvellement incessant de la matière qui forme son corps.

Dieu ne change pas, il n'est point aujourd'hui autre qu'il était hier. Il n'est ni plus vieux ni plus jeune. Il est immuable dans son *existence* qui est éternelle, dans ses *perfections* qu'il possède essentiellement, dans ses *décrets* qu'il a portés de toute éternité. Dieu ne peut rien perdre, rien acquérir ; il ne peut ni s'élever ni déchoir, car ce serait se diminuer ou s'accroître, ce qui répugne à la nature d'un être essentiellement parfait.

5° Dieu est partout. Il est immense.

« Où pourrai-je fuir votre présence ? Si je monte au ciel, vous y êtes, si je descends dans les profondeurs de l'abîme, je vous y trouve. Quand je prendrais des ailes pour aller me réfugier aux extrémités de l'Océan, c'est votre main qui me conduirait, c'est votre bras qui me soutiendrait. »

Ps. cxxxvi, 6.

« Par delà tous les cieux, le Dieu des cieux réside. »
V.

Mais où donc est ton Dieu ? me demandent les sages.
Mais où donc est mon Dieu ? Dans toutes ces images,
  Dans ces ondes, dans ces nuages,
Dans ces sons, ces parfums, ces silences des cieux,
Dans ces ombres du soir qui des hauts lieux descendent,
Dans ce vide sans astre et dans ces champs de feux,
Et dans ces horizons sans bornes, qui s'étendent
Plus haut que la pensée et plus loin que les yeux.

LAMARTINE.

L'immensité de Dieu est l'infini par rapport à l'espace, comme son éternité est l'infini par rapport au temps. Dieu est immense, il est partout, il remplit le monde entier de sa présence, sans occuper aucun lieu. Il est présent à tout par sa *substance* qui pénètre toutes les créatures, par sa *puissance* qui produit et conserve tout, par sa *science* qui connaît et gouverne tout.

> Oh ! que les cieux sont grands et que l'esprit de l'homme
> Plie et tombe de haut, mon Dieu, quand il te nomme.
> Quand, descendant du dôme où s'égaraient ses yeux,
> Atome, il se mesure à l'infini des cieux,
> Et que, de la grandeur soupçonnant le prodige,
> Son regard s'éblouit et qu'il se dit : Qui suis-je ?
> Oh ! que suis-je, Seigneur, devant les cieux et toi ?
> De ton immensité le poids pèse sur moi.
> LAMARTINE.

6° Dieu est un esprit, un être simple.

« Dieu est esprit. »
S. JEAN. IV, 4.

« Dieu n'est pas seulement un être vivant, mais il est l'Esprit. »
HEGEL.

Dieu n'est pas un corps, c'est un esprit. Un corps est étendu, il a une longueur, une largeur, une épaisseur ; il est divisible, on peut le séparer en deux, en quatre, en dix. L'esprit est au contraire inétendu, indivisible, il est simple. Tel est Dieu. Si Dieu n'était pas un esprit il serait composé de parties, il aurait des limites et par suite il ne serait pas infiniment parfait.

Il y a plus, le corps qui est matière est incapable d'intelligence, de liberté, de vertu. L'esprit seul pense, aime, se souvient, veut. Comme Dieu possède souverainement toutes ces qualités, il est esprit.

Dieu n'est pas, comme notre âme, un esprit uni à un

corps, c'est un pur esprit. Lorsque la sainte Écriture parle des yeux de Dieu, de ses oreilles, de sa bouche, de son bras, c'est une façon de nous faire entendre que Dieu voit tout, entend tout, atteint tout, peut tout ; mais il ne faut pas prendre ces expressions à la lettre.

7° **Dieu est unique. Il n'y a qu'un Dieu.**

« Il n'y a qu'un seul Dieu »
Moïse (Deut. vi. 4).

« Il n'y a nul autre Dieu que le seul Dieu. »
S. Paul (1 Cor. xiii. 4).

« S'il y avait plus d'un Dieu, dit Bossuet, s'il y en avait une infinité il n'y en aurait point, car chaque Dieu, n'étant que ce qu'il est, serait fini et il n'y en aurait point à qui l'infini ne manquât. » En supposant même l'existence de plusieurs dieux qui, par impossible, se partageraient l'infini, ils auraient des volontés distinctes, souvent opposées, ce qui détruirait toute unité, toute harmonie dans le gouvernement du monde, entraînerait le désordre et le chaos. D'ailleurs, un seul Dieu, une seule cause première suffisent à expliquer tout ce qui existe dans l'univers.

« Je ne puis avoir aucune idée de deux êtres infiniment parfaits, car l'un partageant la même puissance infinie avec l'autre, partagerait aussi l'infinie perfection, et par conséquent chacun d'eux serait moins puissant et moins parfait que s'il était seul. »
Fénelon.

RÉSUMÉ

I. — *Attributs de Dieu considéré en lui-même.* — 1° Dieu existe par lui-même ; 2° Dieu est infini ou infiniment parfait ; 3° Dieu est éternel ; 4° Dieu est immuable ; 5° Dieu est partout ; 6° Dieu est un pur esprit ; 7° Dieu est unique. Il n'y a qu'un Dieu.

II. — ATTRIBUTS DE DIEU CONSIDÉRÉ DANS SES RAPPORTS AVEC LES CRÉATURES

« O Seigneur, j'ai tiré de moi une merveilleuse connaissance de ce que vous êtes. »

DAVID.

« Les perfections de Dieu sont celles de nos âmes, mais il les possède sans bornes; il est un océan dont nous n'avons reçu que des gouttes. Il y a en nous quelque puissance, quelque connaissance, quelque bonté, mais elles sont entières dans Dieu. »

LEIBNITZ.

1° La sagesse ou la science de Dieu. Dieu sait tout. Dieu voit tout.

« L'homme voit le visage, mais Dieu voit le cœur. »

BIBLE.

Dieu a une sagesse, une science infinie. Comment celui qui a fait éclater sa sagesse dans le monde ne serait-il pas sage? « Celui qui a fait l'œil ne verra pas! Celui qui a fait l'oreille n'entendra pas! Celui qui a fait l'intelligence pourrait en manquer! » La pensée, l'intelligence, la science qui font la grandeur de l'homme sont également en Dieu, mais comme Dieu est infini, elles y sont dans un degré infini.

Dieu voit tout, jusqu'à nos plus secrètes pensées. L'enfant ne doit jamais oublier sa présence. Qu'il marche sans cesse sous le regard du grand témoin à qui rien n'échappe. « Dieu, dit le prophète, connaît les choses les plus cachées. »

« Seigneur, vous m'examinez avec soin et vous me connaissez. Vous voyez toutes mes pensées... Où irai-je pour m'éloigner de votre esprit? Où fuirai-je pour n'être plus en votre présence? Si je monte au ciel vous y êtes, si je descends dans les enfers je vous y trouve. Pour vous il n'y a pas de ténèbres et la nuit est aussi claire que le jour. »

Ps. CXXXVIII.

« Je crains Dieu, et après Dieu je crains celui qui ne le craint pas. »

De Maistre.

2° Bonté et amour de Dieu.

« Dieu est amour. »

Évangile.

« La bonté et la justice divine sont comme les deux bras de Dieu; mais la bonté est le bras droit. »

Bossuet.

« Je sens quelqu'un de grand qui m'écoute et qui m'aime. »

V. Hugo.

Dieu aime son œuvre. Ayant tout fait par bonté, par suite de ce penchant qui porte le bien à se répandre, il ne peut pas ne pas aimer dans ses créatures la part de bien qu'il leur a donnée en les appelant à l'existence. Comme l'homme est, par son intelligence, par sa liberté, l'image de Dieu, Dieu l'aime plus que les autres êtres parce qu'il trouve en lui une plus haute ressemblance avec sa propre nature.

La foi nous enseigne que Dieu a aimé l'homme jusqu'à prendre notre nature, jusqu'à mourir sur la croix, dans la personne de Jésus-Christ, pour nous racheter.

3° Toute-puissance de Dieu.

« Il dit et tout fut fait. »

Bible.

« Les étoiles comme son armée marchent à son ordre, chacune luit dans le poste qu'il lui a donné. Il les appelle par leur nom et elles répondent : Nous voilà. Et elles se réjouissent et elles luisent avec plaisir pour celui qui les a faites. »

Baruch.

> Tu dis au soleil d'éclore,
> Et le jour ruisselle encore.
> Tu dis au temps d'enfanter,
> Et l'éternité docile,
> Jetant les siècles par mille,
> Les répand sans les compter.
>
> LAMARTINE.

Dieu a une volonté, comme il a une intelligence. Sa volonté est toute-puissante, comme son intelligence est sans limites. Pour Dieu, vouloir c'est pouvoir.

La puissance de l'homme est bornée. Que de fois il veut sans pouvoir ! On vante avec raison la supériorité de l'homme qui a dompté les animaux et plié à son service les forces de la nature. Nous admirons l'inventeur du télégraphe, des chemins de fer. Mais qu'est la vitesse d'une locomotive, parcourant tout au plus vingt lieues par heure, comparée à celle de la terre lancée dans l'espace à raison de quatre cent douze lieues par minute. Il y a une distance infinie entre se servir des forces qui s'appellent la vapeur, l'électricité, et créer ces forces. Où est la puissance créatrice de l'homme ? Il n'est jamais arrivé, avec toute sa science, à former un simple brin d'herbe, à allonger sa taille d'un centimètre, à ajouter un cheveu à sa tête. Dieu seul a cette puissance, Dieu seul est souverainement puissant.

« Qui est celui qui a mesuré l'immensité des eaux par sa main, et qui a pesé les cieux avec son poignet et avec trois doigts toute la masse de la terre ? Qui est celui qui a mis les montagnes et les collines dans une balance » et a pu faire que la terre, se servant à elle-même de contrepoids, demeurât dans l'équilibre au milieu des airs ? « Savez-vous bien le commencement de toutes choses ? Avez-vous compris les fondements de la terre, ni comme Dieu se repose sur son vaste tour » et en fait comme son siège ou même l'escabeau de ses pieds ? « Levez les yeux, et voyez qui a créé ces luminaires, qui les fait marcher comme en ordre de bataille, et les nomme chacun par son nom. »

BOSSUET.

4° Sainteté de Dieu.

« Saint, saint, saint est le Seigneur, le Dieu des armées. »
Isaïe.

L'homme peut faillir : Dieu est essentiellement saint. Il y a en lui une opposition absolue au péché, à toute souillure morale. Dire qu'il peut commettre le mal, serait affirmer qu'il peut n'être plus Dieu. Il connaît la loi puisqu'il est lui-même la loi et cette loi il l'accomplit sans effort puisqu'elle est la loi de son être. La sainteté de l'homme consiste à refléter dans sa vie un rayon de la sainteté qui est en Dieu.

Isaïe voit de loin le trône de Dieu, ce trône devant lequel sa sainteté est célébrée par les séraphins. J'ai vu, dit-il, « le Seigneur sur un trône haut et élevé », et tout était à ses pieds et tout tremblait devant lui. Et je vis les bienheureux esprits qui approchent le plus près du trône, et je n'entendis autre chose de leur bouche que cette voix : Saint, saint, saint. Et je fus saisi de frayeur. Et je dis : Malheur à moi, parce que j'ai des lèvres souillées.
Bossuet.

5° Providence de Dieu.

« Considérez les oiseaux du ciel, ils ne sèment, ni ne moissonnent, ni n'amassent dans des greniers, et votre père céleste les nourrit. Ne valez-vous pas beaucoup plus qu'eux ? »
Évangile.

Ce Dieu, maître absolu de la terre et des cieux,
N'est point tel que l'erreur le figure à vos yeux.
L'Éternel est son nom, le monde est son ouvrage ;
Il entend les soupirs de l'humble qu'on outrage,
Juge tous les mortels avec d'égales lois
Et du haut de son trône interroge les rois.
Racine.

Il y a une providence.

On entend par providence le soin que Dieu prend de ses créatures. Dieu, après avoir fait le monde, ne l'a pas abandonné à lui-même. Il le *conserve* et le *gouverne*. Il le conserve, car sans lui le monde rentrerait dans le néant d'où il l'a tiré; il le gouverne, c'est-à-dire qu'il conduit toutes les créatures à la fin pour laquelle il les a créées.

Dieu est *bonté*, et cette bonté qui l'a porté à nous donner l'être le pousse à nous maintenir son assistance et sa protection. Un père ne se croit pas quitte envers ses enfants après leur avoir donné l'existence, il leur continue ses bienfaits pendant toute la vie.

Dieu est *sagesse*; il ne fait rien sans but. Dès lors il ne serait pas digne de lui, après avoir créé le monde pour une fin déterminée, de ne pas lui assurer par son concours les moyens de l'atteindre. La matière, qui est aveugle, a besoin de sa direction. Que dirait-on d'un mécanicien qui abandonnerait un train de chemin de fer, sous prétexte que la machine peut se conduire toute seule? L'homme, qui a reçu en partage la raison et la liberté, réclame cependant la lumière d'en haut pour éclairer son intelligence, les secours d'en haut pour entraîner sa volonté.

Dieu veille sur les nations et sur les peuples comme sur les individus. Rien n'arrive dans le monde sans son ordre et sans sa permission. Là où tout semble livré au hasard des événements et au choc des passions humaines, il conduit de loin par une profonde sagesse et par des moyens infaillibles le cours des choses au but qu'il a résolu d'atteindre dans ses desseins éternels.

Si Dieu envoie à l'homme la souffrance, c'est pour lui fournir une occasion d'expiation et de mérite en vue de la récompense éternelle. S'il permet le péché avec le mauvais usage de la liberté, c'est en vue des vertus que les bons sauront pratiquer par le digne usage de cette liberté même.

ÉDUCATION MORALE

Les bienfaits de la Providence divine.

Le jour annonce au jour sa gloire et sa puissance;
Tout l'univers est plein de sa magnificence;
    Chantons, publions ses bienfaits.
Il donne aux fleurs leur aimable peinture,
    Il fait naître et mûrir les fruits,
    Il leur dispense avec mesure
Et la chaleur des jours et la fraîcheur des nuits;
Le champ qui les reçut les rend avec usure;
Il commande au soleil d'animer la nature,
Et la lumière est un don de ses mains;
    Mais sa loi sainte, sa loi pure
Est le plus riche don qu'il ait fait aux humains.

                            RACINE.

Se confier à la Providence.

Deux hommes étaient voisins et chacun d'eux avait une femme et plusieurs enfants, et son seul travail pour les faire vivre.

Et l'un de ces deux hommes s'inquiétait en lui-même disant : « Si je meurs ou que je tombe malade, que deviendront ma femme et mes enfants ? »

Et cette pensée ne le quittait point, et elle rongeait son cœur comme un ver ronge le fruit où il est caché.

Or, bien que la même pensée fût venue également à l'autre père, il ne s'y était point arrêté, car, disait-il, Dieu qui connaît toutes ses créatures et qui veille sur elles, veillera aussi sur moi et sur mes enfants.

Et celui-ci vivait tranquille, tandis que le premier ne goûtait pas un instant de repos ni de joie intérieurement.

Un jour qu'il travaillait aux champs, triste et abattu à cause de sa crainte, il vit quelques oiseaux entrer dans un buisson, en sortir et puis bientôt y revenir encore.

Et, s'étant approché, il vit deux nids posés côte à côte et dans chacun plusieurs petits nouvellement éclos et encore sans plumes.

Et quand il fut retourné à son travail, de temps en temps

il levait les yeux et regardait ces oiseaux qui allaient et venaient portant leur nourriture à leurs petits.

Or, voilà qu'au moment où l'une des mères rentrait avec sa becquée, un vautour la saisit, l'enleva et la pauvre mère, se débattant vainement sous sa serre, jetait des cris perçants.

A cette vue, l'homme qui travaillait sentit son âme plus troublée qu'auparavant : car, pensait-il, la mort de la mère, c'est la mort des enfants. Les miens n'ont que moi non plus, que deviendront-ils si je leur manque?

Et tout le jour il fut sombre et triste, et la nuit il ne dormit point.

Le lendemain, de retour aux champs, il se dit : « Je veux voir les petits de cette pauvre mère; plusieurs sans doute ont déjà péri ». Et il chemina vers le buisson.

En regardant, il vit les petits bien portants, pas un ne semblait avoir pâti.

Et ceci l'ayant étonné, il se cacha pour observer ce qui se passerait.

Et après un peu de temps, il entendit un léger cri et aperçut la seconde mère rapportant en hâte la nourriture qu'elle avait recueillie, et elle la distribua à tous les petits indistinctement, et il y en eut pour tous, et les orphelins ne furent point délaissés dans leur misère.

Et le père qui s'était défié de la Providence, raconta le soir à l'autre père ce qu'il avait vu. Et celui-ci lui dit : « Pourquoi s'inquiéter ? Jamais Dieu n'abandonne les siens. Son amour a des secrets que nous ne connaissons point. Croyons, espérons, aimons et poursuivons notre route en paix.

Si je meurs avant vous, vous serez le père de mes enfants; si vous mourez avant moi, je serai le père des vôtres.

Et si l'un et l'autre nous mourons avant qu'ils soient en âge de pourvoir eux-mêmes à leurs nécessités, ils auront pour père le père qui est dans les cieux. »

LAMENNAIS.

RÉSUMÉ

II. *Attributs de Dieu considéré dans ses rapports avec les créatures.* — 1° Sagesse ou science de Dieu. Dieu sait tout, voit tout. 2° Bonté et amour de Dieu. 3° Toute-puissance de Dieu. 4° Sainteté de Dieu. 5° Providence de Dieu : il y a une providence; bienfaits de la providence; se confier à la Providence.

CHAPITRE TROISIÈME

DEVOIRS ENVERS DIEU

Ayez Dieu dans l'esprit tous les jours de votre vie.
Tobie. IV, 6.

La piété est le tout de l'homme.
Bossuet.

Je ne suis rien mon Dieu, mais ta soif me dévore ;
L'homme est néant, mon Dieu, mais ce néant t'adore.
Lamartine.

Que le Seigneur est bon ! que son joug est aimable !
Heureux qui dès l'enfance en connaît la douceur !
Jeune peuple, courez à ce maître adorable :
Les biens les plus charmants n'ont rien de comparable
Aux torrents de plaisir qu'il répand dans un cœur.
Que le Seigneur est bon ! que son joug est aimable !
Heureux qui dès l'enfance en connaît la douceur !
Racine.

1. — NOUS AVONS DES DEVOIRS ENVERS DIEU

Il suffit de penser un instant à ce qu'est Dieu et à ce qu'il a fait pour nous, pour voir que nous avons des devoirs envers lui et pour en comprendre la nature. Dieu est l'être des êtres, le créateur, l'infini, l'éternel, la perfection, la sainteté même : je lui dois mon adoration. Dieu est le souverain maître, le tout-puissant, le suprême législateur : je lui dois mon obéissance et mon respect. Dieu est infiniment bon, infiniment miséricordieux : je dois lui témoigner ma reconnaissance et mettre en lui mon espérance. Dieu est infiniment aimable : je lui dois mon amour. Dieu est la vérité même : je lui dois ma confiance et ma foi. Dieu est la source de tout bien : je dois lui adresser mes demandes et mes prières. Ainsi, adoration, respect, obéissance, reconnaissance, foi, espérance, amour, prière, tels sont les sentiments et en quelque sorte les cris qui s'échappent du cœur à la seule pensée des perfections et de la bonté de Dieu.

II. — LE CULTE

Vous êtes digne, ô Seigneur notre Dieu, de recevoir gloire, honneur et puissance, parce que vous avez créé toutes choses et que c'est par votre volonté qu'elles subsistent.
APOCAL. IV. 11.

La pratique de nos devoirs envers Dieu constitue ce qu'on appelle le culte. On distingue le *culte intérieur*, le *culte extérieur* et le *culte public*.

1° Culte intérieur.

Le culte intérieur est l'hommage que l'âme rend à Dieu par toutes ses facultés. L'adoration, le respect, l'obéissance, la reconnaissance, la foi, l'espérance, l'amour dont nous parlions tout à l'heure font partie du culte intérieur. Le catéchisme apprend à l'enfant qu'il a été créé par Dieu pour le connaître, l'aimer et le servir. Connaître, aimer, servir Dieu, c'est lui faire hommage de nos trois facultés, l'intelligence, la sensibilité, la volonté.

« Le principe de bien agir est de bien connaître. »
BOSSUET.

« Vous aimerez Dieu de tout votre cœur. »
ÉVANGILE.

« Malheur à la connaissance stérile qui ne se tourne point à aimer. »

BOSSUET.

C'est peu, de croire en toi, bonté, beauté suprême !
Je te cherche partout, j'aspire à toi, je t'aime.
Mon âme est un rayon de lumière et d'amour
Qui, du foyer divin détaché pour un jour,
De désirs dévorants loin de toi consumée,
Brûle de remonter à sa source enflammée.

LAMARTINE.

« La mesure d'aimer Dieu, c'est de l'aimer sans mesure. »

FRANÇOIS DE SALES.

2° Culte extérieur.

Le culte extérieur est la manifestation au dehors du culte intérieur et du sentiment religieux. Le culte intérieur est la base de tous les autres, car « Dieu est esprit et il veut être adoré en esprit et en vérité »; mais il doit être complété par le culte extérieur et par le culte public.

Le culte extérieur est un devoir. 1° Il associe le corps, qui est une partie de nous-mêmes, aux hommages rendus à Dieu par l'âme; 2° il est dans la nature de l'homme qui éprouve le besoin de manifester au dehors toutes les émotions qu'il ressent; 3° il alimente le culte intérieur qui s'évanouit bientôt lorsqu'il n'est pas soutenu par ces manifestations extérieures. « Les évolutions religieuses, dit Joubert..., ne sont ni de peu d'effet ni de peu d'importance; elles assouplissent le corps à la piété et courbent l'esprit vers la foi. »

3° Culte public.

« Dieu, qui a fait les hommes pour vivre en société, a voulu sans doute qu'ils s'aimassent, qu'ils vécussent tous ensemble comme frères dans une même famille et comme enfants d'un même père. Il faut donc qu'ils puissent s'édifier, s'instruire, se corriger, s'exhorter, s'encourager les uns les autres et louer ensemble le père commun.

FÉNELON.

Le culte public est celui qui est rendu à Dieu par les hommes réunis dans les temples.

La société, comme l'individu, est l'œuvre de Dieu; elle est donc tenue envers Dieu comme être collectif par des devoirs d'adoration, de reconnaissance et de prière.

De tous les liens sociaux le plus fort, celui qui rapproche le plus les hommes, c'est la communauté des croyances et la profession du même culte. Comment dès lors supprimer ces manifestations religieuses sans lesquelles les peuples retomberaient dans la barbarie?

L'abolition de tout culte public ne tarderait pas à tuer tout culte intérieur ou extérieur. « La religion, dit Joubert, est un feu que l'exemple entretient et qui s'éteint, s'il n'est communiqué. » Les croyants ont besoin de se réunir, de se compter, d'affirmer leurs convictions au grand jour, de s'exciter les uns les autres à la pratique de la vertu, d'entendre rappeler leurs devoirs et défendre leur foi du haut de la tribune sainte. Le seul fait de prier en commun fait passer dans l'âme du fidèle réuni à ses frères comme une commotion électrique. Les rites, les symboles ont un langage qui est compris de la foule. Quand elle est assemblée dans le temple où Dieu habite, où ont passé les ancêtres, où se sont prosternées tant de générations, où l'on vient dans toutes les grandes circonstances de la vie associer le ciel à ses joies et à ses douleurs; quand elle assiste à ces chants, à ces cérémonies dont la pompe et la grave majesté la pénètre invinciblement d'une émotion religieuse, elle est remuée dans le fond de l'âme, et sa pensée quitte un instant la terre pour s'élever vers Dieu avec les flots d'encens qui montent jusqu'à son trône. Supprimer ces réunions, ces manifestations publiques qui sont pour la multitude un incessant rappel à la divinité, c'est condamner le sentiment religieux à s'étioler, à s'éteindre dans l'âme des peuples. On peut le dire : Point de religion sans culte, point de culte sans temples, sans cérémonies et sans sacerdoce.

Le Temple.

Qu'il est doux, quand du soir l'étoile solitaire,
Précédant de la nuit le char silencieux,
S'élève lentement dans la voûte des cieux
Et que l'ombre et le jour se disputent la terre;
Qu'il est doux de porter ses pas religieux
Dans le fond du vallon, vers ce temple rustique
Dont la mousse a couvert le modeste portique,
Mais où le ciel encore parle à des cœurs pieux !
Salut, bois consacré ! salut champ funéraire,
Des tombeaux du village humble dépositaire !
Je bénis en passant tes simples monuments.
Malheur à qui des morts profane la poussière,
J'ai fléchi le genou devant leur humble pierre,
Et la nef a reçu mes pas retentissants.
Quelle nuit ! quel silence ! au fond du sanctuaire
A peine on aperçoit la tremblante lumière
De la lampe qui brûle auprès des saints autels.
Seule elle luit encore quand l'univers sommeille,
Emblème consolant de la bonté qui veille,
Pour recueillir ici les soupirs des mortels.
Avançons; aucun bruit n'a frappé mon oreille;
Le parvis frémit seul sous mes pas mesurés.
Du sanctuaire enfin j'ai franchi les degrés.
Murs sacrés, saints autels ! Je suis seul, et mon âme
Peut verser devant vous ses douleurs et sa flamme
Et confier au ciel des accents ignorés,
Que lui seul connaîtra, que vous seuls entendrez.

LAMARTINE.

III. — LA PRIÈRE

« Que ma prière monte vers vous comme l'encens. »
DAVID.

« La prière est la respiration de l'âme, et qui ne prie pas ne vit plus. »
DE MAISTRE.

..... Où sont les saints concerts?
D'où s'élèvera l'hymne au roi de l'univers?

Tout se tait : mon cœur seul parle dans ce silence.
La voix de l'univers, c'est mon intelligence.
Sur les rayons du soir, sur les ailes du vent,
Elle s'élève à Dieu comme un parfum vivant,
Et, donnant un langage à toute créature,
Prête, pour l'adorer, mon âme à la nature.
Seul, invoquant ici son regard paternel,
Je remplis le désert du nom de l'Éternel ;
Et celui qui, du sein de sa gloire infinie,
Des sphères qu'il ordonne écoute l'harmonie,
Écoute aussi la voix de mon humble raison
Qui contemple sa gloire et murmure son nom.

LAMARTINE.

1° Pourquoi il faut prier.

Le culte que nous devons à Dieu trouve son expression dans la prière. *La prière est un entretien avec Dieu.*

On peut comparer les rapports de l'homme avec Dieu à ceux d'un fils avec ses parents. Voyez cet enfant dans la famille : il ne passe pas un jour, peut-être pas une heure, sans penser, sans parler à son père et à sa mère ; il leur dit tout ce qu'il sait, tout ce qu'il sent. C'est un continuel épanchement de l'esprit et du cœur. Il leur raconte ses impressions, ses joies, ses ennuis. Comme il tient d'eux tout ce qu'il a, il leur témoigne sa reconnaissance ; comme il attend d'eux tout ce qu'il veut, il leur adresse ses demandes. Il les aime et il le leur dit, il se plaît avec eux, il les embrasse, il les admire, il les vante, il les respecte, il leur obéit, il court au-devant de leurs moindres désirs. Voilà ce que fait un enfant bien né.

Dieu nous permet avec lui, il nous prescrit même ces rapports personnels qui font le charme de la vie de famille. Il exige pour lui tous les sentiments de confiance, de reconnaissance, de respect, de soumission, d'amour que le cœur d'un enfant nourrit envers ses parents. Il nous demande d'y ajouter l'adoration qui n'est due qu'à lui seul. Cette conversation de tous les jours, de toutes les heures, cette correspondance incessante entre le ciel et la terre, entre le créateur et la créature, cet échange d'invocations et de protection, de demandes et de grâces, de bontés et d'affectueuse reconnaissance s'établissent au moyen de la prière. La prière est donc, selon les cas ou tout à la fois, une adoration, une demande, une action de grâces, un élan de foi, d'espérance, d'amour, de reconnaissance. Elle est en quelque sorte la respiration de l'âme.

> Le rossignol caché dans la feuillée épaisse
> S'inquiète-t-il s'il est dans le lointain des bois
> Quelque oreille attentive à recueillir sa voix ?
> Non, il jette au désert, à la nuit, au silence,
> Tout ce qu'il a reçu de suave cadence.
> Si la nuit, le désert, le silence sont sourds,
> Celui qui l'a créé l'écoutera toujours.
>
> REBOUL.

2° Devoir et joies de la prière.

Quand vous avez prié, ne sentez-vous pas votre cœur plus léger et votre âme plus contente ?

La prière rend l'affliction moins douloureuse et la joie plus pure ; elle mêle à l'une je ne sais quoi de fortifiant et de doux et à l'autre un parfum céleste.

Que faites-vous sur la terre, et n'avez-vous rien à demander à celui qui vous y a mis ?

Vous êtes un voyageur qui cherche la patrie. Ne marchez point la tête baissée ; il faut lever les yeux pour reconnaître sa route.

Votre patrie, c'est le ciel, et quand vous regardez le ciel, est-ce qu'en vous il ne se remue rien ? Est-ce que nul désir ne vous presse ? ou ce désir est-il muet ?

Il en est qui disent : « A quoi bon prier ? Dieu est trop au-dessus de nous pour écouter de si chétives créatures. »

Et qui donc a fait ces créatures chétives ? Qui leur a donné le sentiment, et la pensée, et la parole, si ce n'est Dieu ?

Et s'il a été si bon envers elles, était-ce pour les délaisser ensuite et les repousser loin de lui ?

En vérité, je vous le dis, quiconque dit dans son cœur que Dieu méprise ses œuvres, blasphème Dieu.

Il en est d'autres qui disent : « A quoi bon prier Dieu ? Dieu ne sait-il pas mieux que nous ce dont nous avons besoin ? »

Dieu sait mieux que vous ce dont vous avez besoin, et c'est pour cela qu'il veut que vous le lui demandiez, car Dieu est lui-même votre premier besoin, et prier Dieu, c'est commencer à posséder Dieu.

Le père connaît les besoins de son fils : faut-il à cause de cela que le fils n'ait jamais une parole de demande et d'actions de grâces pour son père ?

Quand les animaux souffrent, quand ils craignent ou quand ils ont faim, ils poussent des cris plaintifs. Ces cris sont la prière qu'ils adressent à Dieu, et Dieu l'écoute. L'homme serait-il donc dans la création le seul être dont la voix ne doit jamais monter à l'oreille du Créateur ?

Il passe quelquefois sur les campagnes un vent qui dessèche les plantes, et alors on voit leurs tiges flétries penchées vers la terre ; mais, humectées par la rosée, elles reprennent leur fraîcheur, et relèvent leur tête languissante. Il y a toujours des vents brûlants qui passent sur l'âme de l'homme et la dessèchent. La prière est la rosée qui la rafraîchit.

Lamennais.

3° Prière du matin.

« Seigneur exaucez-moi, soyez attentif à ma prière. Dès le matin, je vous fais entendre ma voix. »

Ps. v.

L'oiseau vigilant nous réveille
Et ses chants redoublés semblent chasser la nuit :
Jésus se fait entendre à l'âme qui sommeille
Et l'appelle à la vie où son jour nous conduit.
    Quittez, dit-il, la couche oisive
Où vous ensevelit une molle langueur !
Sobres, chastes et purs, l'œil et l'âme attentive,
Veillez, je suis tout proche et frappe à votre cœur.
    Ouvrons donc l'œil à la lumière,
Levons vers ce Sauveur et nos mains et nos yeux ;
    Prions : une ardente prière
Écarte le sommeil et pénètre les cieux.

Racine.

4° Prière du soir.

Rassemblons-nous, prions. Pendant que le jour tombe,
Craignons, craignons la nuit, image de la tombe.
Dieu seul tient la lumière et l'ombre dans sa main.
Qui sait si, dans le vide où son vieux disque nage,
Le soleil de nos bords reprendra le chemin.
Prions ! le jour au jour ne donne point de gage,
Et le dernier rayon en sortant du nuage
Ne nous a pas juré de remonter demain.
En Dieu seul, ô mortels, fermons donc nos paupières,
Et, du jour à la nuit remettant l'encensoir,
    Endormons-nous dans nos prières
Comme le jour s'endort dans les parfums du soir.

LAMARTINE.

IV. — JÉSUS-CHRIST. — L'ÉGLISE. — LA VIE SURNATURELLE

1° Jésus-Christ.

« Nous ne connaissons Dieu que par Jésus-Christ. Sans ce médiateur est ôtée toute communication avec Dieu. »

PASCAL.

Dieu ne s'est pas contenté de créer le monde ni de le gouverner par sa providence. Nos premiers parents, s'étant rendus coupables de désobéissance, léguèrent à toute leur postérité le péché originel qui fermait à l'humanité entière les portes du ciel. C'est alors que Dieu promit à Adam et Ève d'envoyer au monde un rédempteur. Après une longue attente et au temps marqué par les prophètes, le fils de Dieu se fit homme dans le sein de la bienheureuse Vierge Marie. On le vit, durant sa vie mortelle, prêcher l'Évangile, répandre sur sa route, avec les vérités célestes, les miracles et les bienfaits, monter enfin au Calvaire et mourir sur la croix pour nous racheter. Ce sont les mystères de l'Incarnation et de la Rédemption que la religion nous enseigne.

Je n'adore qu'un Dieu, maître de l'univers,
Sous qui tremblent le ciel, la terre et les enfers,
Un Dieu qui, nous aimant d'une amour infinie,
Voulut mourir pour nous avec ignominie,
Et qui, par un effort de cet excès d'amour,
Veut pour nous en victime être offert chaque jour.

Polyeucte.

Hymne au Christ.

O toi qui fis lever une seconde aurore
Dont un second chaos vit l'harmonie éclore,
Parole qui portais, avec la vérité,
Justice et tolérance, amour et liberté,
Règne à jamais, ô Christ, sur la raison humaine,
Et de l'homme à son Dieu sois la divine chaîne.
Illumine sans fin de tes feux éclatants
Les siècles endormis dans le berceau des temps,
Et que ton nom légué pour unique héritage
De la mère à l'enfant descende d'âge en âge.
Tant que l'œil dans la nuit aura soif de clarté
Et le cœur d'espérance et d'immortalité,
Tant que l'humanité plaintive et désolée
Arrosera de pleurs sa terrestre vallée,
Et tant que les vertus garderont leurs autels,
Ou n'auront point changé de nom chez les mortels.

LAMARTINE.

2º L'Église.

Jésus-Christ, durant sa vie publique, avait choisi douze apôtres pour en faire les colonnes de son Église. Il donna à Pierre et à ses successeurs sur le siège de Rome, la primauté et le commandement. Depuis dix-neuf siècles l'Église avec ses papes, successeurs de Saint-Pierre, avec ses évêques successeurs des apôtres, avec ses prêtres répandus dans le monde entier, avec ses conciles généraux et particuliers, annonce, propage, défend partout les vérités divines dont elle est la dépositaire.

3° La vie surnaturelle.

L'Église fait plus encore, elle donne au chrétien la vie divine en l'élevant à l'état surnaturel. La vie surnaturelle, qui est une participation à la vie divine, est communiquée à nos âmes par le Saint-Esprit. Nous la recevons de la pure bonté de Dieu par notre union avec Jésus-Christ. Admirable effet de la grâce sanctifiante qui transforme toutes nos facultés, rend l'esprit et le cœur capables de posséder Dieu par les vertus de foi, d'espérance et de charité, en attendant de le contempler face à face dans la gloire, dans la vision béatifique du ciel! C'est par le baptême que le fidèle contracte avec Dieu cette union intime et surnaturelle qui en fait un membre de Jésus-Christ. Les sept sacrements : le baptême, la confirmation, l'eucharistie, la pénitence, l'extrême-onction, l'ordre et le mariage sont les grands canaux de la grâce qui s'obtient aussi par la prière.

C'est dans le catéchisme qu'on trouve le développement de ces grands mystères du christianisme. Les enfants ne sauraient assez les étudier et s'en pénétrer. Ils ne doivent jamais oublier en lisant ce manuel que c'est par Jésus-Christ, par sa grâce, par sa connaissance et par son amour qu'ils arriveront à la pratique de la vertu et à la vie éternelle.

RESUME

Devoirs envers Dieu. — I. Nous avons des devoirs envers Dieu. — II. Le culte : 1° Culte intérieur. 2° Culte extérieur. 3° Culte public. — III. La prière : 1° Pourquoi il faut prier. 2° Devoir et joies de la prière. 3° Prière du matin. 4° Prière du soir. — IV. Jésus-Christ. L'Église. La vie surnaturelle.

LIVRE TROISIÈME

LA FAMILLE

CHAPITRE PREMIER

NOTION DE LA FAMILLE

1° Ce qu'est la famille.

La famille est la société des êtres unis par les liens du sang. On entend aussi par ce mot, l'ensemble des personnes qui ont le même chef et habitent sous le même toit : le père, la mère, les enfants, les serviteurs.

2° Nécessité de la famille.

C'est Dieu qui a fondé la famille. Il a voulu que dans la grande société appelée patrie, il y eût de petites sociétés particulières plus intimes appelées familles. La nécessité de cette institution est évidente. L'enfant qui tient la vie de ses parents ne peut la conserver sans eux. Qui accueillera ce petit être à son entrée dans le monde; qui le défendra contre le froid, contre le chaud; qui le nourrira, l'élevera, si la mère n'est pas là pour le coucher dans un berceau, pour le vêtir, pour le soigner, pour le nourrir de son lait, pour lui sourire, pour éveiller, pour faire épanouir son intelligence et son cœur, pour lui apprendre à marcher, à articuler, à parler?

> Lorsque l'enfant paraît, le cercle de famille
> Applaudit à grands cris; son doux regard qui brille
>   Fait briller tous les yeux,
> Et les plus tristes fronts, les plus souillés peut-être
> Se dérident souvent à voir l'enfant paraître
>   Innocent et joyeux.   V. Hugo.

3° **Abus dans la famille en dehors du christianisme.**

A Rome, l'autorité du père était absolue. Il pouvait, à son gré, exposer les enfants dès leur naissance et refuser de les élever. Rien ne dérobait le fils à la puissance de son père qui avait droit de le châtier à tout âge, même quand il était marié, de le vendre comme esclave, de le mettre à mort.

Ce terrible pouvoir s'étendait jusque sur la femme de son fils, sur leurs enfants et sur leurs biens. — L'autorité paternelle était la même dans l'Orient, dans l'Inde, dans la Perse et même chez les patriarches hébreux où elle tirait une nouvelle force de la consécration religieuse. — A Sparte, où l'État se substituait à la puissance paternelle, tout enfant débile, et ne promettant pas à la patrie un citoyen robuste, était impitoyablement mis à mort. Aujourd'hui encore, chez les sauvages et les païens de l'Afrique et de l'Océanie, l'autorité du père est restée également arbitraire et absolue.

RÉSUMÉ

Notion de la famille. — 1° Qu'est-ce que la famille. 2° Nécessité de la famille. 3° Abus dans la famille en dehors du christianisme.

CHAPITRE DEUXIÈME

DEVOIRS DES PARENTS ENVERS LEURS ENFANTS

> Seigneur, préservez-moi, préservez ceux que j'aime,
> Frères, parents, amis, et mes ennemis même
>   Dans le mal triomphants,
> De jamais voir, Seigneur, l'été sans fleurs vermeilles,
> La cage sans oiseaux, la ruche sans abeilles,
>   La maison sans enfants.
> V. Hugo.

> Les fils sont la moisson du père.
> Villemain.

Les parents doivent à leurs enfants : 1° l'éducation physique, 2° l'éducation intellectuelle, 3° l'éducation morale.

I. — ÉDUCATION PHYSIQUE

Les parents sont tenus :
1° De veiller sur la santé de leurs enfants,
2° De les nourrir et de les habiller;
3° De les occuper et de les diriger vers un état, jusqu'à ce que vienne le moment de les établir.

Soins de l'enfance

Ce qui est le plus utile dans les premières années de l'enfance, c'est de ménager la santé de l'enfant, de tâcher de lui faire un sang doux par le choix des aliments et par un régime de vie simple; c'est de régler ses repas, en sorte qu'il mange toujours à peu près aux mêmes heures; qu'il mange assez souvent, à proportion de son besoin; qu'il ne mange point hors des repas, parce que c'est surcharger l'estomac pendant que la digestion n'est pas finie; qu'il ne mange rien de haut goût qui l'excite à manger au delà de son besoin, et qui le dégoûte des aliments plus convenables à sa santé; qu'enfin on ne lui serve pas trop de choses différentes, car la variété des viandes qui viennent l'une après l'autre soutient l'appétit après que le vrai besoin de manger est fini.

Ce qu'il y a encore de très important, c'est de laisser affermir les organes, en ne pressant point l'instruction; d'éviter tout ce qui peut allumer les passions; d'accoutumer doucement l'enfant à être privé des choses pour lesquelles il a témoigné trop d'ardeur, afin qu'il n'espère jamais d'obtenir les choses qu'il désire.

Si peu que le naturel des enfants soit bon, on peut les rendre ainsi dociles, patients, fermes, gais et tranquilles; au lieu que si on néglige ce premier âge, ils y deviennent ardents et inquiets pour toute leur vie; leur sang se brûle, les habitudes se forment; le corps, encore tendre, et l'âme, qui n'a encore aucune pente vers aucun objet, se plient vers le mal; il se fait en eux une espèce de second péché originel qui est la source de mille désordres quand ils sont plus grands.

FÉNELON.

La Maman.

Qui nous aime dès la naissance ?
Qui donne à notre frêle enfance
Son doux, son premier aliment ?
C'est la maman.

Bien avant nous qui donc s'éveille ?
Bien après nous quel ange veille
Penché sur notre front dormant ?
   C'est la maman.

Qui nous fait dire la prière
Au bon Dieu qui fit la lumière,
Et la terre et le firmament ?
   C'est la maman.

A nous rendre sages qui pense ?
Qui jouit de la récompense
Et s'afflige du châtiment ?
   C'est la maman.

Aussi qui devons-nous sans cesse
Bénir pendant notre jeunesse,
Chérir jusqu'au dernier moment ?
   C'est la maman.

Mme Tastu.

RÉSUMÉ

I. *Devoirs des parents dans l'éducation physique de leurs enfants.* 1° Veiller sur leur santé. 2° Les nourrir et les habiller. 3° Les diriger vers un état. Soins de la première enfance, d'après Fénelon. La maman.

II. — ÉDUCATION INTELLECTUELLE

L'éducation physique a pour objet la vie du corps ; l'éducation intellectuelle et morale a pour objet la vie de l'âme. L'éducation intellectuelle cultive principalement l'esprit, l'éducation morale le cœur.

1° Dans l'éducation de l'esprit, les parents auront grand soin de développer les germes d'intelligence qu'ils apercevront dans leurs enfants. Les progrès à venir dépendent souvent de la première direction.

2° Ils ne leur donneront que des idées justes, car rien n'est plus difficile à déraciner que les préjugés d'enfance. « Il faut, dit Fénelon, se hâter d'écrire dans leur tête pendant que les caractères s'y forment aisément. Mais il faut bien choisir les images qu'on y doit graver, car on ne doit verser dans un réservoir si petit et si précieux que des choses exquises ; il faut se souvenir qu'on ne doit à cet âge verser dans les esprits que ce qu'on souhaite qui y demeure toute la vie. Les premières images gravées pendant que le cerveau est encore mou et que rien n'y est écrit, sont les plus profondes... Ne dit-on pas tous les jours : J'ai pris mon pli ; je suis trop vieux pour changer ; j'ai été nourri de cette façon. »

3° Les parents inspireront à leurs enfants un grand amour de la vérité, car les habitudes de franchise ou de mensonge contractées de bonne heure gardent leur influence sur la vie entière.

4° Ils doivent enfin faire instruire leurs enfants. Les degrés de cette instruction varient selon la situation et la fortune des parents, selon les goûts et les capacités des enfants. S'il est coupable de laisser ses enfants dans l'ignorance, il est dangereux d'allumer dans leur cœur des ambitions qui, en les faisant sortir de leur condition, risqueraient d'en faire des déclassés.

A tous il faut au moins donner les connaissances indispensables pour exercer une profession et gagner sa vie. Comme bien des parents, par suite des occupations ou de l'ignorance, sont dans l'impossibilité d'instruire eux-mêmes leurs enfants, la société y a pourvu en mettant des écoles à leur portée.

RÉSUMÉ

II. — *Devoirs des parents dans l'éducation intellectuelle de leurs enfants.* — Développer leur intelligence. Ne leur donner que des idées justes. Leur inspirer un grand amour de la vérité. Les faire instruire selon leur condition.

III. — ÉDUCATION MORALE

« Élevez bien votre fils, et il rafraîchira votre cœur, et il fera les délices de votre âme. »

BIBLE.

L'éducation morale, c'est-à-dire la formation de la conscience, de la volonté et du cœur de l'enfant, est plus importante encore que l'éducation intellectuelle et physique. C'est là que s'applique proprement le mot éducation, *élever*, pousser un enfant vers les hauteurs, comme on dresse, comme on soutient, comme on dirige une faible plante qu'il s'agit de fortifier et de faire grandir.

Ici, l'éducateur a une triple mission :

1° Préserver l'innocence de l'enfant ;
2° Combattre ses défauts et ses mauvais penchants ;
3° Cultiver en lui les bons instincts, et les germes de toutes les vertus.

Pour atteindre ce but, les parents doivent user de surveillance, de correction, de bons conseils et de bons exemples, en même temps faire appel au secours de la religion.

1° Devoirs des parents dans l'éducation morale de leurs enfants.

1. *Devoir de surveillance.*

Le cœur de l'homme vierge est un vase profond ;
Lorsque la première eau qu'on y verse est impure
La mer y passerait sans laver la souillure,
Car l'abîme est immense et la tache est au fond.

ALFRED DE MUSSET.

La vigilance des parents doit écarter tout ce qui pourrait blesser l'innocence de l'enfance. Cet âge, qui sent son inexpérience et sa faiblesse, a besoin d'être gouverné, de marcher toujours sous un regard protecteur. Le petit enfant effrayé se jette dans les bras de sa mère. C'est encore à la mère, au père, qu'incombe l'obligation de le défendre contre tout danger moral, non moins que contre tout danger physique. Leur pieuse sollicitude éloignera de lui toute représentation, tout livre, tout tableau, toute conversation, toute compagnie, toute amitié qui pourrait offenser sa délicate pudeur, troubler sa naïveté, ternir son innocence.

2. *Devoir de correction.*

« Celui qui épargne la verge hait son fils, mais celui qui l'aime s'applique à le corriger. »
Prov. xiii. 22.

« Le cheval indompté devient intraitable; il en est de même de l'enfant abandonné à ses caprices. »
Eccl. xxx. 8.

Au devoir de surveillance qui préserve l'innocence, s'ajoute le devoir de correction qui réprime les mauvais instincts. L'amour des parents pour leurs enfants doit être un amour fort qui, au besoin, sacrifie aux intérêts de leur bonheur à venir, les démonstrations présentes de la tendresse, et non cet amour, simple instinct de la nature, qui, tenant plus de l'égoïsme que du dévouement, abdique le devoir de la réprimande pour le vain plaisir de prodiguer des caresses.

Une heureuse correction.

A l'âge de trois ans, l'enfant qui fut plus tard saint François de Sales, avait commis un léger vol au préjudice d'un ouvrier. Dès la première question, il reconnut ingénument qu'il était le coupable et demanda grâce avec des larmes qui faisaient pleurer les assistants eux-mêmes; mais M. de Boissy, son père, redoutant les conséquences d'une première faute de ce genre, si elle restait impunie, se montra inexorable et lui infligea la peine du fouet devant toute l'assemblée. Cette correction, la première et la dernière, fut si profitable à l'enfant, qu'il ne lui arriva plus de rien prendre sans permission, pas même un fruit dans le jardin de son père.

3. Ne pas gâter les enfants en les admirant.

Fénelon a admirablement décrit la tendresse aveugle de ces parents qui, transformant leurs enfants en petits prodiges, s'extasient, s'exclament à la moindre parole qui sort de leur bouche.

« Souvent, dit ce grand éducateur, le plaisir qu'on veut tirer des jolis enfants les gâte : on les accoutume à hasarder tout ce qui leur vient dans l'esprit, et à parler des choses dont ils n'ont pas encore des connaissances distinctes. Il leur en reste toute leur vie l'habitude de juger avec précipitation et de dire des choses dont ils n'ont pas d'idées claires, ce qui fait un très mauvais caractère d'esprit.

Ce plaisir qu'on veut tirer des enfants produit encore un effet pernicieux; ils aperçoivent qu'on les regarde avec complaisance, qu'on observe tout ce qu'ils font, qu'on les écoute avec plaisir ; par là ils s'accoutument à croire que le monde sera toujours occupé d'eux.

Pendant cet âge où l'on est applaudi et où l'on n'a point encore éprouvé la contradiction, on conçoit des espérances chimériques qui préparent des mécomptes infinis pour toute la vie. J'ai vu des enfants qui croyaient qu'on parlait d'eux toutes les fois qu'on parlait en secret, parce qu'ils avaient remarqué qu'on l'avait fait souvent; ils s'imaginaient n'avoir rien en eux que d'extraordinaire et d'admirable. Il faut donc prendre soin des enfants sans leur laisser voir qu'on pense beaucoup à eux ; montrez-leur que c'est par amitié et par le besoin où ils sont d'être redressés que vous êtes attentif à leur conduite et non par l'admiration de leur esprit... Il faut se contenter de suivre et d'aider la nature. »

Cependant Fénelon ne condamne pas tout éloge. « On courrait risque, dit-il, de décourager les enfants si on ne les louait jamais lorsqu'ils font bien. Quoique les louanges soient à craindre à cause de la vanité, il faut tâcher de s'en servir pour animer les enfants sans les enivrer. »

4. Bon exemple.

Les parents n'oublieront pas de joindre l'exemple au précepte. L'enfant est plus frappé de ce qu'il voit que de ce qu'on lui dit. Les actes lui font plus d'impression que les discours. L'homme est imitateur à tout âge, surtout dans l'enfance. Une force instinctive le pousse à regarder autour de lui pour savoir ce qu'il faut faire. Le père est copié par son fils, la fille ne demande qu'à suivre sa mère.

Bayard enfant.

Le père de Bayard lui demanda un jour, quand il avait treize ans : « De quel état veux-tu être? Ce jeune enfant, dit son historien, éveillé comme un émerillon, d'un visage riant, répondit comme s'il eût eu cinquante ans : « Mon père, je serai s'il vous plaît, comme vous, un bon chevalier sans peur et sans reproche, et j'espère avec la grâce de Dieu ne vous faire point déshonneur. » Il tint parole.

Ce que peut le dévouement d'un père pour son fils.

Au temps de la terreur, des milliers d'innocents étaient enfermés dans les cachots d'où on ne les tirait, le plus souvent, que pour les faire monter sur la fatale charrette et les conduire à la guillotine.

A cette époque, un jeune homme nommé Loizerolle fut condamné par le tribunal révolutionnaire et mis en prison. Son père, vieillard à cheveux blancs, s'y enferma avec lui ne voulant pas abandonner son fils dans cette fatale épreuve. Le jour où la sentence devait être exécutée, le jeune homme, abattu par tant d'émotions, s'était endormi profondément; son père veillait près de lui. Tout à coup, le verrou crie, le guichet s'ouvre, le geôlier une liste à la main fait l'appel de tous les malheureux qui vont être conduits au supplice.

Il demande: « Loizerolle! » personne ne répond. Une seconde fois: « Loizerolle! » même silence. Une pensée soudaine traverse alors l'esprit du père; son fils dort tranquillement, il répond pour lui et va se mettre à la file des condamnés.

Avant de quitter la prison, il se penche sur son enfant: « Dors, mon fils, lui dit-il, et ne te réveille pas trop tôt. » Il recommande à voix basse à un compagnon de captivité de lui apprendre ce qui est arrivé, de lui prêcher la prudence et le silence. Et alors, heureux de son sacrifice, il court à l'échafaud et présente sa tête à la hache en murmurant : « O mon Dieu, veillez sur lui ».

2° Rôle de la religion dans l'éducation morale de l'enfant.

« Laissez venir à moi les petits enfants. »
Jésus-Christ.

> O bienheureux mille fois
> L'enfant que le Seigneur aime,
> Qui, de bonne heure, entend sa voix
> Et que Dieu daigne instruire lui-même !
> Heureuse, heureuse l'enfance
> Que le Seigneur instruit et prend sous sa défense !
> Tel en un secret vallon,
> Sur le bord d'une onde pure,
> Croît à l'abri de l'aquilon
> Un jeune lis, l'amour de la nature.
> Heureux, heureux mille fois
> L'enfant que le Seigneur rend docile à ses lois.
Racine.

Le meilleur moyen d'étouffer les mauvaises herbes dans un champ, c'est d'y cultiver les bonnes. C'est en développant, en fortifiant tous les nobles instincts, tous les généreux sentiments qu'on arrive à former la conscience, la volonté et le cœur de l'enfant. L'art est difficile ; il faut une création nouvelle, il faut former l'homme moral dans un être qui, durant plusieurs années, ne semble éprouver que des sensations. C'est ici que l'intervention de la religion est puissante et féconde. Rien de plus touchant que le spectacle d'une mère apprenant à son enfant à joindre les mains, à se recueillir, à regarder en haut, à adresser sa prière au Père qui est dans les cieux.

Il s'agit de former la *conscience* : la religion lui fournit des principes certains, immuables, clairs, présentés sous une forme concrète et saisissante. Il s'agit de former la *volonté* : la religion la lie par des commandements ; elle la domine, la contient ou l'entraîne par la pensée du Dieu qui sait tout, qui voit tout, qui punit et récompense. Il s'agit de former le *cœur* : la religion y allume l'amour divin, et l'ouvre aux saints transports de la première communion avant qu'il ait été touché par les passions.

Si l'on veut que l'éducation soit vraiment digne de ce nom, il faut donc qu'elle soit religieuse. Un enfant qui grandit dans une famille chrétienne, qui respire une atmosphère de foi, s'incline en quelque sorte de lui-même vers la vertu. Les parents, en lui rappelant fréquemment la pensée de la divinité, en lui faisant faire ses prières, en le conduisant à l'église, aux instructions du catéchisme, lui versent goutte à goutte l'amour du bien avec l'amour de Dieu. Qu'ils s'emparent de ce petit être, qu'ils lui infusent comme une sève divine, qu'ils lui inspirent l'horreur du mal, qu'ils l'imprègnent de tous les parfums célestes ; qu'ils fassent entrer en lui la vertu par tous ses sens, par toutes ses facultés, par toutes les portes de l'âme ; qu'ils enveloppent sa vie de ces bons conseils, de ces hautes maximes, de ces douces et fortes influences qui, par une action de tous les instants, créent comme un instinct de moralité ; qu'ils pétrissent enfin son cœur, comme dit saint Paul, « de tout ce qui est vrai, de tout ce qui est pur, de tout ce qui est juste, de tout ce qui est saint, de tout ce qui est aimable. »

« Heureux celui que Dieu a fait naître d'une bonne et sainte famille ! C'est la première des bénédictions de la destinée. La prédestination de l'enfant, c'est la maison où il est né ; son âme se compose surtout des impressions qu'il a reçues. Le regard de notre mère est une partie de notre âme qui pénètre en nous par nos propres yeux. »

LAMARTINE.

Un célèbre philosophe du siècle dernier a écrit : « Si j'avais un enfant à dresser, je lui ferais de Dieu une compagnie si réelle, je multiplierais tellement autour de lui les signes indicateurs de la présence divine, que je l'accoutumerais à dire : Nous étions quatre : Dieu, mon ami, mon précepteur et moi. »

Le souvenir des leçons d'une mère.

Un homme d'État des États-Unis, John Randolph disait : Il y a une chose que je n'ai jamais pu oublier, le souvenir du temps où ma pauvre mère pressait ma petite main dans la sienne et me faisait mettre à genoux pour dire : Notre père qui êtes aux cieux.

Conseils du vieux Tobie à son fils.

« Mon fils, lorsque Dieu aura rappelé mon âme à lui, ensevelissez mon corps et honorez votre mère tous les jours de votre vie. Souvenez-vous des peines et des dangers qu'elle a éprouvés à cause de vous ! Quand elle aura terminé le cours de sa vie, ensevelissez-la à côté de moi.

Ayez Dieu dans votre cœur tous les jours de votre vie et gardez-vous de consentir au péché. Gardez-vous surtout de tout ce qui peut ternir la pureté ; ne laissez jamais dominer l'orgueil dans votre cœur ni dans vos paroles, car l'orgueil est le principe de tout mal. Demandez toujours conseil à un homme sage.

Ne faites pas aux autres ce que vous ne voudriez pas qu'on vous fît. Faites l'aumône selon votre fortune. Si vous avez beaucoup, donnez beaucoup ; si vous avez peu, donnez peu, mais de bon cœur.

Louez Dieu en tout temps et priez-le de conduire vos pas. Ne craignez rien, mon fils, nous menons une vie pauvre, nous recevrons néanmoins beaucoup de bien si nous craignons Dieu, si nous évitons le péché et faisons le bien. »

Le jeune Tobie répondit à son père avec émotion : « Mon père, je ferai tout ce que vous m'avez recommandé. »

BIBLE.

Le catéchisme.

Il y a un petit livre qu'on fait apprendre aux enfants et sur lequel on les interroge à l'église. Lisez ce petit livre qui est le catéchisme, vous y trouverez une solution de toutes les questions que j'ai posées, de toutes sans exception. Demandez au chrétien d'où vient l'espèce humaine, il le sait ; où il va, il le sait. Demandez à ce pauvre enfant qui de sa vie n'y a songé, pourquoi il est ici-bas et ce qu'il deviendra après sa mort : il vous fera une réponse sublime qu'il ne comprendra pas, mais qui n'en est pas moins admirable. Demandez-lui comment le monde a été créé et à quelle fin ; pourquoi Dieu y a mis des animaux, des plantes ; comment la terre a été peuplée ; si c'est par une seule famille ou par plusieurs ; pourquoi les hommes parlent plusieurs langues, pourquoi ils souffrent, pourquoi ils se battent, et comment tout cela finira : il le sait. Origine du monde, origine de l'espèce, question de races, destinée de l'homme en cette vie et en l'autre, rapports de l'homme avec Dieu, devoirs de l'homme avec ses semblables, droits de l'homme sur la création, il n'ignore rien et quand il sera grand, il n'hésitera pas davantage sur le droit naturel, sur le droit politique et sur le droit des gens : car tout cela sort, tout cela découle avec clarté et comme de soi-même du christianisme. Voilà ce que j'appelle une grande religion ; je la reconnais à ce signe qu'elle ne laisse sans réponse aucune des questions qui intéressent l'humanité.

JOUFFROY.

« Dans ce petit livre d'un coût si mince, le moindre enfant de village tient dans ses mains innocentes plus de vérités essentielles que n'en bégayèrent jamais ni Platon ni Pythagore. »

BOSSUET.

RÉSUMÉ

III. *Devoirs des parents dans l'éducation morale de leurs enfants.* — 1° Ils doivent : 1 préserver l'innocence de leurs enfants par une stricte surveillance ; 2 combattre leurs défauts et les corriger (une heureuse correction) ; 3 ne pas gâter les enfants en les admirant ; 4 leur donner bon exemple. Un mot de Bayard enfant ; trait de dévouement d'un père. — 2° Rôle de la religion dans l'éducation morale de l'enfant. Comment elle concourt à former sa conscience, sa volonté, son cœur. Imprégner l'enfant de religion. Traits. Paroles de Tobie. Le catéchisme.

ÉDUCATION MORALE

CHAPITRE TROISIÈME

DEVOIRS DES ENFANTS ENVERS LEURS PARENTS ET LEURS GRANDS-PARENTS

Mon fils, honore ton père de tout ton cœur, n'oublie pas la douleur de ta mère ; souviens-toi que sans eux tu ne serais pas né et rends-leur ce qu'ils ont fait pour toi.

BIBLE.

I. — DEVOIRS DES ENFANTS ENVERS LEURS PARENTS :

1º *Amour et reconnaissance;*
2º *Respect;*
3º *Obéissance,*
4º *Les assister dans leurs besoins.*

1º Amour et reconnaissance.

Malheur à ceux qui manquent de cœur.

ECCL. II. 15.

Le plus saint des devoirs, celui qu'en traits de flamme
La nature a gravé dans le fond de notre âme,
C'est de chérir l'objet qui nous donna le jour.
Qu'il est doux à remplir, ce précepte d'amour !

Il semble que le premier sentiment qui s'éveille dans le cœur de l'enfant à l'égard de ses parents soit une affection mêlée de reconnaissance. C'est d'eux qu'il tient la vie. A peine ses yeux s'ouvrent-ils à la lumière, qu'il voit penché sur son berceau le front d'une mère souriante et attentive à ses moindres cris comme à ses moindres désirs. C'est elle qui, par les mille petits secrets que la nature inspire, éveille dans ce petit corps l'intelligence encore endormie, délie peu à peu la langue, amène les premiers mots et jouit plus que personne des premières lueurs, du premier babil de ce petit être à qui elle a donné comme une seconde vie. Quelle incessante sollicitude, quelle tendresse, souvent quelle angoisse, quelles alarmes, pour une santé chancelante ! Le poète a dit d'une mère qui avait perdu sa fille :

> La pauvre mère, hélas ! de son sort ignorante,
> Avait mis tant d'amour sur ce frêle roseau !
> Et si longtemps veillé son enfance souffrante
> Et passé tant de nuits, pour l'endormir pleurante
> Toute petite en son berceau.
>
> V. Hugo.

L'enfant qui, tout d'abord, reçoit ces soins comme s'ils lui étaient dus ne tarde pas, à mesure que son intelligence se développe, à éprouver un sentiment de reconnaissance et d'amour pour ceux qui les lui prodiguent. Tandis que la mère veille à l'intérieur, au gouvernement de la maison, son père va au dehors demander peut-être à un rude travail les moyens de l'habiller, de le nourrir, de l'élever, de lui préparer un avenir. L'enfant, en les voyant à l'œuvre, ne peut assister, le cœur froid, au spectacle de ce dévouement de tous les instants. On lui a dit que l'affection descend plus qu'elle ne monte, qu'il n'aimera jamais ses parents autant qu'il en est aimé. Il s'efforcera, dès lors, de ne pas rester trop au-dessous de son devoir. Ses paroles, son regard, son attitude, son empressement à leur faire plaisir, tout prouvera l'affection reconnaissante qu'il a pour eux. Il se plaira dans la compagnie de son père et de sa mère plus qu'en toute autre. Il y aura dans sa façon de les aborder, de les embrasser, de leur parler, de leur répondre, dans sa joie de les revoir et jusque dans le son de sa voix, je ne sais quel accent d'amour filial qui ne trompe pas. Il prendra occasion de certaines époques, comme le premier de l'an, le jour de leur naissance et de leur fête, pour leur donner un particulier témoignage de son affectueux et reconnaissant souvenir. Si, dans un moment d'oubli et d'humeur, il lui est arrivé de faire de la peine à son père ou à sa mère, on verra, au regret qu'il en éprouve, peut-être aux larmes qu'il répand, que son amour pour eux est bien vif et bien sincère.

Les sentiments d'affection et de reconnaissance pour les parents paraissent tellement la conséquence de ce qu'ils sont et de qu'ils font pour nous, que ne pas les éprouver, c'est aller contre la nature et manquer au premier de ses devoirs.

On demandait un jour à Paul, roi des joufflus
(La question je pense était d'une commère) :
Lequel aimes-tu plus, ton père ou bien ta mère?
Paul répondit très bien : « j'aime tous les deux plus ».

RATISBONNE

Saint Augustin et sainte Monique.

Sainte Monique était deux fois mère de saint Augustin. Elle lui avait donné la vie du corps et aussi la vie de l'âme, en lui obtenant par ses prières le retour à la foi, après les égarements de la jeunesse. Aussi, quelle fut sa douleur, quand cette mère bien-aimée lui fut enlevée par la mort!

« Dès qu'elle fut morte, dit-il, je lui fermai les yeux ayant le cœur pénétré d'une angoisse profonde. D'où venait donc cette douleur si vive, sinon de la plaie faite à mon cœur par la perte d'un si grand bonheur que j'éprouvais à vivre avec une personne si aimable et si sainte? Les assurances qu'elle m'avait données dans sa dernière maladie, qu'elle était contente de moi et des soins que je tâchais de lui rendre, m'étaient d'une grande consolation; car il ne s'y pouvait rien ajouter. Elle m'appelait son bon fils et elle prenait plaisir à me dire, de la manière du monde la plus tendre, qu'il ne m'était jamais échappé un seul mot dont elle eût sujet de se plaindre. Mais le soin avec lequel je me suis toujours acquitté du respect que j'étais obligé de lui rendre, quelque grand qu'il fût, pouvait-il entrer en comparaison avec ce qu'elle faisait pour moi?

Ainsi nos deux vies n'en faisaient qu'une, à proprement parler; il n'était pas possible que mon cœur ne se sentît déchiré quand je vins à perdre une aussi grande douceur que celle que je trouvais auprès d'elle. Je suspendais bien pour quelque temps le sentiment de ma douleur, mais il revenait aussitôt à mesure que je pensais à celle qui vous a si fidèlement servi, ô mon Dieu ! et que je me remettais dans l'esprit ce qu'elle avait toujours été, et à votre égard par sa vie si conforme à toutes les règles de la piété, et au mien par ses manières si douces, si complaisantes et si pleines de tendresse, mais de tendresse chrétienne. Je ne pus m'empêcher de la pleurer et de me pleurer moi-même, en me voyant privé, tout d'un coup, d'une mère si aimable, et je vous offrais pour elle et pour moi-même les larmes que je répandais et que je laissais couler en toute liberté, car elles n'étaient vues de personne qui pût croire qu'elles fussent affectées et que je cherchasse à m'en faire honneur. Je les avais retenues jusqu'alors, et tout le temps des prières que nous fîmes pendant qu'on vous offrait pour elle le sacrifice de notre rédemption. »

Confessions.

Amour de Lamartine pour sa mère.

Ma mère a été la plus grande, la plus douce et la plus permanente occupation de ma pensée. J'espérais la conserver jusqu'à mes jours les plus avancés. La jeunesse perpétuelle de son âme se communiquait à son visage, les années n'avaient laissé aucune trace sur ses traits; à soixante-six ans, on la confondait avec ses filles. Elle était conservée par l'atmosphère de résignation, de piété, de paix intérieure dans laquelle elle s'enveloppait, comme ces parfums fugitifs ou comme ces fleurs rares qu'on empêche de s'évaporer ou de se flétrir en les préservant du contact de l'air terrestre. Les circonstances de sa mort ajoutèrent pour moi à la douleur de sa perte.

> Là, quand l'ange voilé sous les traits d'une femme
> Dans le Dieu, sa lumière, eut exhalé son âme,
> Comme on souffle une lampe à l'approche du jour;
> A l'ombre des autels qu'elle aimait à toute heure,
> Je lui creusai moi-même une étroite demeure
>   Une porte à l'autre séjour.

Là, dort dans son espoir celle dont le sourire
Cherchait encore mes yeux à l'heure où tout expire,
Ce cœur source du mien, ce sein qui m'a conçu,
Ce sein qui m'allaita de lait et de tendresse,
Ces bras qui n'ont été qu'un berceau de caresses,
    Ces lèvres dont j'ai tout reçu...

Là, dorment soixante ans d'une seule pensée,
D'une vie à bien faire uniquement passée,
D'innocence, d'amour, d'espoir, de pureté,
Tant d'aspirations vers son Dieu répétées,
Tant de foi dans la mort, tant de vertus jetées
    En gage à l'immortalité.
LAMARTINE.

2° Respect.

Tes père et mère honoreras
Afin de vivre longuement.

« Quiconque maudit son père et sa mère, verra sa lampe s'éteindre au milieu des ténèbres. »
PROV. XX, 20.

Le respect doit marcher de front avec l'affection et la reconnaissance. « Honore ton père et ta mère », dit l'Écriture. « L'Enfant à tout âge, ajoute le Code civil, doit *honneur* et *respect* à ses père et mère. »

Ce devoir ainsi rappelé par la loi divine et humaine est gravé au fond de nos cœurs. L'âge, la vertu, l'expérience, le bienfait de la vie qu'ils leur ont donnée, la tendre sollicitude qu'ils n'ont cessé de leur prodiguer, l'autorité qu'ils ont sur eux, tout recommande les parents au respect de leurs enfants. Ils sont auprès d'eux les représentants de Dieu, et ce nom de père et de mère doit leur être sacré.

Un enfant respectueux témoigne par son *maintien*, par ses *paroles*, par ses *actions*, des sentiments qui l'animent. Il ne s'agit point ici d'une bonne tenue extérieure, de feintes démonstrations, d'une affaire de convenance et de politesse. Non, tout doit partir du fond du cœur. Il n'arrivera jamais à un enfant respectueux de répondre insolemment à sa mère; il ne s'emportera pas à la moindre observation, à la moindre remontrance; il se défendra avec soin de cette présomption impertinente toujours prompte à affirmer, à juger, croyant en savoir plus que l'âge et l'expérience; il évitera de parler des défauts de ses parents, de les blâmer, de contrefaire, de tourner en ridicule leurs gestes, leur démarche, leurs infirmités; il craindrait en les frappant, en les outrageant, de commettre un vrai crime, d'assumer sur lui la malédiction de Cham. « Que l'œil qui insulte à son père, dit l'Écriture, soit arraché par les corbeaux du torrent, que les petits de l'aigle en fassent leur pâture. Mais celui qui honore son père et sa mère amasse un trésor : Dieu le bénira dans ses enfants et l'exaucera au jour de sa prière. »

Plus tard, si les circonstances, si son intelligence, son travail, si l'éducation qu'il a reçue élèvent un enfant à une situation supérieure à celle de ses parents, ce serait de sa part une lâcheté coupable de les dédaigner, de rougir de son sang en n'osant pas avouer comme membres de sa famille son père et sa mère, ses frères et ses sœurs.

Le sentiment du respect bien entendu lui fera éviter d'être comme le *camarade* de son père. Les témoignages d'affection, les caresses, les gâteries prodiguées aux enfants les portent quelquefois à oublier dans l'intimité, dans la familiarité de la vie journalière, la distance qui les sépare de leurs parents. L'habitude de les tutoyer, qui tend à se généraliser, n'est pas nécessaire à l'affection et peut nuire beaucoup au respect. Le respect pour les parents était un des traits distinctifs de l'ancienne société française; aujourd'hui le torrent d'égalité qui nous déborde tend à établir entre parents et enfants une sorte de niveau et à remporter tout respect.

Traits.

L'histoire sainte nous montre Cham, fils de Noé, maudit pour s'être moqué de son père; Absalon, qui s'était révolté contre son père, David, suspendu par ses cheveux à un arbre, dans les branches duquel il s'était pris en fuyant, et percé de flèches.

Par contre, nous y trouvons l'exemple de Joseph qui, élevé au souverain pouvoir en Égypte, fait venir son père Jacob, se porte à sa rencontre, se jette à son cou, l'embrasse en pleurant de joie, le présente au pharaon et l'établit avec toute la famille dans la terre de Gessen.

Un bon fils.

Il y avait au régiment, sous le règne de Louis XIV, un brave officier nommé Duras. Ses compagnons le croyaient de la noble famille des Durfort de Duras; mais il était le fils d'un simple paysan, ce qui ne l'avait pas empêché de devenir officier. Un jour que son père était venu le voir en blouse et en sabots, il l'accueillit avec la plus grande joie et voulut le présenter à son colonel.

Louis XIV, ayant su de quelle manière ce brave officier avait traité et honoré son père, le manda près de lui et lui dit : « Duras, on m'a fait votre éloge, je vous regarde comme un des officiers les plus estimables de mes armées ; je vous accorde une pension de deux cents pistoles ; mariez-vous, et puissent vos enfants ressembler à leur père. »

3° Obéissance.

« Jésus était soumis à ses parents. »
ÉVANGILE.

« Écoutez, mon fils, les instructions de votre père et n'abandonnez point la loi de votre mère. »
PROV. I, 8.

Les enfants doivent obéissance à leurs parents; ils doivent leur obéir, parce que leurs parents ont reçu de Dieu, de l'ordre même de la nature, le pouvoir de commander. L'enfant vient au monde dans une complète ignorance. Durant de longues années, il est dans l'impuissance de se diriger, il ne sait ni ce qu'il faut faire, ni comment se conduire. Qui le lui apprendra, sinon ceux que Dieu a placés auprès de lui comme une seconde providence pour veiller sur lui à tous les instants du jour? Puisque les parents ont sur leurs enfants, avec l'autorité, la supériorité de l'expérience et des lumières, ils ont droit à l'obéissance. D'ailleurs, leur affection et leur tendresse sont une garantie qu'ils useront du pouvoir de commander pour le plus grand bien de leurs enfants.

Dans les classes laborieuses, le devoir de l'obéissance est d'autant plus impérieux que les enfants peuvent rendre, par là, une foule de petits services à une mère souvent accablée par les soins du ménage, à un père qui rentre le soir exténué par le travail.

L'obéissance n'est pas seulement un devoir; elle est aussi un grand moyen de formation morale pour l'enfant. Il vit avec ses parents et sa tendance naturelle est de faire prévaloir ses petits caprices, ses petits entêtements. L'habituer à obéir, c'est-à-dire à faire céder sa volonté, ses vues, ses désirs devant la volonté, les vues, les désirs de ses parents, c'est lui apprendre à se laisser conduire, à se dominer, à plier devant une autorité supérieure qui a droit de lui commander. Rien n'égale la portée morale de cet effort que l'enfant est amené à s'imposer à lui-même pour se vaincre. Et, comme le domaine de l'obéissance embrasse tout l'ensemble de la vie, comme ce devoir a son application tous les jours et à tous les instants du jour, on peut dire que la pratique de cette vertu est de première importance dans l'éducation.

Dès lors, que penser de ces enfants volontaires, entêtés, raisonneurs, qui cherchent à commander dans un âge qui doit obéir; qui ont toujours quelque observation à opposer aux ordres qu'ils reçoivent; qui lasseraient une patience angélique par leurs *non*, leurs *mais*, leurs *car?* Cet esprit d'insubordination ne peut que grandir avec l'âge. L'enfant désobéissant sera plus tard le jeune homme impatient de tout joug et de tout frein; il prépare peut-être un révolté à la société.

Les devoirs d'affection, de reconnaissance, de respect, des enfants pour leurs parents n'admettent aucune réserve, ni aucune dispense. Toutefois, l'obligation d'obéir cesserait si, par impossible, les parents ordonnaient à leurs enfants quelque chose de contraire à la loi divine. Il y a également une émancipation graduelle amenée par le progrès des années, par la jouissance de sa fortune, par le choix d'une situation indépendante. Mais il ne faut pas croire que la majorité fixée par la loi civile à vingt et un ans dispense les enfants de toute déférence, de toute obéissance envers leurs parents.

4° Assister ses parents, les aider dans leurs travaux, les soulager dans leurs maladies.

« Mon fils, soutenez la vieillesse de votre père et n'oubliez pas les gémissements de votre mère. »
BIBLE.

Il semblerait inutile de rappeler que les enfants doivent assistance à leurs parents quand l'âge, la pauvreté ou la maladie rendent ce secours nécessaire. Tel est cependant l'aveuglement de l'intérêt, de l'ingratitude et de l'égoïsme, qu'on voit quelquefois des enfants, ne manquant de rien, laisser leurs vieux parents manquer de tout. Un tel abandon est criminel et contre nature. Les enfants ne pourront jamais rendre à leurs parents ce qu'ils en ont reçu. En les assistant dans leurs besoins, en *les aidant dans leurs travaux*, en *les soulageant dans leurs maladies*, en les soutenant dans toutes les circonstances de leur vie, ils ne feront que payer une partie de leur dette.

Un enfant chrétien ne se contente pas ici d'un appui matériel, ni même des témoignages d'affection et de reconnaissance. S'il peut quelque chose pour le bien spirituel, pour l'*âme* de ses parents, il s'empresse de remplir cette mission sacrée. C'est surtout quand un père, une mère sont dangereusement malades qu'il importe d'acquitter cet impérieux devoir en leur procurant les secours spirituels. Ce serait une crainte pusillanime et une fausse tendresse, ce serait se préparer d'éternels regrets que de les laisser tomber, sans les avertir, entre les mains du Juge suprême. Ici, l'amour filial, quand il est éclairé, animé par la foi, ne faillit jamais à cette grande obligation et il accompagne par des prières, jusque dans l'autre vie, ceux qui nous ont précédés dans l'éternité.

« Il vient un temps où la vie décline, où le corps s'affaiblit, où les forces s'éteignent : enfants, vous devez alors à vos vieux parents les soins que vous reçûtes dans vos premières années. Qui délaisse son père et sa mère en leurs nécessités, qui demeure sec et froid à la vue de leurs souffrances et de leur dénûment, je vous le dis en vérité, son nom est parmi ceux des parricides. »

LAMENNAIS.

5° Piété filiale.

L'ensemble des devoirs de l'enfant envers ses parents forme ce qu'on a nommé la *piété filiale*. On désigne par ce mot ces sentiments d'affectueux dévouement, de tendre respect, de prompte obéissance, de reconnaissance confiante qui rappelle la *piété* envers Dieu. C'est que le père et la mère sont, dans la famille, la représentation, l'image visible de Notre Père qui est dans les cieux. Les obligations qui lient l'enfant aux auteurs de ses jours et aux gardiens de sa vie ont, dès lors, quelque chose de religieux.

Traits de piété filiale.

La légende raconte que le fils de Crésus, muet depuis sa naissance, se trouva, un jour de combat, auprès de son père qu'un soldat était sur le point de tuer. Il se précipita aussitôt au-devant de lui et, l'émotion lui déliant la langue, il s'écria : « Soldat, ne tue pas Crésus. »

C'était à la bataille de Poitiers, livrée en 1356 contre les Anglais qui, avec douze mille soldats, tuèrent vingt mille Français et firent une foule de prisonniers. Le roi Jean se battit comme un héros. Pressé de toutes parts, couvert de sang, il frappait de l'épée les assaillants; mais il lui était difficile de parer les coups. Alors son fils Philippe, un enfant de douze ans qui avait refusé de le quitter, se tenait bravement à ses côtés, le défendait et lui criait sans cesse : « Père, gardez-vous à droite, père, gardez-vous à gauche. » Il continua ainsi durant quelque temps à lui servir de rempart jusqu'à ce qu'il fallut se rendre. Philippe partagea ensuite la captivité de son père, et dut à cette héroïque conduite le surnom de *Hardi* qu'il a gardé dans l'histoire.

En 1879, l'Académie décerna un prix de vertu à Mlle Léontine Nicolle qui avait montré un dévouement admirable. Son père était mort; sa mère devint folle et fut reçue à la Salpêtrière, à Paris. La jeune Léontine, qui avait de quoi vivre, ne voulut pas abandonner sa mère à des mains étrangères. Elle obtint d'être reçue à la Salpêtrière comme surveillante. Pendant *vingt-sept ans*, elle vécut volontairement parmi les folles, prodiguant les soins les plus tendres à sa mère qui ne la reconnaissait même pas.

En 1792, le gouverneur des Invalides, M. de Sombreuil fut enfermé à la prison de l'abbaye. Une populace d'assassins massacra les prisonniers qui s'y trouvaient rassemblés, les 2 et 3 septembre. Les bourreaux révolutionnaires allaient immoler M. de Sombreuil; sa fille accourt, se jette au milieu de ces hommes féroces et s'écrie en pleurant : « Arrêtez, inhumains, c'est mon père ! » Après ces paroles, elle tombe à leurs pieds; elle leur baise les mains, elle les conjure de tourner leurs coups contre elle et d'épargner ce qu'elle a de plus cher. Mais comme les assassins paraissent insensibles à ses prières, elle se lève, elle retient le bras de ceux qui menacent les jours de son père, elle se met au-devant de lui et lui fait un rempart de son corps. Un si généreux dévouement attendrit enfin les meurtriers ; ils suspendirent leurs coups et promirent même à Mlle de Sombreuil de lui rendre le père chéri qu'elle voulait sauver aux dépens de sa propre vie. Mais un de ces cannibales mit à sa délivrance la condition qu'elle boirait un verre de sang. L'amour filial lui donna la force de céder à cette horrible proposition et, à ce prix, elle obtint ce qu'elle désirait. Mais, depuis cette époque, elle eut des convulsions fréquentes et dont le retour était régulier.

Elle n'en fut pas moins attentive pour son père. Elle partagea ses fers, lorsqu'il fut réincarcéré sous la Terreur. La première fois qu'elle parut devant les autres prisonniers, tous les yeux se fixèrent sur elle et se remplirent de larmes ; elle reçut de tous les cœurs le prix que l'on doit à la vertu.

Mme Rosambo lui adressa un mot qui les honore toutes les deux. Elle sortait de la prison avec le vénérable Malesherbes pour paraître au tribunal ; elle aperçut Mlle de Sombreuil : « Vous avez eu, lui dit-elle, la gloire de sauver votre père, et moi j'ai la consolation de mourir avec le mien. »

Dans les journées sanglantes de Septembre, Mlle Cazotte fit preuve du même dévouement que Mlle de Sombreuil. Au moment où les bourreaux allaient tuer son père, elle se jeta entre eux et lui, pâle, échevelée, et criant : « Vous n'arriverez à mon père, qu'après m'avoir percé le cœur. »

II. — DEVOIRS ENVERS LES GRANDS-PARENTS

L'enfant et la grand'mère.

Grand'mère, d'où vient donc que vos cheveux sont blancs ?
— Mon enfant, c'est l'hiver, c'est la neige des ans.
Grand'mère d'où vient donc que vous avez des rides ?
— Le chagrin a creusé tous ces sillons arides.
Grand'mère qui vous fait trembler la tête ainsi ?
— Enfant, un vent du ciel. Je ne tiens plus ici.

Pourquoi vos yeux sont-ils cernés de noir, grand'mère ?
— C'est pour avoir versé plus d'une larme amère.
Pourquoi tenir si bas, si courbé votre front ?
— C'est pour mieux voir la terre où mes os blanchiront
Et que murmurez-vous toujours, mère chérie,
Même quand votre enfant vous embrasse ? — Je prie.

L. RATISBONNE.

Les devoirs d'affection, de respect, de reconnaissance qui obligent les enfants envers leurs parents, les lient également envers leurs grands-parents. Pour n'y pas manquer, l'enfant n'a qu'à considérer l'amour qu'ils ont pour lui.

Voyez ce grand-père au maintien grave, au front sévère, adoucissant sa voix, prenant un visage riant, se faisant petit pour se mettre à la portée de ses petits-enfants ! De quel œil attendri il les regarde; de combien de caresses il les comble, quand ils sont là sur ses genoux ; que de qualités, que de vertus il leur trouve ; de quelles exclamations il salue leurs saillies, leurs progrès dans les premières connaissances ! Il les aime plus peut-être qu'il n'aima ses propres enfants. Le père et la mère s'en aperçoivent, en font l'observation, trouvent qu'il les gâte. Le grand-père, la grand'mère laissent dire et, renvoyant à d'autres le devoir de la correction, ils ne se réservent que le droit d'aimer. Il semble que, devant bientôt quitter la terre, leur cœur se fonde, que toute leur âme s'absorbe dans ces petits êtres qui vont porter leur nom, continuer leurs traditions et passer à leur tour à ceux qui naîtront d'eux le flambeau de la vie dont parle le poète.

Comment ne pas répondre à tant d'affection? La petite fille bien élevée et vraiment reconnaissante n'y manque pas. Je la vois empressée auprès de sa grand'mère, lui donnant le bras pour se lever, pour descendre, pour sortir, pour se promener, l'amusant par son babil quand elle est triste. C'est que la grand'mère est si bonne pour elle ! Elle lui a si souvent fait réciter ses prières, répéter ses leçons et éviter des punitions ; elle l'a si souvent consolée dans ses petits chagrins, comblée de gâteries et de gourmandises, amusée par des histoires d'autrefois !

Grand-père n'est pas moins bon. Aussi le frère et la sœur se disputent-ils à qui lui fera la lecture du soir, à qui préviendra ses moindres désirs. Ah ! c'est qu'il aime tant la petite Jeanne; il a si souvent aidé le petit Paul à faire son problème et à corriger ses fautes d'orthographe !

RESUMÉ

I. *Devoirs des enfants envers leurs parents.* — 1° Amour et reconnaissance. Traits de saint Augustin et de Lamartine. 2° Respect. — Exemples. 3° Obéissance. 4° Assistance. 5° Piété filiale. Traits. — II. *Devoirs envers les grands-parents.* — Affection, respect, reconnaissance, assistance.

CHAPITRE QUATRIÈME

DEVOIRS ENVERS LES ANCÊTRES ET ENVERS LES MORTS

> Quoique jeune sur la terre
> Je suis déjà solitaire
> Parmi ceux de ma saison ;
> Et quand je dis en moi-même :
> « Où sont ceux que ton cœur aime ? »
> Je regarde le gazon.
>
> LAMARTINE.

I. — LE SOUVENIR DES MORTS

La tombe ne brise pas les liens qui nous unissaient à nos parents et à nos grands-parents. Il semble même que l'absence éternelle qui détruit tant d'affections et efface tant de souvenirs, communique je ne sais quoi de tendre et de poignant aux attachements véritables.

Tout homme est rappelé par son cœur à la mémoire des morts qui lui sont proches : c'est là un sentiment naturel. J'en atteste les mille formes du regret et de la douleur que la piété envers les morts accumule chaque jour dans les vastes nécropoles qui entourent la capitale.

Mais la religion seule donne à ce culte des morts un caractère à la fois consolant et grandiose. Proclamant l'immortalité avec une conviction, une certitude, une autorité qu'aucune philosophie ne possède, elle allume, autour de la dépouille apportée au temple, ces flambeaux dont la lumière figure la vie nouvelle qui commence pour l'âme. Plaçant dans le ciel la patrie des élus, elle ose proclamer « bienheureux ceux qui meurent dans le Seigneur ». C'est là, dans ce haut séjour, qu'elle fait donner par ceux qui partent à ceux qui restent un rendez-vous éternel. En nous disant au revoir, en nous promettant de faire tomber le mur de séparation que la mort, par un étrange mystère, élève tout d'un coup entre ceux qui, tout à l'heure, ne formaient qu'un cœur et qu'une âme, elle console d'inconsolables douleurs.

Elle va plus loin ; elle nous donne le moyen de faire du bien à ceux qui ne sont plus. En mettant sur nos lèvres les prières pour les morts, elle nous permet de leur tendre la main, par delà la tombe, à travers les abîmes de l'éternité. « C'est, dit le livre des Machabées, une salutaire pensée de prier pour les morts afin qu'ils soient délivrés de leurs péchés. » Oh ! gardons le culte des morts. Souvenons-nous de ceux qui ne sont plus et, puisque nous avons été appelés à l'existence par une série d'ancêtres qui, en se succédant de génération en génération, ont fait arriver la vie jusqu'à nous, que nos pensées, que nos prières, que notre souvenir attendri remontent un à un tous les anneaux de cette chaîne, reportant à chacun la part de souvenir et de reconnaissance due à ses bienfaits.

5.

Dieu de pardon ! leur Dieu, Dieu de leurs pères
Toi que leur bouche a si souvent nommé,
Entends pour eux les larmes de leurs frères !
Prions pour eux, nous qu'ils ont tant aimé !

Étends sur eux la main de ta clémence.
Ils ont péché, mais le ciel est un don;
Ils ont souffert, c'est une autre innocence;
Ils ont aimé, c'est le sceau du pardon.

LAMARTINE.

II. — L'OUBLI DES MORTS

« Hélas, disait saint François de Sales, nous ne nous souvenons pas assez de nos chers trépassés; leur mémoire semble périr avec le son des cloches, et nous oublions que l'amitié qui peut finir, même par la mort, ne fut jamais véritable : *l'amicizia che può finire, non fu mai vera*, l'Écriture elle-même nous enseignant que le vrai amour est plus fort que la mort. »

Combien vivent joyeux, qui devraient, sœurs ou frères,
Faire un pleur éternel de quelques ombres chères !
    Pouvoir des ans vainqueurs !
Les morts durent bien peu : laissons-les sous la pierre !
Hélas ! dans le cercueil ils tombent en poussière
    Moins vite qu'en nos cœurs !

Voyageur, voyageur ! Quelle est notre folie,
Qui sait combien de morts à chaque heure on oublie,
    Des plus chers, des plus beaux !
Qui peut savoir combien toute douleur s'émousse,
Et combien sur la terre un jour d'herbe qui pousse
    Efface de tombeaux !

V. HUGO.

RÉSUMÉ

Devoirs envers les ancêtres et envers les morts. — 1° Le souvenir des morts. 2° L'oubli des morts.

CHAPITRE CINQUIÈME

DEVOIRS ENTRE FRÈRES ET SŒURS

« Qu'il est bon, qu'il est doux pour des frères d'habiter sous le même toit ! Le Seigneur réserve à cette union ses bénédictions et ses grâces dans tous les siècles. »

Ps. CXXXII.

I. — DEVOIRS RÉCIPROQUES
1° Affection.

« Qu'il y ait entre vous une amitié de frères. »

Saint Pierre, I Epit. iii, 8.

Combien on doit aimer ses frères et ses sœurs !
Que ces liens sont doux ! Ensemble dès l'enfance,
Unis par les devoirs, unis par la naissance,
Où trouver des amis et plus sûrs et meilleurs !

Tout concourt à allumer dans le cœur des frères un amour réciproque. Le même sang coule dans leurs veines. Nés sous le même toit, ayant sucé le même lait, vivant ensemble, nourris ensemble, grandissant ensemble ; ayant même origine, même nom, même éducation, même foyer, même condition, même existence, mêmes souvenirs, mêmes intérêts, mêmes privations, mêmes jouissances ; ayant reçu du même père, de la même mère, la formation et de l'âme et du corps, il semble que frères et sœurs n'aient qu'à suivre la voix, l'impulsion de la nature pour s'abandonner à un mutuel et inaltérable attachement.

De bonne heure, l'homme a besoin d'affection. Quels sentiments plus doux peut-il éprouver que ceux éveillés dans son cœur par cet échange incessant de pensées, de joies, d'impressions qui remplissent la vie commune dans l'intimité du foyer paternel ! On a dit qu' « un frère est un ami donné par la nature ». L'homme, s'il en est digne, arrive toujours à se créer des amitiés au dehors. Mais quelle amitié plus naturelle que celle qui naît entre frères d'une communauté de goûts, de projets, d'habitudes, créée par une communauté de sang, de nom et d'existence. Aussi donne-t-on le nom de frère à un ami véritable, et le mot de fraternité humaine désigne le plus haut degré de sympathie, de dévouement et de bienveillance qui puisse unir les hommes entre eux.

« Que l'affection sincère que vous aurez pour vos frères vous donne une attention continuelle à vous témoigner les uns aux autres une tendresse qui vienne du cœur. »
Saint Pierre, I Ep. 1, 22.

« Quelle douceur dans cette pensée : nous sommes les enfants d'une même mère! Quelle douceur d'avoir dès son arrivée au monde trouvé les mêmes objets de vénération et d'amour! L'identité du sang et la conformité de beaucoup d'habitudes entre frères et sœurs engendrent nécessairement une forte sympathie, qu'un affreux égoïsme peut seul détruire. »
Silvio Pellico.

On demandait un jour à Caton quel était son meilleur ami. Il répondit : Mon frère. — Mais après? — Mon frère. — Et ensuite? — Encore mon frère.

2° Concorde.

Pourquoi est-il besoin d'ajouter que la concorde doit régner entre frères? La famille est une société parfaite où tous les rôles sont nettement déterminés. Les enfants n'ayant qu'à obéir, qu'à marcher sous l'autorité du père et de la mère, il semble que rien ne puisse troubler la paix entre frères, et cependant le bon accord ne règne pas toujours entre eux. L'égoïsme, la jalousie, l'esprit de taquinerie sont les causes les plus fréquentes de mésintelligence ou de discussion. Que d'enfants semblent se complaire à contrarier leurs frères et sœurs, à les contredire, à les tourmenter, à les frapper même, à user en vrais pet   despotes, quelquefois avec une méchanceté précoce, de la force que leur donnent quelques années de plus. Que de disputes pour une gourmandise, pour un jouet, pour un siège, pour un oui, pour un non, pour le plus futile prétexte. Il semble vraiment que, pour apprendre à s'aimer, il faille se quereller tout le long du jour.

Un frère et une sœur.

Rien de plus attachant que l'affection d'Eugénie de Guérin pour son frère Maurice. C'est dans cet amour fraternel qu'elle puisa le secret de ses plus belles inspirations. Voici un trait touchant de son admirable journal.

« Le 4 août. — A pareil jour vint au monde un frère que je devais bien aimer, bien pleurer, hélas! ce qui va souvent ensemble. J'ai vu son cercueil dans la même chambre, à la même place où, toute petite, je me souviens d'avoir vu son berceau, quand on m'amena de Gaillac où j'étais, pour son baptême. Ce baptême fut pompeux, plein de fête. Je jouai beaucoup, et je repartis le lendemain, aimant fort ce petit enfant qui venait de naître; j'avais cinq ans. Deux ans après je revins, lui portant une robe que je lui avais faite. Je lui mis sa robe, et le menai par la main le long de la garenne du nord où il fit quelques pas tout seul, les premiers, ce que j'allai annoncer en grande joie à ma mère : « Maurice, Maurice a marché seul ! » Souvenir qui me vient tout mouillé de larmes. »

EUGÉNIE DE GUÉRIN.

Exemple de charité fraternelle.

Jérusalem était, dans l'origine, un terrain labouré; deux frères possédaient la partie où depuis fut bâti le temple. L'un de ces frères était marié et avait plusieurs enfants, l'autre vivait seul; ils cultivaient en commun le champ dont ils avaient hérité de leur mère. Le temps de la moisson venu, les deux frères lièrent leurs gerbes et en firent deux parts égales qu'ils laissèrent dans le champ. Pendant la nuit, celui des deux frères qui n'était pas marié se dit à lui-même : « Mon frère a une femme et des enfants à nourrir, il n'est pas juste que ma part soit aussi forte que la sienne; allons, prenons dans mon tas quelques gerbes, et ajoutons-les secrètement aux siennes; il ne s'en apercevra pas et ne pourra ainsi les refuser. » Et il fit comme il avait pensé. La même nuit, l'autre frère se réveilla et dit à sa femme : « Mon frère est jeune, il vit sans compagne, il n'a personne pour l'assister dans son travail et pour le consoler dans ses fatigues; il n'est pas juste que nous prenions du champ autant de gerbes que lui; levons-nous, allons et portons à son tas un certain nombre de gerbes; il ne s'en apercevra pas et ne pourra ainsi les refuser. » Et ils firent comme ils avaient dit. Le lendemain, chacun des frères se rendit au champ et fut surpris de voir que les deux tas étaient toujours pareils, ni l'un ni l'autre ne pouvaient intérieurement se rendre compte de ce prodige; ils firent de même pendant plusieurs nuits de suite, mais comme chacun portait au tas de son frère le même nombre de gerbes, les tas demeuraient toujours égaux, jusqu'à ce qu'une nuit tous deux s'étant mis en route pour approfondir la cause de ce miracle, ils se rencontrèrent portant chacun les gerbes qu'ils se destinaient mutuellement. Or, le lieu où était venue une si bonne pensée à la fois et si persévéramment à deux homme devait être une place agréable à Dieu; les hommes le bénirent et le choisirent pour y élever une maison de Dieu.

LAMARTINE.

II. — ROLE DES FRÈRES AINÉS. — ACTION DE L'EXEMPLE

Les frères plus âgés *doivent l'exemple* aux autres, car les plus jeunes sont toujours portés à les imiter en bien comme en mal. C'est à eux aussi *à faire des concessions*. La maman répète souvent : « Voyons André, voyons Marie, tu es le plus grand, tu es la plus grande, cède-lui donc. » Les plus petits en abusent quelquefois, mais quel bonheur d'avoir la paix et de faire plaisir à sa mère par un léger sacrifice.

Les circonstances peuvent créer aux aînés des devoirs beaucoup plus importants, beaucoup plus graves; c'est lorsque les deux chefs de la famille ont été enlevés par la mort. Dans ce cas, et à défaut de proches parents qui puissent ou veuillent suppléer les absents, c'est aux plus grands que revient le rôle de père et de mère à l'égard des plus jeunes. C'est à eux à leur donner ou à leur faire donner, dans la mesure du possible, l'éducation physique intellectuelle et morale qu'ils ont eu le temps et le bonheur de recevoir. C'est là le côté le plus précieux de l'héritage paternel qu'ils doivent faire partager aux cadets.

Il n'est pas rare de voir ici le courage grandir avec le devoir. Que de fois un grand frère a su trouver dans le sentiment de sa responsabilité la force de faire face à toutes les difficultés, de faire sortir de son travail les ressources nécessaires pour nourrir toute une famille. Que de fois, surtout, une grande sœur a puisé dans son cœur le secret de se montrer vraiment mère pour les derniers venus, demandant à ses bras, à son aiguille l'entretien des plus petits.

Bravoure et amour fraternel de Cervantès.

Miguel de Cervantès, l'auteur de *Don Quichotte*, l'un des chefs-d'œuvre de la littérature espagnole, ne fut pas seulement un grand écrivain. A la bataille de Lépante (1571) il se battit comme un héros, bien qu'épuisé par la fièvre, par la maladie et par trois blessures. Quatre ans plus tard, il s'était embarqué avec son frère Roderigo, chargé d'une mission par Philippe II; il fut attaqué en mer par des navires mauresques. Cervantès nous a tracé de ce combat un tableau saisissant : « Les Maures, dit-il, mirent à la mer une petite barque, et un renégat qui la montait somma notre capitaine de se rendre ; il déclara au nom d'Arnaut-Mami, son chef, que si notre navire faisait feu, le capitaine serait pendu à un mât et il ajouta encore d'autres menaces. Le capitaine, pour toute réponse, dit au renégat que s'il ne s'éloignait pas immédiatement il coulerait à fond son embarcation. Dès que ces paroles eurent été rapportées à Arnaut-Mami, il commença à jouer de son artillerie avec tant de rapidité et de furie que c'était vraiment merveille. Nous en fîmes autant de notre côté ; bientôt un de leurs bâtiments, atteint en plein par notre feu, sombra sans avoir pu être secouru. Alors les Turcs nous entourèrent, et dans l'espace de quatre heures ils s'élancèrent quatre fois à l'abordage, et autant de fois ils furent repoussés avec perte. Mais, après seize heures de combat, notre capitaine ayant été tué ainsi que la plus grande partie de l'équipage, les ennemis dans un neuvième et dernier assaut s'emparèrent du navire. »

Miguel de Cervantès et son frère Roderigo étaient parmi les survivants. Ils furent conduits à Alger. Leurs parents vendirent tout ce qu'ils avaient, leur sœur sacrifia sa dot pour racheter les deux frères captifs. Mais Dali-Mami, leur maître, homme cruel et avare, déclara que la somme était insuffisante pour délivrer les deux captifs et ne voulut en lâcher qu'un. Alors Miguel de Cervantès, sans hésiter un instant, fit partir son frère Roderigo et resta dans les fers.

Sa captivité dura encore cinq ans. Il supporta avec héroïsme les plus mauvais traitements et fut enfin délivré par les frères de la Merci. Ces frères appartenaient à un ordre établi pour le rachat des chrétiens. Ils consacraient à cette œuvre toutes leurs ressources, poussant au besoin la charité, lorsque l'argent leur faisait défaut, jusqu'à prendre eux-mêmes la place des malheureux captifs.

III. — L'ESPRIT DE FAMILLE. — L'AMOUR DU PAYS NATAL

La vie de famille, l'habitude d'en remplir les devoirs et d'en goûter les charmes créent ce qu'on appelle *l'esprit de famille*. L'esprit de famille est un sentiment profond de la solidarité qui en unit les différents membres. Cette solidarité établit une certaine identité d'existence, une communauté d'intérêts entre tous ceux qui la composent, au point d'être heureux des mêmes joies, malheureux des mêmes tristesses. C'est comme un esprit de corps fondé sur la nature qui nous rend toujours prompts à défendre ceux qui nous sont unis par les liens du sang, à repousser les attaques et même les simples critiques dirigées contre les siens.

Comme l'individu, la famille a son honneur. On est naturellement fier de la considération que chaque membre apporte à la famille entière ; par contre, on souffre de la tache que la défaillance d'un seul peut faire rejaillir sur tous. L'honneur de la famille s'incarne en quelque sorte dans le nom, qui est le patrimoine commun de ceux qui le portent. Tout ce qui le grandit, tout ce qui l'impose au respect des autres fait battre le cœur, tout ce qui tend à l'abaisser et à le ternir fait courber le front. La crainte de souiller son nom a fait reculer plus d'une fois l'homme devant le crime. Le grand souci d'un père est de transmettre un nom sans tache à ses enfants, et le souci des enfants sera de léguer, à leur tour, à ceux qui naîtront d'eux l'héritage agrandi d'un nom entouré de respect et peut-être de gloire.

Souvenir de nos plaisirs d'enfant.

Enfant, j'aimais les fleurs, les oiseaux, la parure ;
Oui, lorsque sur mon front tombaient de blonds anneaux,
J'aimais à contempler ma petite figure
    Dans le miroir des eaux.

J'aimais errer, pareille à la biche légère,
De la prairie au bois, des coteaux au vallon ;
J'aimais à détacher, pour le rendre à sa mère,
    L'agneau pris au buisson.

J'aimais à recueillir, comme autant d'étincelles,
Les vers luisants sur l'herbe attirant tous les yeux ;
J'aimais à voir passer, ainsi que des nacelles,
    Les astres dans les cieux.

J'aimais de l'arc-en-ciel la sphère éblouissante
Posant ses pieds du pôle aux monts Pyrénéens ;
J'aimais les beaux récits, Trilby, la fée Organte,
Et des petits enfants les joyeux entretiens.

J'aimais tout chant, tout bruit, toute voix d'innocence,
Oiseau, nuage, encens que je voyais passer;
J'aimais tout, la nature était joujou d'enfance;
Dieu, pensais-je, étoilait le ciel pour m'amuser.

EUGÉNIE DE GUÉRIN.

Ne pas quitter le pays natal.

Oh! ne quittez jamais, c'est moi qui vous le dis,
Le devant de la porte où l'on jouait jadis,
L'église où, tout enfant et d'une voix légère,
Vous chantiez à la messe auprès de votre mère,
Et la petite école où, traînant chaque pas,
Vous alliez le matin; oh! ne la quittez pas!
Car une fois perdu parmi ces capitales,
Ces immenses Paris aux tourmentes fatales,
Repos, franche gaieté, tout s'y vient engloutir,
Et vous les maudissez sans en pouvoir sortir.
Croyez qu'il sera doux de voir un jour peut-être
Vos fils étudier sous votre bon vieux maître,
Dans l'église avec vous chanter au même banc,
Et jouer à la porte où l'on jouait enfant,

BRIZEUX.

RÉSUMÉ

I. *Devoirs réciproques entre frères et sœurs.* 1° Affection. 2° Concorde. Traits d'amour fraternel. — II. *Rôle des frères aînés. Action de l'exemple.* Michel Cervantès. — III. *L'esprit de famille.* Souvenirs d'enfance. L'amour du pays natal.

CHAPITRE SIXIÈME

DEVOIRS RÉCIPROQUES DES MAITRES ET DES SERVITEURS

I. — DEVOIRS DES SERVITEURS ENVERS LEURS MAITRES

Les devoirs des serviteurs envers leur maîtres sont : le respect, l'obéissance, le travail, la fidélité, la probité, la discrétion, le dévouement.

Les domestiques se souviendront qu'ils n'entrent pas dans

une maison pour faire leur volonté, mais celle de leurs maîtres; qu'ils doivent les respecter comme des supérieurs; qu'il est de toute justice de fournir la tâche et le travail pour lequels on les a engagés, ne jamais rien prendre au delà de ce qui a été convenu; que faisant partie de la famille et en connaissant certains secrets, ils sont tenus à la discrétion et au dévouement que cette situation leur impose.

La coupe de l'échafaud.

Le duc de Norfolk, parent et héritier du trône de la reine Élisabeth, avait conspiré pour enlever la reine Marie Stuart de son cachot et pour lui rendre son trône. Élisabeth découvre le complot, arrête Norfolk et le fait condamner à avoir la tête tranchée sur un échafaud dressé dans la Tour de Londres. Le duc, accompagné de ses amis, à qui il était permis alors de faire cortège aux mourants, s'avance fièrement vers le lieu du supplice. Arrivé au pied de l'échafaud, il a soif et demande à boire; une femme âgée et voilée, qui l'avait suivi tout en pleurs, lui présente une coupe que le duc reconnut aussitôt; c'était sa propre coupe, celle de ses ancêtres et cette femme, prévoyante et attentive jusqu'à la mort, était sa nourrice, la servante de ses châteaux.

Elle versa de l'ale dans la coupe; le patient y trempa ses lèvres. Lorsqu'il rendit la coupe vide à la pauvre femme, elle saisit et baisa en pleurant la main de son maître. « Que Dieu te bénisse, lui dit le duc, et que mes enfants te vénèrent à cause de ce que tu as fait; » puis comme il sentait qu'il s'attendrissait à l'heure où l'homme a besoin de sa force, il monta rapidement les degrés de l'échafaud appuyé sur le bras du doyen de Saint-Paul.

L'antiquité n'a rien de plus naïf, de plus touchant que cette coupe reconnue à l'heure où on laisse tout sur la terre, et cette main de servante tendant au seigneur la coupe de l'échafaud.

LAMARTINE.

II. — DEVOIRS DES MAITRES ENVERS LEURS SERVITEURS

« Ne traitez point avec rudesse ceux qui vous servent, car vous avez les uns les autres un Maître commun dans le ciel, et il n'aura point égard à la condition des personnes. »

Saint Paul, Eph. vi, 9.

1° Les devoirs de maîtres.

Les maîtres doivent bien choisir leurs serviteurs, les bien diriger, veiller à leur conduite, à leurs intérêts spirituels et temporels, les bien traiter, leur témoigner de la confiance, de l'attachement, enfin leur donner bon exemple.

Ce qui gagnera aux maîtres le cœur de leurs domestiques, c'est la *bonté*. Qu'ils écartent, dans leurs rapports avec eux, les procédés d'un orgueil hautain et méprisant. A force de voir leurs serviteurs remplir des fonctions pénibles et leur rendre des services inférieurs, ils pourraient être tentés d'oublier qu'ils sont leurs égaux, peut-être leurs supérieurs devant Dieu, et que l'inégalité des conditions ne détruit pas l'égalité native des personnes. Que les maîtres les traitent comme ils voudraient être traités eux-mêmes s'ils se trouvaient à leur place, c'est-à-dire avec politesse, bienveillance et douceur. Qu'ils évitent d'apporter dans le commandement le ton impérieux qui rend l'obéissance si pénible. Il n'est nul besoin de prendre un air hautain pour conserver son autorité. Ce qui la compromet en effet ce n'est pas la bonté qui condescend, mais bien les caprices, l'humeur fantasque d'un commandement qui passe sans motif d'une familiarité, quelquefois même d'une intimité déplacée à une morgue plus déplacée encore.

Les maîtres ne se montreront pas trop sévères pour des personnes qui leur sacrifient leur temps, leur liberté et leur travail. Ils se défendront de cette exigence maladive qui ne laisse pas un instant de répit à de pauvres gens, crainte qu'ils ne restent un moment sans rien faire. Ils sauront pardonner quelques torts et fermer les yeux sur quelques manquements. Ils ne tomberont jamais dans la contradiction de ces maîtres ou maîtresses qui, pleins d'imperfections eux-mêmes, voudraient avoir des serviteurs parfaits, toujours attentifs non seulement à satisfaire leurs caprices, mais encore à les deviner et les prévenir.

2° Les enfants et les domestiques.

Ce devoir de bonté envers les serviteurs incombe aux enfants comme aux parents. Ils vivent dans la famille ; ils profitent des soins des domestiques, s'il y en a, et souvent ils les provoquent. Qu'ils en usent avec modération, qu'ils soient *polis* et *bons*. Il y a des enfants hautains, exigeants, dédaigneux, sans cœur, petits despotes en herbe, toujours prêts à tourmenter leur entourage, à occuper tout le monde de leur petite personne, qui prennent avec les serviteurs un ton impérieux, un air de commandement qui ne convient pas à leur âge. Il y a beaucoup d'égoïsme et de fatuité à ne pouvoir ainsi faire un pas sans une gouvernante ou sans un laquais, à se croire d'une autre race qu'eux. La pire des servitudes est de ne savoir se passer de certains services ; la première indépendance est de se suffire. Mettons donc de la mesure dans les exigences à l'égard des serviteurs, traitons-les avec politesse et avec bonté ; c'est sage et c'est chrétien.

Michel-Ange et son domestique.

Un des plus grands hommes du XVIᵉ siècle, Michel-Ange, à la fois grand peintre, grand sculpteur, grand architecte, donna un exemple mémorable de bonté pour ses serviteurs. Il avait quatre-vingts ans lorsque son domestique Urbain fut frappé de maladie ; Michel-Ange, malgré son âge, voulut le soigner lui-même nuit et jour et, quand il l'eut perdu, il écrivit la lettre suivante qui est celle d'un grand cœur et d'un grand chrétien :

« Vous savez comment Urbain est mort, ce qui a été pour moi une très grande grâce de Dieu et en même temps une grande perte et une douleur infinie. La grâce a été qu'après m'avoir, pendant sa vie, conservé vivant par ses soins, il m'a enseigné en mourant à bien mourir; je l'ai gardé vingt-six ans, et je l'ai toujours trouvé rare et fidèle; maintenant que je l'avais mis au-dessus du besoin et que je m'attendais à l'avoir pour bâton de vieillesse, il m'est enlevé et il ne me reste d'autre espérance, que de le revoir en paradis. Dieu nous a donné un signe de cela par la très heureuse mort qu'il a faite, car il regrettait bien moins de mourir que de me laisser dans ce monde perfide au milieu de tant de peines ; maintenant que la meilleure partie de moi-même s'en est allée avec lui, il ne me reste plus qu'une douleur infinie et je me recommande à vous. »

Saint François de Sales et ses serviteurs.

Le saint évêque avait un domestique, François Favre, qui, ayant conçu le projet de se marier avec une jeune veuve riche et vertueuse, se mit un jour en tête de lui écrire pour lui demander sa main, s'imaginant qu'il s'expliquerait mieux dans une lettre que dans un entretien. Mais pendant qu'il était occupé à écrire, voilà que son maître entre dans sa chambre. Aussitôt, il jette sa plume d'un côté, son encrier de l'autre et cache son papier sous la table. Le saint évêque, sans rien dire d'abord, fait deux ou trois tours dans la chambre, puis regardant le jeune homme : « François, lui dit-il, quand je suis entré, vous écriviez. » Le pauvre homme confus ne sut que répondre. « Qu'écriviez-vous donc ? » ajouta son maître ; et voyant qu'il ne s'expliquait point : « Est-ce que je ne suis pas assez de vos amis, lui dit-il, pour que vous me fassiez cette confidence ? » Le garçon s'étant enfin expliqué, le saint évêque lut sa lettre. Vous n'y entendez rien, lui dit-il ; et aussitôt, il s'assied, il écrit lui-même une lettre parfaitement tournée, à laquelle il ne manquait plus que la signature.

« Tenez, dit-il à Favre, copiez cette lettre, envoyez-la et vous verrez que tout ira bien. » Favre obéit, et quelques jours après, la veuve flattée de la grâce avec laquelle cet homme demandait sa main, étant venue consulter le saint prélat, il lui conseilla ce mariage, l'assurant que le Ciel le bénirait, ce qui en effet se trouva vrai.

Autre trait du même saint.

Un soir, un de ses domestiques qui était porté à des excès dans le boire, et avait déjà reçu du saint évêque plusieurs réprimandes à ce sujet, étant sorti pour satisfaire son malheureux penchant, ne revint que fort tard à l'évêché; il frappe à la porte et personne ne répond; tout le monde était endormi. François de Sales, qui seul veillait, se lève et va ouvrir, et trouvant ce pauvre homme si ivre qu'il avait peine à marcher, il le prend par le bras, le fait entrer, le conduit jusqu'à son lit, le déshabille, le déchausse, le couche et se retire après avoir rangé ses couvertures comme ferait une mère pour son fils. Le lendemain, le domestique, se souvenant de ce qu'il avait fait la veille, était tout confus et n'osait se montrer devant son maître. Mais François de Sales l'ayant rencontré seul: « Eh bien! mon cher ami, lui dit-il, vous étiez bien malade hier au soir. » A ces mots le pauvre garçon tombe à genoux et demande pardon avec larmes. Le saint évêque, touché de son repentir, lui fait une paternelle mais sévère remontrance sur le danger où il s'était mis de perdre son âme pour l'éternité, et le condamne à mettre une certaine quantité d'eau dans son vin pendant un temps déterminé. Le coupable accepta la pénitence et y fut si fidèle non seulement pendant ce temps, mais tout le reste de sa vie, qu'il ne retomba plus jamais dans aucun excès.

Hamon.

RÉSUMÉ

I. *Devoirs des serviteurs envers leurs maîtres* : Respect, obéissance, travail, fidélité, probité, discrétion, dévouement. Trait. — II. *Devoirs des maîtres envers leurs serviteurs* : Veiller sur eux, leur témoigner de l'attachement, de la confiance, les traiter avec bonté, leur donner bon exemple. Les enfants doivent se montrer polis et bons envers les serviteurs. Exemples de Michel-Ange et de saint François de Sales.

ÉDUCATION MORALE

CHAPITRE SEPTIÈME

LES ANIMAUX

« Le juste a pitié des animaux. Mais les entrailles des méchants sont cruelles. »

Prov. XII, 10.

« Que me fait, à moi, un empire qui tombe ! Un passereau qui meurt me touche davantage. Pauvre créature de Dieu qui, après avoir aspiré, comme un globule de rosée sur la fleur, sa gouttelette de vie, s'en va et ne revient plus. »

Lamennais.

I. — COMMENT ON DOIT TRAITER LES ANIMAUX

Il convient, à l'occasion de la famille, de parler des animaux, dont quelques-uns font partie de la maison et sont appelés animaux domestiques.

Les animaux, au sens strict du mot, n'ont pas de droits. Ils n'ont ni la raison, ni la parole, ni la liberté. Mais ils ont la sensibilité ; ils aiment leurs petits ; ils sont attachés à leur maître. Ils éprouvent de la douleur quand on les tourmente.

Il y a donc de la cruauté et aussi de la lâcheté, de l'ingratitude à les faire souffrir sans motif.

L'homme est le roi de la création. Les animaux sont ses sujets et non ses concitoyens. Aussi se conduit-il trop souvent à leur égard en tyran et en bourreau. Ne voit-on pas, tous les jours, des conducteurs se livrer à des actes de brutalité révoltante contre de pauvres bêtes attelées à un chariot, à la charrue !

Que d'enfants se font un jeu cruel de tourmenter les animaux domestiques, de faire souffrir, de mutiler des insectes, de rire de leurs tortures, de faire la chasse aux nids pour avoir les œufs et emporter la couvée ! Il y a là le signe d'une méchanceté précoce. Cette absence de tout sentiment de pitié envers de petites créatures de Dieu est l'indice d'un cœur dur. Comment celui qui se montre ainsi cruel envers de pauvres bêtes inoffensives serait-il bon pour ses semblables?

Il importe, toutefois, de ne pas tomber ici dans l'excès contraire. Il faut éviter la sensiblerie à l'égard des animaux et fuir le ridicule de ces personnes qui font une divinité de leur chien ou de leur chat.

Loi Grammont. 1850. — « Seront punis d'une amende de cinq à quinze francs et pourront l'être d'un à cinq jours de prison, ceux qui auront exercé publiquement et abusivement de mauvais traitements envers les animaux domestiques. La peine de la prison sera toujours applicable au cas de récidive. »

Société protectrice des animaux. — « La société a pour but d'améliorer le sort des animaux. La société décerne des récompenses aux propagateurs de son œuvre... aux agents de la force publique ayant fait respecter les lois et règlements qui répriment les actes de cruauté et les mauvais traitements envers les animaux, aux agents de l'agriculture et aux cochers... à toute personne ayant fait preuve à un haut degré de compassion envers les animaux. »

II. — EXEMPLES

Saint François d'Assise et les animaux.

Saint François d'Assise avait une sorte d'affection pour les petits animaux, et la légende raconte qu'un jour, voyageant en compagnie d'un frère dans la marche d'Ancône, il rencontra un homme qui portait sur son épaule, suspendus à une corde, deux petits agneaux; et, comme le bienheureux saint François entendit leurs bêlements, ses entrailles furent émues, et s'approchant, il dit à l'homme: « Pourquoi tourmentes-tu mes frères les agneaux en les portant ainsi liés et suspendus ? » Quand il passait près d'un pâturage, il saluait les brebis du nom de sœurs; et on dit qu'alors les brebis levaient la tête et couraient après lui laissant les bergers stupéfaits. Lui-même, sevré depuis longtemps des jouissances des hommes, prenait un doux plaisir aux fêtes que lui faisaient les bêtes des champs.

Un jour qu'il était monté au mont Alvernia pour y prier, un grand nombre d'oiseaux l'environnèrent avec des cris joyeux et battant des ailes comme pour le féliciter de sa venue. Alors le Saint dit à son compagnon : « Je vois qu'il est de la bonté divine que nous séjournions ici quelque peu, tant nos frères les petits oiseaux semblent consolés de notre présence. »

Saint-Marc Girardin.

Les oiseaux.

Orchestre du Très-Haut, bardes de ses louanges,
Ils chantent à l'été des notes de bonheur ;
Ils parcourent les airs avec des ailes d'anges,
Échappés tout joyeux des Jardins du Seigneur.

Tant que durent les fleurs, tant que l'épi qu'on coupe
Laisse tomber un grain sur les sillons jaunis,
Tant que le rude hiver n'a pas gelé la coupe
Où leurs pieds vont poser comme aux bords de leurs nids!

Ils remplissent le ciel de musique et de joie ;
La jeune fille embaume et verdit leur prison,
L'enfant passe la main sur leur duvet de soie,
Le vieillard les nourrit au seuil de sa maison.

Mais dans les mois d'hiver, quand la neige et le givre
Ont remplacé la feuille et le fruit, où vont-ils ?
Ont-ils cessé d'aimer? Ont-ils cessé de vivre ?
Nul ne sait le secret de leurs lointains exils.

On trouve au pied de l'arbre une plume souillée,
Comme une feuille morte où rampe un ver rongeur,
Que la brume des nuits a jaunie et mouillée
Et qui n'a plus, hélas! ni parfum, ni couleur.

On voit pendre à la branche un nid rempli d'écailles,
Dont le vent pluvieux balance un noir débris ;
Pauvre maison en deuil et vieux pan de murailles
Que les petits, hier, réjouissaient de cris.

Lamartine.

Le chien de Newton.

Newton avait un soir laissé, par mégarde, une chandelle allumée sur son bureau, pendant qu'il était absent. Son chien favori, Diamant, fit tomber la flamme sur des papiers importants qui prirent feu, détruisant ainsi en un instant le résultat de longs et vastes calculs. Quand Newton revint, au lieu de frapper le chien, il se contenta de dire : « Ah! Diamant, tu ne te doutes guère de ce que tu viens de faire là. »

Une brute de charretier.

Le pesant chariot porte une énorme pierre;
Le limonier, suant du mors à la croupière,
Tire, et le cheval triste a le poitrail en sang.
Il tire, traîne, geint, tire encore et s'arrête;
Le fouet noir tourbillonne au-dessus de sa tête.
L'animal éperdu ne peut plus faire un pas.
Il sent l'ombre sur lui peser; il ne sait pas,
Sous le bloc qui l'écrase et le fouet qui l'assomme,
Ce que lui veut la pierre et ce que lui veut l'homme.
Et le roulier n'est plus qu'un orage de coups
Tombant sur ce forçat qui traîne des licous,
Qui souffre et ne connaît ni repos ni dimanche.
Si la corde se casse, il frappe avec le manche,
Et, si le fouet se casse, il frappe avec le pied,
Et le cheval tremblant, hagard, estropié,
Baisse son cou lugubre et sa tête égarée.
On entend sous les coups de la botte ferrée
Sonner le ventre nu du pauvre être muet !
Il râle; tout à l'heure encore il remuait;
Mais il ne bouge plus et sa force est finie,
Et les coups furieux pleuvent; son agonie
Tente un dernier effort, son pied fait un écart,
Il tombe, et le voilà brisé sous le brancard.

V. Hugo.

Belle vengeance d'un chien.

Dernièrement un pêcheur, aussi cruel qu'ingrat, voulut se débarrasser de son vieux chien, un terre-neuve ancien compagnon de travail.

Il monte sur une barque, attache une lourde pierre au cou de sa victime et d'un coup de pied pousse la pauvre bête dans la Seine.

Mais le pêcheur, perdant l'équilibre, tombe dans le fleuve et, ne sachant pas nager, se voit entraîné par le courant.

Heureusement qu'à ce moment, la pierre se détache du cou du terre-neuve. Le chien, à peine remonté à la surface, voyant son maître qui se noie, nage vers lui de toutes ses forces, le saisit par un bout de sa veste et le ramène sur la berge, se faisant ainsi le sauveur de son bourreau et rendant la vie à celui qui voulait lui donner la mort.

RÉSUMÉ

Les animaux. — Pourquoi il faut bien traiter les animaux. Loi Grammont. Traits.

LIVRE QUATRIÈME

L'ÉCOLE

CHAPITRE PREMIER

BIENFAITS DE L'ÉCOLE

Le petit garçon allant à l'école.

L'an passé, cela va sans dire,
J'étais pet't; mais à présent
Que je sais compter, lire, écrire,
C'est bien certain que je suis grand.

Quand sur les genoux de ma mère
On me voyait souvent assis,
J'étais petit; la chose est claire ;
J'avais cinq ans et j'en ai six !

> Maintenant, je vais à l'école,
> J'apprends chaque jour ma leçon ;
> Le sac qui pend à mon épaule
> Dit que je suis un grand garçon.
>
> Quand le maître parle, j'écoute.
> Et je retiens ce qu'il me dit ;
> Il est content de moi sans doute,
> Car je vois bien qu'il me sourit.

F. CAUMONT.

I. — NÉCESSITÉ DE L'ÉCOLE

Après la famille, après l'église, c'est l'école qui doit surtout attirer et retenir l'enfant. L'école est comme un vestibule où il faut passer plusieurs années avant d'entrer véritablement dans la vie. L'enfant venant au monde dans une complète ignorance, ce n'est que par des efforts répétés qu'on réussira à faire pénétrer la lumière dans son esprit.

Les parents, trop occupés ailleurs, sont, le plus souvent, obligés de se décharger de ce soin sur l'instituteur qui, dans chaque commune, joue le rôle d'*éclaireur* des jeunes intelligences. Êtes-vous jamais passé près d'une école ? On dirait le gazouillement des oiseaux, ou plutôt le bourdonnement d'une ruche, à entendre ces voix enfantines répéter en cadence les mots ou les faits qu'il s'agit de loger dans la mémoire. Travail long, lent, méthodique, monotone, mais travail nécessaire. Les fleurs qu'on veut faire épanouir ont besoin d'être arrosées avec soin. L'épanouissement intellectuel de l'âme ne demande pas moins d'efforts ni de persévérante culture.

II. — CE QU'ON APPREND A L'ÉCOLE. L'INSTRUCTION. L'ÉDUCATION

« Instruction et sagesse procurent une vie heureuse à celui qui les possède. »

ECCL. VII, 13.

ÉDUCATION MORALE

1° L'instruction.

L'instruction primaire comprend les connaissances nécessaires à tout le monde : la lecture, l'écriture, l'orthographe, le calcul, la géographie, l'histoire de France. Dans ces dernières années, on a beaucoup étendu ce programme.

A une époque où tout le monde sait lire, écrire, compter, n'avoir pas ces notions élémentaires, c'est se mettre dans l'impossibilité d'occuper une place. Et que d'occasions d'humiliation pour l'ignorant ! Il ne peut pas écrire une lettre sans fautes d'orthographe; il ne peut pas lire une page couramment. Si la conversation s'élève au-dessus des banalités courantes, il n'ose placer un mot, crainte de dire une bévue. Les événements mêmes, les faits divers qu'on se raconte ou qui sont rapportés par les feuilles publiques ont souvent trait à telle contrée de la France, à telle guerre, à tel homme du passé. L'ignorance de nos annales, de la géographie, empêche de s'orienter et de comprendre. Dans ces conditions, le patriotisme est difficile; comment aimer un pays dont on ne connaît pas l'histoire? Si, par extraordinaire, une chance heureuse nous appelle à une position, à une fortune inespérée, quel châtiment qu'une telle disproportion entre nos connaissances et notre situation.

Il sait lire.

L'école est loin, parfois à quatre kilomètres ;
Pourtant l'on voit partir tous ces chers petits êtres
Le matin, par des temps de neige et de verglas.
Les chemins sont mauvais, on grelotte, on est las ;
On souffle dans ses doigts à cause de l'onglée.
Mais on est des enfants à la mine éveillée,
Durs au froid, durs au mal et qui ne pleurent pas.

Mais le dimanche vient. Près du vaste foyer
On s'assied, regardant les bûches flamboyer.

L'aïeule vénérable a mis sa coiffe blanche.
Dans la chaude maison tout est bonheur et paix.
On sommeille à demi. Les enfants sont muets,
Quand le père à l'aîné dit : « Petit, c'est dimanche;
Si tu prenais un livre et si tu nous lisais. »

Et l'enfant de huit ans commence la lecture.
Sa voix parle de Dieu, du ciel, de la nature.
Il attendrit sa mère et voit dans tous les yeux
Une larme d'orgueil éclairant un sourire.
Si petit ! comme il cause ! On l'écoute, on l'admire,
Et lui, le cher enfant, se sent fier et joyeux.
Il enseigne, il bénit, il console... il sait lire.
Paul Foucher.

2° L'éducation.

L'instruction éclaire l'intelligence : l'éducation a pour but de former la conscience, le cœur, le caractère, la volonté de l'enfant. L'éducation est plus importante que l'instruction, car il vaut mieux savoir vivre que savoir. Or, on rencontre tous les jours des enfants, des jeunes gens instruits, mais *mal élevés*. On voit des hommes se servir de leur instruction, de leur science, pour mal faire. Il importe donc de consacrer les années d'école non seulement à apprendre à lire, à écrire, à calculer, mais encore et surtout à connaître ses devoirs, à corriger ses défauts, à former son caractère, à pratiquer les vertus de son âge. L'instituteur peut prêter un puissant concours aux parents dans cette œuvre d'éducation morale, qui a commencé dans la famille et qui se continuera tout le temps de la jeunesse. Pour mener à bonne fin cette grande entreprise, il a besoin d'appeler la religion à son secours.

RÉSUMÉ

Bienfaits de l'école. — I. *Nécessité de l'école.* — II. *Ce qu'on apprend à l'école :* 1° Instruction. 2° Éducation.

CHAPITRE DEUXIÈME

DEVOIRS DE L'ENFANT A L'ÉCOLE

Les devoirs de l'enfant à l'école sont : 1° L'assiduité ; 2° le travail ; 3° la bonne tenue.

1° Assiduité.

Le premier devoir d'un écolier, c'est *l'assiduité*. Pour recevoir les bienfaits de l'école, il faut y être. Comment réchauffer une plante qui reste hors de la serre ? Le manque d'assiduité est un malheur pour les enfants qui passent dans l'oisiveté, dans le vagabondage, le temps qu'il faudrait employer à s'instruire. Les parents qui les abandonnent ainsi à eux-mêmes, qui leur font manquer la classe sous de futiles prétextes, sont plus coupables encore, car pour ne pas savoir vaincre les petites difficultés du présent, ils compromettent l'avenir.

> Qu'il fait sombre dans cette classe !
> Rien qu'un mur gris, un tableau noir,
> Et puis toujours la même place,
> Et toujours le même devoir !
> Toujours, toujours le même livre,
> Et toujours ce même cahier :
> Peut-on appeler cela vivre ?
> Moi, je l'appelle s'ennuyer.
> Ainsi parlait, dans son école,
> Un petit écolier mutin.
> Le maître alors prit la parole
> Et lui dit : Quoi, chaque matin,
> Toujours de cette même chaire
> Répéter la même leçon,
> Enseigner la même grammaire,
> A ce même petit garçon,
> Qui reste toujours, quoi qu'on fasse,
> Ignorant, distrait, paresseux :
> Lequel devrait, dans cette classe,
> S'ennuyer le plus de nous deux ?
>
> TOURNIER.

2° Travail.

Le second devoir des enfants à l'école, c'est le *travail*. Sans travail, impossible d'acquérir les connaissances les plus nécessaires, les plus élémentaires. Malheur à qui commet une telle faute ! Il ressemble à celui qui oublierait d'allumer la lampe qu'il porte en main pour se conduire dans les ténèbres. Il se prépare à pleurer dans la suite cette coupable négligence avec des larmes de sang. Ce sera en vain. Les années écoulées ne reviennent plus; se flatter de rattraper le temps perdu, c'est vouloir reprendre l'oiseau qui s'est envolé sans retour.

Que d'élèves qui ne travaillent pas. Arrivant le plus souvent en retard à l'école, on les voit s'abandonner sur leur banc à une indolence rebelle à tout effort. Ils sont en classe sans y être, ayant des yeux pour ne point voir, des oreilles pour ne point entendre. Ils semblent vous écouter, ils vous regardent, mais leur esprit est ailleurs. Cette étourderie évaporée, cette constante inapplication, cette légèreté errante, cette inertie rendent impossible tout progrès. Un bon maître peut aider grandement au succès d'un écolier, mais encore faut-il que l'écolier réponde à ses soins par un concours personnel. Si l'enfant est incapable d'un effort de réaction, on ne sait par où le prendre; les meilleures leçons glissent sur son esprit comme l'eau sur le marbre. Semer dans une âme inattentive et sans ressort, c'est ensemencer un champ qui n'est jamais remué; le grain reste à la surface et périt, faute de prendre racine.

Quelle différence entre un écolier toujours grondé, toujours puni, toujours dernier, jouet de ses camarades, désespoir de sa famille, et l'élève laborieux, estimé de ses maîtres, aimé de ses condisciples, joie et orgueil de ses parents auxquels il rapporte toujours de bonnes notes et des couronnes. Ce dernier émerveille son père et sa mère par ses progrès, par les richesses qu'il a déjà confiées à sa mémoire si heureuse à cet âge, par les habitudes d'attention, de réflexion, qu'il a commencé à contracter.

L'enfance du général Drouot.

Le jeune Drouot s'était senti poussé vers l'étude des lettres par un très précoce instinct. Agé de trois ans, il allait frapper à la porte des frères de la doctrine chrétienne, et comme on lui en refusait l'entrée parce qu'il était encore trop jeune, il pleurait beaucoup; on le reçut enfin. Ses parents, témoins de son application toute volontaire, lui permirent, avec l'âge, de fréquenter des leçons plus élevées, mais sans rien lui épargner des devoirs et des gênes de la maison. Rentré de l'école ou du collège, il lui fallait porter le pain chez les clients, se tenir dans la chambre publique avec tous les siens et subir les inconvénients d'une perpétuelle distraction. Le soir, on éteignait la lumière de bonne heure par économie, et le pauvre écolier devenait ce qu'il pouvait, heureux lorsque la lune favorisait par un éclat plus vif la prolongation de sa veillée. On le voyait profiter ardemment de ces rares occasions. Dès les deux heures du matin, quelquefois plus tôt, il était debout; c'était le temps où le travail domestique recommençait à la lueur d'une seule et mauvaise lampe. Il reprenait aussi le sien; mais la lampe infidèle, éteinte avant le jour, ne tardait pas à lui manquer de nouveau; alors il s'approchait du four ouvert et enflammé, et continuait, à ce rude soleil, la lecture de Tite-Live ou de César.

C'était durant l'été de 1793 : une nombreuse et florissante jeunesse se pressait à Châlons-sur-Marne dans une des salles de l'école d'artillerie.

Le célèbre Laplace y faisait au nom du gouvernement l'examen de cent quatre-vingts candidats au grade d'élève sous-lieutenant.

La porte s'ouvre, on voit entrer une sorte de paysan, petit de taille, l'air ingénu, de gros souliers aux pieds et un bâton à la main.

Un rire universel accueille le nouveau venu. L'examinateur

lui fait remarquer ce qu'il crut être une méprise, et sur sa réponse qu'il vient subir l'examen, il lui permet de s'asseoir. On attendait avec impatience le tour du petit paysan. Il vient enfin : dès les premières questions, Laplace reconnaît une fermeté d'esprit qui le surprend. Il pousse l'examen au delà des limites naturelles : les réponses sont toujours claires, précises, marquées au coin d'une intelligence qui sait et qui sent. Laplace est touché, il embrasse le jeune homme et lui annonce qu'il est le premier de la promotion ; l'école se lève tout entière et accompagne en triomphe dans la ville le fils du boulanger de Nancy, le général Drouot.

Vingt ans après, Laplace disait à l'empereur : Un des plus beaux examens que j'ai vu passer dans ma vie, est celui de votre aide de camp, le jeune Drouot.

LACORDAIRE.

3° Bonne tenue.

La mauvaise tenue, le manque de convenance marchent d'ordinaire avec le manque d'application. Le paresseux sera en classe remuant, turbulent ; il saisira toutes les occasions de déranger, de faire causer, de dissiper ses voisins. Voyez-le encore, pendant que le maître parle, occupé à suivre les circonvolutions d'un papillon ou à ornementer son cahier de dessins fantaisistes. Ses livres sont en désordre comme ses habits, et peut-être la malpropreté de son corps n'a d'égale que l'ignorance de son esprit.

RÉSUMÉ

Devoirs de l'enfant à l'école. 1° Assiduité. 2° Travail. Enfance du général Drouot. 3° Bonne tenue.

CHAPITRE TROISIÈME

DEVOIRS DE L'ÉLÈVE ENVERS SES MAITRES

Les devoirs des enfants envers leurs maîtres sont, dans une certaine mesure, les mêmes qu'envers leurs parents : *Obéissance, respect, reconnaissance, affection.*

1° Obéissance ou docilité.

L'enfant va en classe pour apprendre, et comme il ne sait rien, comme il n'y a dans son esprit que ténèbres, il doit écouter ceux qui sont chargés de les dissiper. Que dire d'un aveugle qui, ayant à sortir d'une forêt, refuserait de se laisser conduire? L'instruction primaire, bien qu'ayant un champ limité, serait cependant un dédale inextricable pour le petit ignorant auquel le maître ne tendrait pas la main.

Il y a une discipline intellectuelle, comme il y a une discipline militaire. Sans discipline, aucune armée n'a gagné de batailles; sans la discipline à l'école, sans obéissance prompte, impossible de remporter la victoire contre cet ennemi tenace qui s'appelle l'ignorance.

2° Respect.

L'enfant doit reporter sur ses maîtres le respect qu'il a pour ses parents, car ils sont dépositaires de leur autorité. Indépendamment de cette délégation, leurs fonctions mêmes si importantes, si élevées, si austères, méritent de leur assurer tout respect. Après la mission de former des âmes, et ce rôle n'est pas étranger aux maîtres, je n'en connais pas de plus haute que de façonner des intelligences.

« Vous serez désormais son père, plus que je ne le suis moi-même, » disait Théodose le Grand à un homme de haut mérite nommé Arsène, en lui confiant l'éducation de son fils Arcadius. Cet empereur voulait que le précepteur fût entouré de respect dans l'exercice de ses fonctions. Étant entré un jour dans le lieu où Arsène donnait ses leçons à Arcadius, Théodose témoigna son étonnement de voir le maître debout tandis que son élève était assis. Arsène ayant répondu qu'il lui semblait peu séant qu'un prince revêtu de la pourpre restât levé devant lui, Théodose fit quitter à son fils les marques de sa dignité et, pour marquer son respect pour son précepteur, il lui ordonna de se tenir debout et tête nue devant Arsène.

Ce grand empereur ne croyait pas pouvoir montrer assez de respect à l'instituteur de son fils, et l'on voit tous les jours des enfants n'en avoir aucun pour leurs maîtres. Combien d'écoliers rient de leurs professeurs, s'amusent de leurs défauts, contrefont leurs manières, les qualifient de surnoms grotesques. Que de fois un élève s'est autorisé d'une prétendue supériorité de naissance, de condition et de fortune pour être insolent à l'égard de son précepteur.

3° Reconnaissance.

A l'obéissance et au respect viendra se joindre la reconnaissance. Les enfants ne savent pas assez combien est dur et pénible le rôle d'instituteur. Ils considèrent comme leur étant simplement dus, une formation et des soins qui exigent de sa part un grand effort et un dévouement de tous les instants.

Que de monotonie et de fatigue dans l'enseignement des premiers principes! Il s'agit, le plus souvent, d'ouvrir aux notions les plus élémentaires des intelligences bornées, des cerveaux rebelles; de répéter vingt fois une même chose sans arriver à se faire comprendre; de fixer des esprits légers, étourdis, volages, incapables d'attention et de réflexion. Et pendant qu'on lutte ainsi contre une partie de la classe, voilà l'autre qui s'émancipe, forçant le professeur à interrompre à tout moment ses explications pour faire taire les bavards, pour mettre à l'ordre les turbulents toujours prompts à se dissiper quand l'œil du maître n'est pas braqué sur eux. Il y a du mérite à recommencer tous les jours, tous les ans, une pareille besogne. Aussi, plus tard, quand les années auront éclairé leur jugement, les enfants devenus des hommes se plairont-ils à unir dans un même sentiment de reconnaissance le nom de leurs premiers maîtres à ceux de leurs bienfaiteurs et de leurs guides. Pourquoi ne pas s'habituer de bonne heure à éveiller dans son cœur ces sentiments de gratitude ?

En apprenant la mort d'Aristote, son ancien précepteur et son ami, Alexandre le Grand témoigna une douleur aussi profonde qu'à la perte de son père Philippe. Comme on paraissait s'en étonner devant lui : « A qui dois-je le plus de reconnaissance, répondit-il? mon père m'a donné la vie, mais mon précepteur m'a enseigné à en faire usage. »

Un entretien à Saint-Cyr sur la reconnaissance.

Mme de Maintenon, étant à la classe, demanda aux demoiselles sur quoi elles voulaient qu'on leur parlât? Mlle d'Escoublant lui proposa la reconnaissance; plusieurs furent du même avis.

Mme de Maintenon dit à Mlle Solare : « Qu'en pensez-vous ? — C'est dit-elle, faire tout son possible pour plaire aux personnes qui vous ont fait du bien. — Non seulement vouloir leur plaire, répondit Mme de Maintenon, mais se souvenir du bien qu'elles nous ont fait et le témoigner dans les occasions qui s'en présentent. Et l'ingratitude la connaissez-vous ? — La demoiselle dit que c'était tout le contraire. — Il est vrai, dit Mme de Maintenon, c'est oublier les bienfaits qu'on a reçus. Savez-vous pour qui vous devez avoir de la reconnaissance? C'est premièrement pour Dieu, et puis pour les personnes qui vous font du bien… Il y a des personnes de si mauvais cœur qu'elles voudraient n'avoir obligation à qui que ce soit; j'en ai connu une qui disait: Je voudrais que cette personne fût morte, car me voilà engagée à lui être obligée toute ma vie. »

Elle demanda ensuite s'il n'y avait point d'ingrates dans la classe? Elles répondirent toutes que non ; elle dit encore : Que les ingrates se lèvent. Personne ne remua de son siège, ce qui lui fit dire que l'ingratitude est un défaut qu'on ne veut point avouer parce qu'il est bas et qu'il montre un bien mauvais cœur ; chacun le désavoue, et cependant il est fort commun. Il y a d'autres défauts dont on convient plus aisément. Je suis sûre, par exemple, que si je demandais les paresseuses, il y en aurait qui se lèveraient pour peu qu'elles fussent simples, car il n'est pas qu'il n'y en ait pas ici quelqu'une qui s'en sente coupable. Puis, parlant à la première maîtresse : « Consolez-vous, ma sœur, lui dit-elle, vous n'avez pas une seule ingrate dans votre classe, cependant je vous apprendrai bien à les connaître. Ce sont celles qui donnent de la peine et qui ne font pas leur devoir ; elles sont ingrates, puisqu'elles ne savent pas reconnaître, par leur bonne conduite, les bontés qu'on a pour elles et les soins qu'on en prend, puisqu'elles sont indociles et qu'elles ne se soucient pas de donner du contentement ; car les cœurs reconnaissants font tout ce qu'ils peuvent pour satisfaire les personnes à qui ils ont obligation : il n'y en a pas de plus grande que d'être élevée et instruite comme on l'est ici. »

Mme DE MAINTENON

4° Affection.

La reconnaissance doit aller jusqu'à l'affection. Certains élèves ne se rappellent que les punitions reçues de leurs professeurs, comme si ces punitions mêmes n'avaient point été un moyen de les corriger de leurs défauts et de vaincre leur paresse. Ici la simple réflexion suffit, non seulement pour étouffer toute rancune, mais encore pour allumer dans le cœur des élèves, à la pensée de la bonté, du dévouement, de l'attachement de leurs maîtres, une affection mêlée de reconnaissance dont le sentiment ira toujours grandissant avec le souvenir de leurs bienfaits.

Le duc de Bourgogne, petit-fils de Louis XIV, avait un caractère si emporté et si difficile que Fénelon son précepteur dut souvent user de rigueur pour le vaincre. Le royal élève fut si reconnaissant à Fénelon du bienfait de son éducation qu'il lui montra une affection, une tendresse qui ne se démentirent pas un seul jour jusqu'à sa mort.

RÉSUMÉ

Devoirs de l'élève envers ses maîtres. — 1° Obéissance ou docilité. 2° Respect. 3° Reconnaissance. Un entretien à Saint-Cyr sur la reconnaissance. 4° Affection.

CHAPITRE QUATRIÈME
RAPPORTS AVEC LES CAMARADES

« Le sage se rend aimable. »
BIBLE.

Dans la famille on a des frères, à l'école on a des camarades ou des compagnes. Or, l'enfant est tenu à certains devoirs envers ses camarades. Un seul mot les résume : *s'en faire aimer*.

On se fait aimer de ses camarades si on est *bon, aimable, obligeant* à leur égard. Vous voyez dans chaque école des enfants recherchés par leurs condisciples, par leurs compagnes. On se plaît à être avec eux, à s'amuser avec eux. D'où vient cette sympathie universelle? C'est qu'ils sont bons, empressés à faire plaisir. Faut-il rendre un petit service, s'imposer même un sacrifice pour être agréable à un condisciple, ils sont heureux de le faire. Qui pourrait se dispenser d'aimer de tels enfants, surtout si aux qualités ci-dessus viennent se joindre l'exemple du travail, la piété, l'intelligence, les succès d'étude, la gaieté, la bonne humeur et l'entrain au jeu. Car il faut se bien amuser en récréation et ensuite bien travailler en classe.

Mais il y a des camarades qu'on n'aime pas : lesquels

Ce sont les enfants orgueilleux, égoïstes, susceptibles, taquins, railleurs, envieux, rapporteurs, boudeurs, méchants. Quelle accumulation de défauts! Plus d'un malheureux élève les a tous à la fois. Comment voulez-vous vous attacher vos condisciples, si vous les dédaignez, si vous les tourmentez, si vous les jalousez, si vous souffrez de leurs succès et de la sympathie qu'ils inspirent, si vous vous réjouissez de leurs chagrins; si, avec une méchanceté précoce, vous aimez à les dénoncer, à les faire punir, vous écriant alors comme le font tant d'enfants sans cœur : *c'est bien fait;* si vous ne savez pas vous montrer bons, aimables, empressés, affectueux à leur égard; si vous prenez un triste plaisir à battre, à tourner en ridicule les élèves bornés ou disgraciés par la nature.

Chers enfants, laissez à vos camarades un bon souvenir des années passées ensemble. La suite de la vie ne modifiera guère le jugement porté sur vous dès ce premier âge. L'élève qu'on avait connu à l'école orgueilleux, paresseux, menteur, insupportable, risque fort de passer pour tel jusqu'à la fin de ses jours. L'enfant studieux, aimable, affectueux, bénéficiera à jamais des sympathies qu'il aura semées autour de lui. Entendez le poète :

> Le premier pas que l'on fait dans le monde
> C'est celui dont dépend le reste de nos jours :
> Imprudent une fois, on vous le croit toujours.
> L'impression dure. En vain, croissant en âge,
> On change de conduite, on prend un air plus sage ;
> On souffre encor longtemps de ce vieux préjugé,
> On est suspect encor lorsqu'on est corrigé,
> Et l'on a vu souvent payer dans la vieillesse
> Le tribut des défauts qu'on eut dans la jeunesse.

Un bon camarade.

Turgot qui fut, plus tard, ministre sous Louis XVI, recevait de ses parents, étant en pension dans son enfance, quelque argent pour ses menus plaisirs. On remarqua que cet argent était vite dépensé sans qu'on pût en savoir l'emploi. On surveilla le jeune élève et on s'aperçut qu'il employait ses petites ressources à acheter des livres à des camarades pauvres.

Deux jeunes amis.

Enfants de la même colline,
Abreuvés au même ruisseau,
Comme deux nids sur l'aubépine
Près du mien, Dieu mit ton berceau.
De nos toits voisins les fumées
Se perdaient dans le même ciel
Et de tes herbes parfumées
Mes abeilles volaient le miel.
Souvent je vis ta douce mère,
De nos prés foulant le chemin,
Te mener comme un jeune frère
A moi, tout petit, par la main !
V. Hugo.

Eviter les mauvais camarades.

Un enfant s'obstinait à fréquenter de mauvais camarades, malgré la défense de ses parents. Viens, Eugène, lui dit un jour son père, je veux te faire un cadeau. Tu aimes les oranges; en voilà deux douzaines qui sont fort belles. Le petit garçon ouvre le panier et les trouve à sa convenance, sauf une qui commençait à se gâter. Comme il se préparait à l'enlever, crainte de voir la pourriture se communiquer à toutes : « Laisse-la avec les autres, s'écria le père. Tu penses que la tache aperçue sur cette orange va envahir toute la corbeille. Faisons l'expérience : tenons-les renfermées huit jours sans y toucher, nous verrons ce qui adviendra. »

Le temps parut long à l'enfant. Les huit jours à peine écoulés, il court à son trésor : quel spectacle ! ces oranges qui flattaient si agréablement la vue ne sont plus qu'un amas de pourriture.

— Je vous l'avais bien dit, s'écria-t-il, en s'adressant à son père.

— Je savais mieux que toi ce qui arriverait, reprit le père, mais j'ai voulu te prouver par cet exemple l'imprudence de ta conduite. Si une seule orange gâtée a pourri toutes les autres, comment oses-tu espérer qu'un enfant honnête puisse sauver sa vertu au milieu de jeunes débauchés? — Eugène comprit la justesse de ce raisonnement et évita, à partir de ce jour, les mauvais camarades.

RÉSUMÉ

Rapports avec les camarades. — Se montrer à leur égard bon, aimable, obligeant. Ceux qui savent se faire aimer. Ceux qui se font détester. Éviter les mauvais camarades.

LIVRE CINQUIÈME

DEVOIRS ENVERS SOI-MÊME

L'homme a des devoirs envers lui-même et, comme il est composé d'un corps et d'une âme, nous pouvons diviser en deux classes les devoirs individuels.

1° Devoirs envers le corps.
2° Devoirs envers l'âme.

CHAPITRE PREMIER

DEVOIRS ENVERS LE CORPS

I. — LE SUICIDE

Le premier devoir de l'homme envers son corps, c'est de ne pas le détruire par le suicide.

1° Le suicide est une offense à Dieu.

Dieu nous a créés et mis au monde pour l'aimer, le servir et nous rendre dignes du bonheur éternel. La vie est donc une épreuve, une charge dont lui seul peut nous relever. Lui seul a compté les jours de l'homme et il n'appartient qu'à lui d'y mettre un terme.

La crainte des jugements de Dieu, la soumission à sa volonté sainte, dans la situation qu'il nous a faite, sont le meilleur remède contre les tentations de suicide. Les vrais chrétiens ne se tuent pas.

2° Le suicide est une lâcheté morale.

La désertion de la vie par le suicide est un acte de lâcheté. Si on se tue pour avoir perdu sa fortune, quelle faiblesse d'abandonner l'existence parce que les écus nous abandonnent! N'est-ce pas avouer qu'on ne respirait que pour l'argent, pour les plaisirs et le bien-être qu'il procure?

Se tuer pour échapper à la maladie, aux infirmités, c'est laisser vaincre la volonté par la souffrance, alors qu'il fallait vaincre la souffrance par la volonté.

Se tuer par déceptions de cœur, c'est livrer à la sensibilité le gouvernail de l'âme.

Se tuer pour avoir perdu son honneur, est plus souvent le fait de l'orgueil blessé que le cri de la dignité humaine se révoltant contre le mépris. Le secret de la réhabilitation était dans l'expiation et non dans la fuite.

On le voit, au fond de tous les prétextes sous lesquels on s'efforce d'excuser le suicide, il y a une défaillance morale : le devoir a été sacrifié à la passion.

II. — SOINS A DONNER AU CORPS

Il faut conserver, fortifier le corps qui est notre compagnon de route et fait partie intégrante de notre nature. Il convient dans ce but de suivre les règles de l'*hygiène* qui est la science de la santé.

1° Propreté.

« La propreté est à l'égard du corps ce qu'est la décence dans les mœurs ; elle sert à témoigner le respect qu'on a pour la société et pour soi-même. »

BACON.

La propreté est une des plus importantes prescriptions de l'hygiène. Les anciens avaient compris qu'après l'air, l'eau est un des premiers éléments de la santé; aussi la faisaient-ils couler à torrents dans les établissements de bains qu'ils élevaient partout.

Les Italiens, qu'on a accusé de ne pas trop la pratiquer, appellent la propreté « une demi-vertu ». La propreté suppose, en effet, une certaine dignité, une certaine délicatesse de sentiments, l'esprit d'ordre, le respect de soi-même et des autres. La propreté est l'amabilité du corps; elle peut tenir lieu de beauté; elle est, selon une expression heureuse, « la toilette de la vieillesse et l'élégance du pauvre ». Entrez dans une maison modeste où tout est à sa place, où tout reluit, où tout est nettoyé, lavé, ciré; c'est le plus bel éloge de la ménagère. L'ouvrier, rentrant le soir après une journée laborieuse, peut se complaire dans cet intérieur où tout repose le regard et qu'on a cherché à lui rendre agréable.

Autant la propreté contribue à la santé, autant le défaut contraire lui est nuisible. On peut dire qu'elle est la rouille du corps. La transpiration cutanée étant impossible sous de sales vêtements, la peau se ronge elle-même. On fuit l'être malpropre, on n'ose lui tendre la main, on l'évite, on le laisse moisir dans sa crasse. Faisons donc grand usage de l'eau, puisque Dieu nous l'a donnée sans mesure. Le poète a dit que les joues de l'enfant appellent les baisers, mais encore faut-il qu'elles soient propres. Que l'âge plus avancé n'oublie pas qu'on pardonne encore moins à l'homme ce qu'on ne supporte pas dans l'enfant.

2° Exercices physiques. — Gymnastique.

« L'exercice est une des meilleures provisions de santé. »
BACON.

On a souvent négligé dans l'éducation les exercices du corps, oubliant de maintenir une certaine proportion entre le développement intellectuel et le développement physique. A notre époque, tout contribue à exciter le système nerveux aux dépens du système musculaire. Cette rupture d'équilibre entre les facultés organiques et les facultés mentales amène cet excès de sensibilité, cette irritabilité maladive, ces névroses que n'avaient pas connues des générations plus pondérées. Le corps débilité par l'appauvrissement du sang ne peut plus porter la tête. Comme on ne saurait rompre impunément en visière avec les lois de la Providence, l'anémie physique a pour conséquence l'anémie intellectuelle et morale.

Les exercices physiques qui ne sauraient à eux seuls guérir le mal, peuvent cependant l'atténuer. A ce point de vue, l'escrime, l'équitation, la natation, la chasse, le tir, la marche, les excursions, tout ce qui met le corps en mouvement, sont excellents.

Il faut surtout appliquer la jeunesse à la *gymnastique* qui est l'exercice réglé et méthodique des membres. Une pratique mesurée et progressive de cet art peut communiquer au corps l'élasticité, la souplesse, la vigueur, préparer à l'âme un serviteur robuste, à l'armée un soldat résistant. Mais il ne faut rien exagérer.

Turenne et les exercices du corps.

Turenne était d'une complexion très délicate dans son enfance, et sa constitution demeura faible jusqu'à l'âge de douze ans. Aussi son père disait-il qu'il ne serait jamais en état de supporter les travaux de la guerre.

Le jeune homme qui se sentait entraîné vers les armes prit soin de changer cette manière de voir. A dix-huit ans, il voulut passer une nuit sur le rempart de Sedan. Son gouverneur, le chevalier de Vassignac, le chercha longtemps et le trouva endormi sur l'affût d'un canon.

Il y avait là le signe d'une vocation irrésistible. A partir de ce moment, Turenne se prépara de plus en plus aux fatigues de la guerre en s'appliquant chaque jour aux exercices physiques;

c'est ce qu'il appelait énergiquement faire obéir la *carcasse*. Il était né avec une certaine appréhension du danger, mais en pliant le corps sous le joug de la volonté, il devint un modèle de bravoure.

3° Un excès à éviter dans les soins du corps.

Le soin du corps n'en est pas l'adoration. Il ne convient pas de sacrifier le corps à l'âme, dans l'intérêt de l'âme même, mais combien qui, par un renversement des rôles, sacrifient l'âme au corps. C'est oublier que le corps est un instrument, un moyen et non un but. Les anciens, par l'importance exagérée qu'ils accordaient au physique, nous ont donné l'exemple. Que de modernes sont païens sous ce rapport! On souffre moins de rencontrer une tenue négligée et une tête mal peignée que de voir des élégants passer leur vie à cultiver leur figure, s'adonner à des raffinements, à des recherches peu dignes d'un homme sérieux. Quand l'extérieur prend tant d'importance, c'est que l'intérieur est vide. Le corps ainsi choyé, dorloté, n'est pas gouverné, il gouverne. De là la mollesse, la corruption et tous les vices qu'entraîne à sa suite la chair commandant à l'esprit. « Que votre parure, dit la sainte Écriture, ne soit pas celle du dehors. Mais appliquez-vous à parer l'homme invisible caché dans le cœur et qui est un magnifique ornement aux yeux de Dieu. »

« La propreté quand elle est modérée est une vertu, mais quand on suit trop son goût on la tourne en petitesse d'esprit. Le bon goût rejette la délicatesse excessive, il traite les petites choses de petites et n'en est point blessé. »

FÉNELON.

RÉSUMÉ

Devoirs envers le corps. — I. Ne pas se détruire par le suicide. 1° Le suicide est une offense à Dieu. 2° Le suicide est une lâcheté morale. — II. Soins à donner au corps. 1° Propreté. 2° Exercices physiques, gymnastique. 3° Un excès à éviter dans les soins du corps.

ÉDUCATION MORALE

CHAPITRE DEUXIÈME

TEMPÉRANCE DANS LE BOIRE ET DANS LE MANGER

C'est à cause et en vue de l'âme que l'homme a des devoirs envers le corps. Tout dans la nature humaine tend vers l'âme, comme l'âme elle-même tend vers Dieu.

On peut distinguer ici les devoirs qui se rapportent : 1° à l'intelligence; 2° à la sensibilité; 3° à la volonté. Il a été question de la culture de l'intelligence dans le chapitre de l'École. Parlons des devoirs qui ont trait aux deux autres facultés de l'âme.

Les devoirs qui se rapportent à la sensibilité peuvent se résumer d'un mot : *Tempérance*. La tempérance est la modération et l'équilibre des penchants. Étudions successivement :

1° La tempérance dans le boire et le manger.
2° La tempérance par rapport au corps ou la pureté.
3° La tempérance dans l'usage des biens extérieurs.

La tempérance dans le boire et dans le manger condamne la gourmandise et l'ivrognerie, elle prescrit la sobriété.

1° Gourmandise.

« Seigneur, qui êtes mon père et le maître de ma vie, éloignez-moi de l'intempérance de la bouche. »
Eccl. xxiii, 16.

« Les aliments qui flattent trop le goût et qui font manger au-delà du besoin, empoisonnent au lieu de nourrir. »
Fénelon.

La gourmandise est l'amour déréglé du boire et du manger. On peut pécher par gourmandise : 1° par *excès* mangeant plus qu'il ne faut; 2° par *délectation* en savourant les mets avec trop de plaisir; 3° par *délicatesse* en faisant son régime, au risque d'une forte brèche à sa fortune, de vins recherchés, de plats exquis et de tous les raffinements de la table.

Les péchés de gourmandise sont le plus souvent légers, mais ils indiquent toujours une malheureuse tendance. Tout esclavage des sens est honteux; mais il semble qu'il y ait une lâcheté particulière à dépendre de sa bouche. Il est triste de voir des enfants, à plus forte raison des hommes, mettre leur temps et leur plaisir à flatter le palais.

Rien de plus souhaitable qu'un bon appétit; rien de plus naturel que de trouver bon ce qui est bon. C'est Dieu lui-même qui a voulu nous donner goût aux aliments; mais de là à faire un événement d'un dîner, y penser, en parler longtemps d'avance, tressaillir au passage des plats et les dévorer des yeux autant que de la bouche, s'en entretenir longtemps après, soupirer après le retour du festin, il y a un abîme. On l'a dit : l'homme doit manger pour vivre et non vivre pour manger. Changer ici les rôles, tarifer en quelque sorte le bonheur de l'existence d'après ce qu'on avale, c'est manquer à sa dignité d'homme. Traiter quelqu'un de gourmand, n'est pas lui faire un compliment.

D'ordinaire, l'enfant si actif à la salle à manger, l'est beaucoup moins à la salle d'étude. Que demander à un cerveau troublé par les vapeurs de l'estomac? « Grand mangeur, petit penseur. » Il faut du repos à un gourmand alourdi par son régime. La gourmandise entraîne après elle la paresse et souvent tel vice plus redoutable encore. Un écrivain a dit que « les grandes pensées viennent du cœur ». Personne n'a jamais prétendu qu'elles vinssent du ventre.

2° Ivrognerie.

« Malheur à vous qui êtes puissants à boire. »

BIBLE.

L'ivrognerie est une des formes de la gourmandise et une de ses formes les plus hideuses. Il faut faire ici la part de la surprise ou du petit coup de trop, qui met en gaieté ou à mal certains buveurs. Il n'y a pas toujours gravité dans ces oublis bien qu'il y ait grand danger, car le proverbe le dit : *Qui a bu boira.*

Mais l'ivresse complète, l'ivresse qui enlève à l'homme l'usage de sa raison ravale l'homme au niveau de la brute. Voyez ce pochard qui s'en va dans la rue titubant, décrivant des zigzags, lâchant des paroles incohérentes, des mots inarticulés. Les passants se rangent et plaisantent.

Il n'y a pas de quoi rire. Suivez-le du regard : il finit par perdre son équilibre et il tombe. Il est là ivre mort, masse inerte, ronflant, cuvant son vin. Quelle triste spectacle que cette léthargie intellectuelle, que cette dégradation morale ! Quand il se relève, quel regard hébété, quel remords et quelle honte, s'il a gardé le sentiment de sa dignité !

Pour comble de malheur, l'ivrogne est souvent un père de famille qui entraîne tous les siens dans le désordre et la ruine. Qui n'a assisté dans nos grandes villes, où l'on déserte trop souvent l'église pour le cabaret, à cette scène douloureuse : la femme obligée d'aller prendre son mari, de le conduire, de le coucher comme un enfant, ou bien l'attendant au logis, — et lui, arrivant dans la nuit, dans l'ivresse, surexcité, allumé, apportant l'injure au lieu du salaire qui devait donner du pain à l'épouse et aux enfants, menaçant, prêt à frapper quand le fils aîné s'interpose pour arrêter le bras et détourner le coup qui allait atteindre sa mère. Quel triste spectacle! Oh! si ce malheureux, avant de tomber dans le vice, avait entendu ces paroles d'un évêque : « Regardez cette coupe, regardez-la bien avant de la boire : vous y verrez briller les larmes d'une épouse et le sang de vos enfants. »

3° Sobriété.

La vertu opposée à la gourmandise est la sobriété. La sobriété est la tempérance dans le boire et le manger. Elle habitue l'homme à se servir des aliments selon ses besoins; elle réprouve tout excès, toute recherche de la bonne chère, toute complaisance exagérée dans les mets. On demandait un jour à Platon à quelle source il avait puisé tant de sagesse. « C'est que, répondit-il, j'ai consommé plus d'huile dans ma lampe que de vin dans ma coupe. »

Bataille perdue pour un melon.

Le duc de Mayenne, chef des ligueurs, était homme de bonne chère et perdit plus d'une fois, à table, l'occasion de vaincre Henri IV.

Le jour de la bataille d'Arques, il dîna longuement selon son habitude. On lui avait servi un melon qu'il trouva délicieux. Il était en train de le manger lorsqu'on vint l'aviser que la cavalerie de Henri IV, engagée imprudemment dans un taillis, pouvait être surprise et écrasée; que l'armée des ligueurs, profitant du trouble, pouvait envahir à l'improviste le camp de l'ennemi et peut-être s'emparer de Henri IV.

« Un moment, dit Mayenne, laissez-moi achever mon melon. » Quelques minutes après, arrive un nouvel officier pour lui parler du même plan d'attaque. Même réponse : « Laissez-moi achever mon melon. »

Pendant qu'il savoure son melon, la cavalerie de Henri IV se dégage; on vient avertir Mayenne qu'il n'a que le temps de monter à cheval : « C'est fini ! » s'écrie-t-il, mais trop tard;

il n'était plus temps d'attaquer, ni même de se défendre. Mayenne complètement battu perd la bataille pour un melon. Avis aux gourmands.

RÉSUMÉ

Tempérance dans le boire et dans le manger. — 1° Gourmandise. Comment on pèche par gourmandise. Pourquoi il faut combattre ce penchant. 2° Ivrognerie. Laideur de ce vice. Ruines qu'il entraîne. 3° Vertu de sobriété.

CHAPITRE TROISIÈME

L'INNOCENCE

« Bienheureux les cœurs purs, parce qu'ils verront Dieu. »
ÉVANGILE.

« Je le soutiens, un jeune homme qui a conservé jusqu'à vingt ans son innocence, est à cet âge le plus généreux, le meilleur et le plus aimable des hommes. »
J.-J. ROUSSEAU.

La pureté est la vertu qui nous fait éviter toute parole, tout regard, toute action de nature à blesser l'innocence. Elle condamne même jusqu'à la pensée du mal, jusqu'au désir qui se forme dans le secret du cœur et que l'honnêteté réprouve. Elle fuit tout ce qui pourrait troubler la transparence de l'âme et faire passer sur elle comme une haleine empestée sur un pur cristal.

Un secret instinct, un sentiment de délicate pudeur, naturel à l'innocence et fortifié encore par l'éducation chrétienne, l'avertit en quelque sorte du danger, et lui inspire l'horreur de tout ce qu'on ne peut voir ou faire sans rougir.

Avec quelle attention un enfant, qui a cette religieuse crainte, évite un camarade, une compagne qu'il ne saurait fréquenter sans péril ! Avec quel empressement il fuit les mauvaises conversations, les mauvaises compagnies, les mauvais livres, les mauvais spectacles, tout ce qui, en un mot, peut être un danger pour la pureté, vertu fragile qu'il faut garder avec un soin jaloux sous peine de la voir se flétrir comme une tendre fleur exposée aux vents et à la poussière du monde !

L'appel de l'innocence.

Saint Grégoire de Nazianze a raconté avec un grand charme comment il reçut la visite de cette aimable vertu et comment il s'engagea à la servir.

J'étais, dit-il, dans mon lit d'enfant, quand deux sœurs du même âge se penchèrent vers moi. Elles étaient également belles, mais d'une beauté qui ne devait rien à la parure. Elles ne portaient point autour de leur cou des colliers d'or ni les délicats tissus de soie et de pourpre. On ne voyait point leurs cheveux flotter sur leurs épaules au souffle des vents ; une ceinture rattachait leur robe qui descendait jusqu'aux pieds, et un voile couvrant leur tête cachait leurs joues, que colorait une modeste rougeur. Elles baissaient les yeux à terre.

J'étais ravi de les voir, car jamais je n'avais vu de personnes plus belles. Toutes deux s'approchèrent de moi, et comme j'osais leur demander leur nom :

« Moi, je suis la *Pureté*, et moi la *Tempérance*, me dirent-elles tour à tour. Nous sommes auprès du trône du roi du ciel et nous faisons notre bonheur de la beauté des âmes célestes. Toi, mon fils, sois avec nous, joins ta pensée aux nôtres, allume ton flambeau au nôtre, afin que, t'emportant dans les espaces sublimes, nous te placions parmi les clartés de la Trinité éternelle. »

Disant ceci, elles s'envolèrent. Mon regard suivait leur essor, tandis que mon cœur charmé s'attachait pour toujours à la pureté sainte.

L'innocence de l'enfant.

Enfant, vous êtes l'aube et mon âme est la plaine
Qui des plus douces fleurs embaume son haleine
    Quand vous la respirez !
Mon âme est la forêt dont les sombres ramures
S'emplissent pour vous seul de suaves murmures
    Et de rayons dorés !

Car vos beaux yeux sont pleins de douceurs infinies,
Car vos petites mains joyeuses et bénies
　　N'ont point mal fait encor ;
Jamais vos jeunes pas n'ont touché notre fange,
Tête sacrée, enfant aux cheveux blonds, bel ange
　　A l'auréole d'or !

Vous êtes parmi nous la colombe de l'arche.
Vos pieds tendres et purs n'ont point l'âge où l'on marche,
　　Vos ailes sont d'azur.
Sans le comprendre encor vous regardez le monde,
Double virginité, corps où rien n'est immonde,
　　Ame où rien n'est impur !

V. Hugo.

RÉSUMÉ

La Pureté. — Nature et beauté de cette vertu. Précautions qu'elle inspire. L'appel de l'innocence. L'innocence de l'enfant.

CHAPITRE QUATRIÈME

CONDUITE A L'ÉGARD DES BIENS EXTÉRIEURS

L'homme n'étant pas un pur esprit ne peut se passer des biens extérieurs. L'amour de la propriété qui est inné en lui le pousse instinctivement à posséder et à acquérir ; mais cette tendance, comme toutes les autres, a besoin d'être maintenue dans de justes bornes. On peut pécher ici par excès ou par défaut ; par excès, en attachant trop de prix aux biens ; par défaut, en les répandant sans raison et sans mesure. Dans le premier cas il y a *avarice ;* dans le second, *prodigalité.*

I. — L'AVARICE

« La cupidité est la racine de tous les maux. »

S. Paul.

Ci-gît, dessous ce marbre blanc,
Le plus avare homme de Rennes,
Qui mourut tout exprès le dernier jour de l'an,
De peur de donner des étrennes.

« Un avare vendrait son âme et celle des autres pour de l'argent. »
BIBLE.

« L'avare est le pauvre par excellence : c'est l'homme le plus sûr de ne pas être aimé pour lui-même. »
RIVAROL.

1° Définition de l'avarice.

La *cupidité* est la passion immodérée du gain. L'*avarice* est plutôt la complaisance, la délectation dans la possession des richesses, sans en jouir, au point de s'imposer toutes sortes de privations plutôt que de faire une dépense. Toute la culpabilité consiste ici dans la convoitise. Qu'on ait beaucoup ou qu'on ait peu, ou même qu'on n'ait rien, il n'importe. Il y a des pauvres avares et des riches détachés. C'est l'amour déréglé de l'argent qui fait l'essence de la cupidité et de l'avarice.

2° Laideur de l'avarice.

L'avarice est un abaissement. Quelle indignité pour une créature dont la destinée est immortelle, qui a été créée pour connaître et posséder Dieu, de mettre tout son cœur dans l'argent !

L'avarice est une servitude honteuse. L'avare ne possède point ses richesses ; il en est possédé. Il est esclave de son or et le contemple sans en jouir. Il sacrifie, pour augmenter son trésor, jusqu'à sa santé et sa vie.

L'avarice entraîne l'oubli de Dieu et la violation de nos devoirs envers le prochain. « Nul ne peut servir deux maîtres : Dieu et l'argent », a dit Jésus-Christ. L'homme lancé dans la poursuite haletante de la fortune n'a pas le temps de penser à Dieu. L'avarice ferme l'oreille au cri du pauvre, le cœur à la compassion pour les malheureux. Elle inspire ces détours, ces ruses, ces usures, ces fraudes qui sont une véritable rapine. Elle empêche le mourant de restituer, et achève trop souvent de compromettre son salut après avoir tourmenté et déshonoré son existence.

Il faut combattre de bonne heure l'avarice. — On ne saurait donc faire trop d'effort pour combattre les premières tentations d'avarice. Ce défaut n'est pas, d'ordinaire, celui de la jeunesse. On rencontre cependant des enfants qui ont déjà trop dès le premier âge ce sentiment du *mien*. Faut-il faire un petit acte de générosité, assister un pauvre, céder à un camarade, à un frère, à une sœur, un objet qui leur sera agréable, quelle difficulté d'obtenir ce sacrifice ! Il faut lutter contre cette disposition qui est de l'égoïsme, et qui peut devenir un principe de cupidité et d'avarice.

3° Détachement.

La vertu opposée à l'avarice est le *détachement*. La religion nous le prêche et nous l'inspire. Le christianisme, en nous rappelant sans cesse la pensée de notre salut, en nous répétant les paroles de nos saints Livres : « Que sert à l'homme de gagner l'univers, s'il vient à perdre son âme?... Tes greniers sont pleins, insensé, cette nuit même on te redemandera ton âme, » a plus fait pour nous communiquer le détachement, pour élever l'homme au-dessus de l'argent, que tous les conseils, toutes les thèses des moralistes.

« L'enfant, qui met sa main dans un pot de noisettes et de figues, la remplit; il en prend autant qu'il peut. Mais l'ouverture du pot est trop étroite, il ne peut retirer sa main; il se met à pleurer. — « Mon enfant, laisses-en la moitié et tu retireras ta main encore assez « pleine. » — Nous sommes cet enfant, nous désirons trop. »

ÉPICTÈTE.

II. — PRODIGALITÉ

« N'achetez jamais ce qui vous est inutile, sous prétexte que c'est bon marché. »

JEFFERSON.

La *prodigalité*, qui dépense sans règle et sans mesure, est l'excès opposé à l'avarice. La prodigalité est le chemin de la misère. Les plus grandes fortunes ne résistent pas longtemps aux folles dépenses. On a comparé le prodigue à un fou qui allume sa lampe en plein midi ou qui brûle une chandelle par les deux bouts.

Henri IV s'habillait simplement et blâmait les vêtements luxueux. Sully, son ministre, se moquait des nobles qui venaient dévorer leurs biens à la cour en dépenses et en splendides habits. « Ils portaient, disait-il, leurs moulins et leurs biens de haute futaie sur leur dos. »

Les *dettes* sont la conséquence nécessaire de la prodigalité, comme la conséquence des emprunts et des dettes est trop souvent la perte de sa dignité et de son honneur.

Emprunter, c'est entrer presque fatalement dans la voie des humiliations. « Il est difficile, disait Franklin, qu'un sac vide se tienne debout. » C'est encourir la nécessité, quand arrive l'échéance, de combler un emprunt par un emprunt.

Acheter à crédit, c'est payer toujours trop cher, les marchands en profitant pour exagérer leurs prix. *Consommer à crédit*, c'est pire encore. Ne voit-on pas tous les jours, grâce aux facilités qu'on y rencontre, s'engloutir dans les cafés et les tavernes des salaires destinés à faire vivre des familles entières, des femmes et des enfants ?

Saint François de Sales et un emprunteur.

Un jour, quelqu'un vint emprunter à saint François de Sales vingt écus. Le saint savait ce qu'il en adviendrait ; mais comme il était bon et compatissant, il alla chercher dix écus et dit à l'emprunteur :

— J'ai trouvé un expédient qui nous fera gagner aujourd'hui dix écus à l'un et à l'autre, si vous voulez me croire.

— Monseigneur, dit celui-ci, que faut-il faire ?

— Nous n'avons, vous et moi, répondit le saint, qu'à ouvrir la main ! Tenez, voilà dix écus que je vous donne en pur don, au lieu de vous en prêter vingt; vous gagnerez ces dix-là et moi je tiendrai les dix autres pour gagnés, si vous me dispensez de vous les prêter.

III. — LE JEU

Nul n'a jamais songé à condamner les jeux qui servent à distraire, à animer les récréations des écoliers. Ce qui est défendu, c'est le jeu de hasard pratiqué avec la passion du gain.

Le jeu est une *perte de temps et une cause de ruine et de déshonneur*. C'est le jeu qui, dans les campagnes comme dans les villes, attire au café ceux qui devraient être au travail ou à l'église, et porte le désordre et la misère dans tant de ménages. Le jeu, par les émotions qu'il donne, par l'attrait de l'inconnu, par l'appât du gain, devient vite un besoin. On l'a comparé avec raison à l'ivresse. C'est une passion dévorante. L'habitude une fois contractée, toutes les remontrances, toutes les résolutions viennent se briser contre ce penchant.

On en arrive, hélas! à y jeter sa fortune, son honneur, le pain de sa famille, de sa femme et de ses enfants. C'est le jeu qui ruine chaque jour et fait tomber tant d'illustres maisons.

Dans une certaine classe, l'ivresse, l'abrutissement sont les compagnons nécessaires du jeu. Dans un milieu plus élevé, il n'est pas rare de voir le joueur malheureux se laisser entraîner à des procédés malhonnêtes, et quelquefois trancher par le désespoir et le suicide une situation devenue inextricable. Le bilan du jeu est donc toujours la perte de son temps et de son argent, parfois de son honneur et de sa vie.

Nous ne parlons ici que de l'excès. Rien de plus légitime que de pratiquer le jeu en guise de distraction et de récréation. On peut même exciter l'attention et l'intérêt par une mise légère. Mais là encore il y a des règles à garder.

C'est au jeu que se manifestent le mieux les différents caractères. On y distingue aisément l'égoïste, l'intéressé, l'impatient, l'obstiné, le maussade et l'orgueilleux. Il faut s'habituer de bonne heure à s'y montrer aimable, poli, enjoué, complaisant, scrupuleux, modeste si on gagne, de bonne humeur si on perd. Il importe surtout de ne pas faire une occupation de ce qui doit rester un amusement, de n'y consacrer qu'un temps limité et jamais les heures que réclament de nobles et impérieux devoirs.

Traits.

Quand les Germains avaient perdu au jeu jusqu'à leurs armes et leurs chevaux, ils en venaient quelquefois à jouer leur main droite et à la couper sur-le-champ s'ils perdaient. On les voyait se jouer eux-mêmes et, trahis par la fortune, se constituer esclaves.

Le duc de Bourgogne, petit-fils de Louis XIV, jouait un jour en tête à tête avec un de ses gouverneurs. Il y eut un coup douteux. Le duc de Bourgogne affirmait avec chaleur qu'il avait gagné; le gouverneur soutenait le contraire et, pour éprouver le prince, il affectait autant de passion et d'obstination que lui. « Vous croyez avoir raison, lui disait-il, et moi aussi, qui est-ce qui cédera ? — Ce sera vous, répliqua le duc de Bourgogne d'un ton de mauvaise humeur; puis, reprenant aussitôt un air calme, il ajouta : Parce que vous êtes le plus raisonnable. »

Où peut conduire la passion du jeu.

Un homme que la passion du jeu dévorait, après avoir perdu tout son bien et réduit sa famille à la dernière misère, trouva un jour quelques économies que sa femme avait faites et qu'elle conservait avec soin pour empêcher leur enfant de mourir de faim. Profitant de la maladie que le chagrin de son inconduite avait causé à sa femme, il dérobe ces épargnes sacrées et court aussitôt les enfouir dans une de ces infâmes maisons de jeu, repaires de toutes les passions, de tous les vices. Bientôt la pauvre femme s'aperçoit qu'on lui a dérobé son trésor.

Souffrante, à moitié morte, elle se traîne jusqu'à ce lieu fatal où son mari porte sa honte.

— Rendez-moi, lui dit-elle, rendez-moi cet argent! c'est la vie de votre enfant que vous avez volée.

Le malheureux, sans être ému, la repousse et, comme elle insiste, il la fait mettre à la porte.

Lorsqu'il revint chez lui, deux ou trois jours après, sa femme était couchée, tenant à sa mamelle stérile l'enfant qui était son seul bien.

— Levez-vous, madame, s'écria-t-il, le lit où vous êtes ne vous appartient plus ; je l'ai joué, je l'ai perdu.

La pauvre femme ne répondit point, l'enfant ne jeta pas un cri : tous les deux étaient morts de faim.

BENARD.

IV. — L'ÉCONOMIE

Qui à vingt ans ne sait,
A trente ans ne peut,
A quarante ans n'a,
Jamais ne saura, ne pourra, n'aura.

« L'économie tient un milieu entre l'avarice et la prodigalité; mais elle doit l'y tenir si ferme qu'elle ne penche pas du côté de l'avarice dont elle est proche parente. »

LA BRUYÈRE.

L'économie consiste à régler sagement sa dépense et à la proportionner à sa fortune. C'est la vertu opposée à la prodigalité. L'économie est surtout nécessaire dans les conditions modestes où il faut de la prévoyance et de la prudence pour faire face à ses obligations. La richesse elle-même doit user de mesure dans les dépenses sous peine d'aboutir à la ruine par la dissipation. L'économie est le plus solide fondement d'une maison; elle est la sauvegarde de l'avenir, de l'indépendance, de la dignité des individus et des familles. Il faut ici, cependant, se garder de tout excès et ne pas cacher l'avarice sous les dehors de l'économie. L'économie poussée à l'extrême prend le nom de *parcimonie*, de *lésinerie*.

L'économie n'est pas précisément la vertu des enfants. Il y a pourtant une façon, en quelque sorte négative, de la leur faire pratiquer, c'est de les prémunir contre le gaspillage. Que d'écoliers déchirent leurs habits, lacèrent, salissent leurs livres, gâchent plumes, papier, crayons, jettent les provisions, le pain même qu'on leur donne, oubliant que tout cela se paye, que leurs parents n'arrivent peut-être à les faire élever et à leur fournir le nécessaire qu'à force de sueurs et de privations.

Traits.

Charlemagne faisait vendre les œufs des basses-cours de ses domaines et les herbes inutiles de ses jardins.

Colbert disait : « Il faut dépenser des millions pour la France, mais épargner cinq sous pour les choses utiles ».

Maximes et conseils de Franklin.

« Un peu, répété plusieurs fois, fait beaucoup. Soyez en garde contre les petites dépenses ; il ne faut qu'une légère voie d'eau pour submerger un grand navire. Les fous donnent les festins et les sages les mangent. C'est folie de dépenser son argent pour acheter un repentir. Le mensonge monte en croupe de la dette. Si vous voulez être riche, n'apprenez pas seulement comment on gagne, sachez aussi comment on ménage. »

FRANKLIN.

Le sifflet ou les dépenses inutiles.

Quand j'étais un enfant de cinq ou six ans, mes amis, un jour de fête, remplirent ma petite poche de sous. J'allai tout de suite à une boutique où l'on vendait des babioles ; mais étant charmé du son d'un sifflet que je rencontrai en chemin dans les mains d'un petit garçon, je lui offris et donnai volontiers pour cela tout mon argent.

Revenu chez moi, sifflant par toute la maison, fort content de mon achat, je fatiguai les oreilles de toute la famille. Mes frères, apprenant que j'avais donné tant d'argent pour ce mauvais sifflet, me dirent que j'avais donné dix fois plus que sa valeur. Alors ils me firent penser au nombre de bonnes choses que j'aurais pu acheter avec le reste de ma monnaie si j'avais été plus prudent ; ils me ridiculisèrent tant de ma folie, que j'en pleurai de dépit, et la réflexion me causa plus de chagrin que le sifflet ne m'avait donné de plaisir.

Cet incident fut cependant dans la suite de quelque utilité pour moi, l'impression restant gravée dans mon âme ; de sorte que si j'étais tenté d'acheter quelque chose qui ne m'était pas trop nécessaire, je me disais en moi-même : *Ne donnons pas trop pour le sifflet*, et j'épargnais mon argent.

Devenu grand garçon et observant les actions des hommes, j'ai rencontré un grand nombre de gens qui *donnaient trop pour le sifflet*.

Quand je voyais un homme entêté de beaux habillements, de belles maisons, de beaux meubles, de beaux équipages qu'il ne se procurait qu'en faisant des dettes : Hélas ! disais-je, *il a trop payé pour son sifflet*.

Quand j'en voyais un autre qui, ambitieux d'honneurs, sacrifiait son repos, sa liberté, sa vertu pour obtenir quelque petite distinction, je me disais en moi-même : *Cet homme donne trop pour son sifflet*.

Enfin, j'ai compris que la plus grande partie des malheurs de l'espèce humaine viennent des estimations fausses qu'on fait de la valeur des choses et de ce *qu'on donne trop pour les sifflets*.

FRANKLIN.

V. — L'ORDRE

Rien ne contribue plus à l'économie et à la propreté que de tenir toujours chaque chose à sa place. Cette règle ne paraît presque rien, cependant elle irait loin si elle était exactement gardée. Avez-vous besoin d'une chose, vous ne perdez jamais un moment à la chercher : il n'y a ni trouble, ni dispute, ni embarras quand on en a besoin. Vous mettez d'abord la main dessus, et quand vous vous en êtes servi, vous la remettez sur-le-champ dans la place où vous l'avez prise. Ce bel ordre fait une des plus grandes parties de la propreté ; c'est ce qui frappe les yeux que de voir cet arrangement si exact. D'ailleurs la place que l'on donne à chaque chose étant celle qui lui convient davantage, non seulement pour la bonne grâce et le plaisir des yeux, mais encore pour sa conservation, elle s'y use moins qu'ailleurs, elle ne s'y gâte d'ordinaire par aucun accident; elle y est même entretenue proprement; car, par exemple, un vase ne sera ni poudreux, ni en danger de se briser, lorsqu'on le mettra dans sa place immédiatement après s'en être servi.

FÉNELON.

RÉSUMÉ

Conduite à l'égard des biens extérieurs. — I. L'avarice. 1° Ce qu'on entend par avarice. 2° Laideur de ce vice qui est un abaissement, une servitude, un oubli de ses devoirs envers Dieu et le prochain. 3° Détachement. — II. Prodigalité. Dettes. Emprunts. — III. Le jeu. Il est une perte de temps, une cause de ruine et de déshonneur. Comment il faut se comporter aux jeux de récréation. Traits. — IV. L'économie. Son importance. Les enfants dissipateurs. Maximes de Franklin. Le sifflet. — V. L'ordre. Ses avantages décrits par Fénelon.

CHAPITRE CINQUIÈME

COURAGE. — DIGNITÉ MORALE

« Soyez ferme et homme de cœur. »

BIBLE.

Il nous reste à étudier les devoirs qui se rapportent à la volonté. Ce qui fait la valeur morale de l'homme, c'est sa volonté. C'est cette faculté qui constitue réellement sa personnalité. L'homme est bien grand par son intelligence, il l'est encore plus par l'exercice de sa volonté qui l'élève jusqu'à la moralité, qui le rend capable de vertu et de mérite.

« Nous n'avons rien à nous que notre volonté; tout le reste n'est point à nous. La maladie enlève la santé et la vie; les richesses nous sont arrachées par la violence; les talents de l'esprit dépendent de la disposition du corps. L'unique chose qui est véritablement à nous, c'est notre volonté. »

FÉNELON.

1° Le courage est la vertu propre de la volonté.

La vertu propre de la volonté est le courage ou la force d'âme, de même que la vertu de la sensibilité est la tempérance ; la vertu de l'intelligence, la prudence. On peut même dire que le courage est au fond de toute vertu. Il faut du courage pour pratiquer la justice, la tempérance, pour dompter ses passions, pour être toujours fidèle à la loi du devoir. Aussi chez les anciens le même mot *virtus* désignait-il à la fois la vertu et le courage.

Bien que le courage entre pour une part dans la pratique de toutes les vertus, on en fait cependant une vertu propre qui, au sens strict, signifie intrépidité, possession de soi-même en face du danger ; qui, au sens large, indique l'énergie, la force d'âme dans le malheur, la douleur et la misère.

Le *courage militaire* est la *bravoure* dans les combats. Le *courage civil* remplit avec exactitude, avec droiture, avec honneur, avec conscience, les devoirs du citoyen et repousse les conseils de la passion, de l'intérêt et de la peur dans la gestion des emplois qu'on occupe dans l'État.

« Toujours courage ! sans cette condition il n'y a pas de vertu. Courage pour vaincre ton égoïsme et devenir bienfaisant ; courage pour vaincre ta paresse et poursuivre toutes les études honorables ; courage pour défendre ta patrie et protéger ton semblable dans toutes les circonstances ; courage pour résister aux mauvais exemples et à l'injuste dérision ; courage pour souffrir les maladies, les peines et les angoisses de tout genre, sans te lamenter lâchement ; courage pour arriver à une perfection à laquelle on ne peut atteindre sur la terre, mais à laquelle il faut néanmoins aspirer, selon la sublime parole de l'Évangile, si nous ne voulons pas perdre toute noblesse d'âme.

SILVIO PELLICO.

Trait du général Fabert.

Fabert, célèbre général français, se préparant à faire le siège d'une ville, montrait à ses officiers les dehors de la place, et désignait du doigt un endroit où il fallait établir une batterie. Un coup de feu lui emporte ce doigt; il ne paraît y faire aucune attention, et indiquant le même point à l'aide d'un autre doigt: « Messieurs, continua-t-il, je vous disais donc qu'il faudrait placer ici notre première batterie. »

2° Diverses formes de courage.

Le courage prend des formes et des noms divers. Il s'appelle, il devient, selon les circonstances, la *constance* qui est la fidélité à ses desseins, le *caractère* qui est la force, la dignité de l'âme unies à la persévérance dans ses entreprises, la *fermeté* qui tient à la fois de la constance et du caractère, la *magnanimité* qui est, comme le nom l'indique, la marque d'une grande âme.

Traits de caractère. — Fières paroles.

Un jour, Vespasien tenta d'empêcher le sénateur Helvidius Priscus d'aller au Sénat.

— Il est en ton pouvoir, lui répondit Helvidius, de m'empêcher d'être du Sénat, mais tant que j'en serai, j'y dois aller.

— Eh bien! vas-y, mais tais-toi.

— Ne m'interroge pas et je me tairai.

— Mais il faut que je t'interroge.

— Et moi, il faut que je dise ce qui me semble juste.

— Si tu le dis, je te ferai mourir.

— Quand t'ai-je dit que j'étais immortel?

Au XVI° siècle, Henri de Guise, chef de la Ligue, voulait supplanter Henri III. Maître de Paris, il alla rendre visite au premier président du Parlement, Achille de Harlay. Le président se promenait dans son jardin, quand le duc entra suivi de ses gens. Il continua sa promenade sans se retourner. Arrivé au bout du jardin, il revint sur ses pas et rencontrant le duc, il lui dit: « C'est grand pitié, quand le valet chasse le maître.

Au reste, mon âme est à Dieu, mon cœur au roi, mon corps est entre les mains des méchants. » Le duc de Guise resta interdit ; je me suis trouvé, disait-il quelque temps après, à bien des batailles, bien des assauts, bien des rencontres dangereuses, mais jamais je n'ai été étonné comme à l'abord de ce personnage.

Fernand Cortez, rentré en Espagne après avoir assujetti à sa patrie d'immenses territoires, tomba en disgrâce, au point que l'empereur Charles-Quint affectait de ne pas le reconnaître. « Qui êtes vous? lui dit-il, un jour que Fernand Cortez se présenta devant lui. — Je suis, répondit Cortez, l'homme qui vous a conquis plus de provinces que votre père ne vous a laissé de villes. »

Le comte d'Estaing, qui s'était illustré en combattant les Anglais sur toutes les mers, fut arrêté sous la Terreur et accusé de trahison.

— Quel est ton nom? lui dit le juge.
— Mon nom! répondit d'Estaing ; si vous l'ignorez, coupez-moi la tête, et jetez-la aux Anglais ; ils la reconnaîtront.

Trait de magnanimité.

Mon père, ce héros au sourire si doux,
Suivi d'un seul housard qu'il aimait entre tous
Pour sa grande bravoure et pour sa haute taille,
Parcourait à cheval, le soir d'une bataille,
Le champ couvert de morts, sur qui tombait la nuit.
Il lui sembla, dans l'ombre, entendre un faible bruit.
C'était un Espagnol de l'armée en déroute
Qui se traînait sanglant sur le bord de la route,
Râlant, brisé, livide et mort plus qu'à moitié,
Et qui disait : « A boire! A boire par pitié. »
Mon père ému tendit à son housard fidèle
Une gourde de rhum qui pendait à sa selle,
Et dit : « Tiens, donne à boire à ce pauvre blessé. »
Tout à coup, au moment où le housard baissé
Se penchait vers lui, l'homme, une espèce de Maure,

Saisit un pistolet qu'il étreignait encore,
Et vise au front mon père, en criant : *Caramba!*
Le coup passa si près, que le chapeau tomba
Et que le cheval fit un écart en arrière :
« Donne-lui tout de même à boire, » dit mon père.

V. Hugo.

3° Dignité personnelle. — Respect de soi-même.

Ce qui fait la *dignité personnelle* de l'homme, c'est le bon emploi de cette volonté libre qui achève en nous la personne morale à peine ébauchée par l'intelligence, rend l'homme maître de lui-même, préside à ses mouvements d'une façon souveraine, ne s'inclinant que devant la loi supérieure du devoir manifestée par Dieu et par la conscience.

La volonté étant notre plus beau titre de gloire et le fondement de notre personnalité, la *dignité* de l'homme, le *respect de soi-même* consistent dès lors à ne rien faire qui ressemble à une abdication de la volonté devant la passion, devant l'intérêt, devant le danger ; à ne jamais se dégrader, s'avilir par des actions dénotant un manque de fierté, de droiture, d'élévation et de courage.

Ce respect de lui-même, ce sentiment de l'honneur étaient très vivants dans l'âme du duc de Bourgogne, élève de Fénelon. Lorsque l'enfant s'était abandonné à un de ces emportements furieux qui étaient dans son caractère, Fénelon lui faisait jurer sur l'honneur de mieux se contraindre à l'avenir. Voici un engagement écrit et signé par ce petit prince à l'âge de sept ans :

« Engagement d'honneur. Je promets, foi de prince, à Monsieur l'abbé de Fénelon de faire, sur-le-champ, ce qu'il m'ordonnera et de lui obéir dans le moment qu'il m'ordonnera quelque chose. Si j'y manque, je me soumets à toutes sortes de punitions et de déshonneurs. »

RÉSUMÉ

Courage. Dignité morale. — 1° Le courage est la vertu propre de la volonté. Partout et toujours courage. 2° Diverses formes de courage : constance, caractère, fermeté, magnanimité. Fières paroles. 3° Dignité personnelle. Respect de soi-même.

CHAPITRE SIXIÈME

PATIENCE

« Soyez patients et affermissez vos cœurs. »
Bible.

« C'est être bien avancé dans la vie que de savoir souffrir. »
Mme de Maintenon.

1° Nécessité de la patience.

Le courage ne consiste pas seulement à agir mais à souffrir, à supporter noblement, sans abattement et sans révolte, les maux que Dieu nous envoie. Ce courage moral s'appelle la *patience*.

Rien de plus nécessaire, de plus utile dans la vie que la patience. Chaque jour, quelquefois chaque heure nous fournit l'occasion de la mettre en pratique. Contrariétés, agacements, maladies, souffrances physiques et souffrances morales, obligation de vivre avec des caratères difficiles, de lutter contre les orages de la vie : tout concourt à faire de la patience une vertu d'un usage impérieux et constant.

Il faut donc s'y exercer de bonne heure. D'ordinaire, les enfants sont peu patients. Habitués à être servis, soignés, gâtés, presque obéis, ils ne savent pas attendre, supporter, souffrir. Qu'ils écoutent ici les conseils de l'expérience. Les jours riants et ensoleillés de la jeunesse passent vite. L'avenir leur réserve des difficultés, des épreuves, peut-être des malheurs devant lesquels ils se trouveront sans force s'ils n'ont pas commencé de bonne heure à s'armer de courage et de patience.

« Il faut être patient pour devenir maître de soi et des autres hommes. L'impatience qui paraît une force et une vigueur de l'âme, n'est qu'une faiblesse et une impuissance de souffrir la peine. »

FÉNELON.

« Il est bien vrai que la vie est triste, pleine de soucis, de mécomptes, d'inquiétudes, de douleurs, mais tout cela dure peu.

« Prenons donc patience encore quelques instants. Nous n'avons pas achevé de semer que nous voudrions recueillir. Ce n'est pas là l'ordre de Dieu. Il faut que les pluies et les glaces de l'hiver, les chaleurs de l'été et ses orages passent sur ce grain à peine germé, et puis viendra le jour de la moisson, jour plein d'allégresse et de paix, jour des espérances satisfaites, des joies et du repos éternel. Jacob comptait pour bien peu de chose cent quarante ans de misère. Et nous qui ne sommes encore, par comparaison, qu'au berceau, nous nous plaignons de la longueur et de la dureté de l'épreuve. Imaginons-la plus dure encore, dix fois, cent fois, mille fois, que sera-ce près de la récompense ? Le tout est de persévérer, et nous savons que Dieu donne sa grâce aux humbles. Que nous faut-il de plus que cette promesse ? Soyons fidèles, aujourd'hui, demain ; et le ciel nous est assuré. Bossuet, dans son oraison funèbre de la princesse Palatine, dit qu'elle *fut douce avec la mort*. Je voudrais que nous fussions « doux avec la vie » ; mais cela, j'en conviens, est plus difficile. »

LAMENNAIS.

Patience de Job.

Job était à la fois un modèle de justice et l'un des princes les plus opulents de l'Orient. Un jour, les anges étant venus devant le Seigneur pour recevoir et exécuter ses ordres, Satan vint aussi avec eux, sollicitant la permission de tenter les hommes et de les persécuter. Dieu daigna lui adresser la parole et lui dit : « N'as-tu pas remarqué mon serviteur Job ? Vois, avec quelle fidélité il me sert ! » Satan répondit : « Job n'a pas grand mérite à vivre dans votre crainte, Seigneur, car vous bénissez toutes les œuvres de ses mains, vous faites prospérer sa maison, et vous l'avez comblé de toutes sortes de biens ; mais appesantissez votre bras sur lui, et vous verrez si au lieu de vous louer, il ne vous maudira pas. » — « Va, dit le Seigneur, je t'abandonne les biens de Job, mais garde-toi de toucher à sa personne ! » — Alors le démon s'acharna contre le serviteur de Dieu, il prit plaisir à l'affliger par les plus rudes fléaux ; ses biens, ses troupeaux lui furent enlevés et ses enfants furent écrasés sous les ruines d'une maison. Job reçut ces tristes nouvelles toutes à la fois ; sa vertu n'en fut point ébranlée et il se contenta de dire : « Dieu me l'avait donné, Dieu me l'a ôté ; il ne m'est arrivé que ce qui lui a plu, que son saint nom soit béni. » Satan, furieux de n'avoir pu vaincre la constance de ce saint homme, demanda à Dieu la permission de le frapper dans sa chair. « Je te l'abandonne, lui dit le Seigneur, mais je te défends de toucher à sa vie. » Aussitôt le démon affligea Job d'une lèpre épouvantable, qui le réduisit en un si triste état qu'il se vit obligé de se coucher sur un fumier et de racler avec un morceau de pot cassé le pus qui sortait de ses ulcères. Or, la femme de Job, au lieu de le consoler, ajoutait encore à sa douleur par ses reproches et ses railleries. Job, toujours calme, lui disait : « Vous parlez comme une insensée ; puisque nous avions reçu nos biens de Dieu, pourquoi n'en recevrions-nous pas aussi les maux ? » Au milieu de toutes ses afflictions, Job ne laissa pas échapper la moindre plainte. La malice du démon fut ainsi confondue et Dieu, pour récompenser son serviteur, lui rendit une santé parfaite et lui prodigua plus de biens et de richesses qu'il ne lui en avait ôté.

2° Persévérance. Esprit d'initiative.

Il y a une sorte de patience agissante qui aide l'homme à se tirer d'affaire, à surmonter les difficultés de la vie, à vaincre la mauvaise fortune, c'est la *persévérance* aidée de *l'esprit d'initiative*. L'esprit d'initiative est le fait de l'intelligence qui conçoit, qui combine, et de la volonté qui exécute. Ceux-là seuls arrivent à se faire une situation ou à l'agrandir qui savent entreprendre et aller prudemment de l'avant, au lieu d'attendre, dans une sorte d'indécision oisive et d'immobilité béate, que le bien vienne en dormant. Tout avancement, tout progrès, dans la société comme dans les individus et les familles, sont à ce prix.

Dans un moment de découragement, Tamerlan retiré dans sa tente pensait à ses revers, lorsqu'il aperçut une fourmi qui montait à la paroi. Il la fit tomber plusieurs fois et elle remontait toujours; il voulut savoir jusqu'où elle s'obstinerait, il la fit tomber quatre-vingts fois sans pouvoir la décourager. Lassé avant elle, il s'écria plein d'admiration : Imitons-la et nous aussi nous vaincrons par la persévérance.

Persévérance de Bernard Palissy.

Bernard Palissy donna l'exemple d'une persévérance inouïe. Un jour, en 1539, il vit, par hasard, une coupe de terre émaillée qui était venue d'Italie. Les poteries émaillées sont ces beaux vases en porcelaine ou en terre qu'on orne de dessins formés à l'aide de matières fondues.

L'Italie seule possédait le secret de cet art. Bernard Palissy, qui était alors simple arpenteur, résolut de le découvrir. Il fallait commencer par bâtir un four. Palissy étant pauvre dut faire lui-même ce travail. Il broya ensuite des matières au hasard, en enduisit les vases et les fit cuire; l'opération ne réussissait pas. On voyait l'expérimentateur nuit et jour devant son fourneau, entassant le bois, chauffant, éteignant pour recommencer l'essai avorté sur des bases nouvelles et toujours sans succès. Le bois vient à manquer. Palissy brûle les étais de ses treilles, les treilles elles-mêmes. Il vend son jardin et le fourneau dévore sans cesse; il va jusqu'à arracher le plancher et les poutres de sa maison; sa chemise n'a pas séché sur son dos depuis un mois.

En attendant, on se rit de lui; on répète qu'il met le feu à sa maison, qu'il n'a qu'à s'en prendre à lui-même de sa misère, qu'il ferait mieux de s'occuper de son métier. Il se voit moqué, tourmenté, criblé de dettes : et il entend auprès de lui ses enfants qui demandent du pain.

Que faire? Un secret instinct lui dit qu'il finira par réussir, et cependant les tentatives se succèdent inutilement. Une fois, le four s'écroule et lui coupe les mains. Il passe ainsi *seize années* terribles à bâtir et à rebâtir, à recommencer des expériences qui n'aboutissaient pas.

L'espérance soutenait son invincible courage. Il fit bien d'avoir la foi; son héroïsme fut enfin couronné d'un plein succès. Il dota sa patrie d'une admirable découverte et son nom fut désormais immortel.

RÉSUMÉ

Patience. — 1° Nécessité de la patience. S'y exercer de bonne heure. Job. 2° Persévérance. Esprit d'initiative. Bernard Palissy.

CHAPITRE SEPTIÈME

COLÈRE. — DOUCEUR

I. — LA COLÈRE

« Où la colère a semé, c'est le repentir qui recueille. »
MANZONI.

La colère est un mouvement désordonné de l'âme devant ce qui nous contrarie, nous nuit ou nous déplaît.

Ce qui fait le danger et la culpabilité de la colère c'est qu'elle est l'abdication de la raison devant la passion. Quand on pense qu'il suffit quelquefois d'un mot, d'une petite contrariété, d'un objet mal rangé ne se présentant pas tout de suite sous la main pour jeter hors d'eux certains hommes, comment comprendre qu'un si petit vent puisse soulever une telle tempête? Quelle prostration de la volonté que de livrer ainsi au caprice de l'humeur le gouvernail de l'âme!

Quoi de plus fréquent, de plus humiliant et de plus triste que de voir des gens crier, s'emporter, blasphémer pour des riens et à tout propos. Malheur à celui qui ne dompte pas de bonne heure son caractère irritable! Il fera son malheur et celui des siens.

Traits.

Dans une conférence le spartiate Eurybiade leva son bâton de commandant sur Thémistocle, général des Athéniens, qui n'était pas de son avis. Thémistocle, qui ne cherchait que l'intérêt de la patrie, répondit doucement à l'irascible Spartiate : « Frappe mais écoute. » Eurybiade, confus de son emportement, se rangea à cet avis qui fut reconnu le meilleur et la Grèce fut sauvée.

Alexandre le Grand, dans un accès de colère, tua son meilleur ami Clitus. Revenu à lui, il pleura amèrement sa victime et lui fit faire de splendides funérailles.

Saint François de Sales, qui était le plus doux des hommes, avait eu longtemps à lutter contre sa vivacité naturelle. Un jour, qu'insulté grossièrement par quelqu'un, il avait gardé une admirable patience : « N'avez-vous donc pas été sensible à ces outrages ? lui demanda-t-on. — Voulez-vous que je vous parle sincèrement, répondit le saint évêque ; non seulement dans cette occasion, mais dans bien d'autres, je sens la colère bouillonner dans mon cerveau comme fait l'eau dans un vase sur le feu ; mais avec le secours du Ciel, je mourrai plutôt que de faire ou de dire la moindre chose qui déplaise à Dieu ; j'en ai pris la résolution, j'y serai fidèle. »

II. — LA DOUCEUR

« Apprenez de moi que je suis doux. »
JÉSUS-CHRIST.

« Plus fait douceur que violence. »

La vertu opposée à la colère est la douceur. Il ne faut pas confondre la douceur avec la politesse, vertu purement extérieure, vertu de société consistant dans le savoir-vivre. La douceur est tout d'abord une vertu intérieure qui plonge ses racines dans le cœur, a ses fondements dans la volonté et apparaît ensuite aux yeux de tous comme la fleur de la charité, comme le rayonnement de la bonté, de la beauté, de la paix, de la perfection intime de l'âme. Elle est en quelque sorte l'âme se reflétant sur le visage et donnant au regard, au sourire, à la parole, à l'expression de la physionomie, l'attrait et le charme pénétrant des plus aimables vertus. On l'a comparée à l'huile qui oint et fortifie.

Et quand c'eût été Georges!

Un jour d'été qu'il faisait très chaud, Turenne en petite veste et en bonnet prenait l'air à la fenêtre de son antichambre. Un de ses gens survient et, trompé par l'habillement, le prend pour un aide de cuisine avec lequel ce domestique était familier. Il s'approche doucement par derrière, et d'une main qui n'était pas légère, lui applique un grand coup. L'homme frappé se retourne à l'instant ; le valet voit en frémissant le visage de son maître. Il se jette à genoux tout éperdu ; « Monseigneur, j'ai cru que c'était Georges ! — Et quand c'eût été Georges, s'écria Turenne en se frottant ; *il ne fallait pas frapper si fort.* »

RÉSUMÉ

I. Colère. Définition. Danger et culpabilité de la colère. Traits.
II. Douceur. La douceur est le rayonnement de la bonté. Trait de Turenne.

CHAPITRE HUITIÈME

ORGUEIL. — MODESTIE

« Celui qui s'élève sera abaissé ; celui qui s'abaisse sera élevé. »
ÉVANGILE.

I. — ORGUEIL

« C'est ce vice qui s'est coulé dans le fond de nos entrailles à la parole du serpent, qui nous disait en la personne d'Ève : Vous serez comme des dieux. Nous avons avalé ce poison mortel. Il a pénétré jusqu'à la moelle de nos os et toute notre âme en a été infectée. »
BOSSUET.

L'orgueil est une estime déréglée de soi-même, et une tendance à s'élever au-dessus des autres.

1° *L'orgueilleux est détesté par les hommes.* Celui qui n'aime que lui-même n'est aimé de personne. C'est le cas de l'orgueilleux. Voyez-le fier, arrogant, suffisant, fat et plein de lui-même, convaincu que le monde gravite autour de sa personne. Entrez dans une école, dans une assemblée quelconque; prenez quelqu'un se donnant des airs de supériorité sur les autres, les regardant de haut, leur parlant à peine, impérieux, dédaigneux, toujours le *moi* à la bouche, et dites-moi quel est le nombre de ses amis.

« Lorsque orgueil chemine devant, honte et dommage suivent de bien près. »
Louis XI.

2° *L'orgueilleux est haï de Dieu.* Dieu « résiste aux orgueilleux », dit la sainte Écriture. Il semble qu'il y ait entre eux et lui comme une rivalité, comme une lutte de suprématie. Le Sauveur, qui fut dans l'Évangile si indulgent pour les pécheurs, se montra implacable pour les orgueilleux du temps, les pharisiens et les scribes.

> Tandis que ces épis qu'on coupera bientôt
> Inclinent leur front vers la terre,
> D'où vient que celui-ci s'élève encore si haut?
> C'est qu'il n'a pas de grain dans sa tête légère.
Bourgoin.

II. — VANITÉ

« Heureux celui qui n'a point arrêté les yeux sur les vanités du monde. »
Ps. XXXIX.

« La sottise et la vanité sont deux sœurs qui ne se quittent guère. »
La Rochefoucauld.

La vanité c'est l'orgueil tourné aux petites choses. L'orgueil est l'estime exagérée de soi, la vanité est la soif immodérée de l'estime des autres. Elle prend sa source dans **un désir excessif d'être remarqué**, loué, admiré. Elle se complaît dans les petits triomphes. C'est la menue monnaie de l'orgueil. Le vaniteux vous parlera de ses relations, de ses parents, de sa fortune, de ses succès. Tout lui est sujet à gloriole et à vanterie. On dirait le dindon énumérant ses avantages :

> Moi je me pare;
> Moi je me carre;
> Moi je suis gras et beau!
> Ma plume est noire,
> Mon dos de moire,
> De rubis mon jabot.
>
> Voyez ma tête,
> Ma rouge aigrette,
> Voyez, admirez tout!
> L'écho s'apprête,
> Il vous répète
> Mon solennel glouglou.
>
> Ma queue est-elle
> Fournie et belle!
> Voyez, c'est un soleil.
> Tout brille et tremble,
> Que vous en semble?
> Suis-je pas sans pareil?

« Il y en a qui se rendent fiers et morgans, pour estre sur un bon cheval, pour avoir un panache en leur chapeau, pour être habillés somptueusement. Mais qui ne voit cette folie? car s'il y a de la gloire pour cela, elle est pour le cheval, pour l'oiseau et pour le tailleur. »

François de Sales.

Les joyaux d'une mère.

Cornélie, la fille du grand Scipion, la mère des Gracques, femme d'un mérite supérieur, se trouvait un jour dans une réunion de dames qui se montraient les unes aux autres leurs pierreries et leurs parures. On lui demanda à voir les siennes. Elle fit venir ses enfants, qu'elle élevait avec le plus grand soin, et dit en les montrant : « Voilà mes joyaux et mes ornements. »

Une bonne leçon.

Le grand Condé était fatigué de voir un seigneur, M. de Candale, célébrer avec affectation la noblesse de sa race. M. de Candale disait toujours en parlant de ses parents : « Monsieur mon père, Madame ma mère. »

Condé impatienté éleva tout à coup la voix et dit tout haut en s'adressant à son écuyer : « Monsieur mon écuyer, allez dire à monsieur mon cocher qu'il mette messieurs mes chevaux à mon carrosse. »

III. — COQUETTERIE

« Que votre parure ne soit point celle du dehors. Mais appliquez-vous à parer l'homme invisible caché dans le cœur, ce qui est un magnifique ornement aux yeux de Dieu. »

S. Pierre.

La coquetterie est une recherche dans sa tenue, dans ses manières et dans ses habits, inspirée par le désir de plaire. La Fable antique nous montre Narcisse contemplant son image dans un ruisseau et en devenant follement épris. C'est l'histoire de la vanité et de la coquetterie. Ce défaut, assez commun chez les petites filles, se rencontre aussi chez les garçons qui se donnent quelquefois le ridicule de faire les beaux. Quelle pitié d'appliquer ainsi son âme à orner son corps, d'absorber toute son activité dans des riens, d'entretenir les conversations de chiffons et de dentelles, de se présenter dix fois par jour devant un miroir qui nous renvoie sans cesse la même image ! Ce n'est pas sans danger. Quand on est si préoccupé de plaire aux hommes, on l'est beaucoup moins de ne pas déplaire à Dieu. « Malheur à vous, dit l'Écriture, qui traînez l'iniquité dans les cordes de la vanité. »

IV. — FRIVOLITÉ

On peut, avec la sainte Écriture, définir la frivolité la *fascination de la bagatelle*. L'amour des riens, qui possède le vaniteux et le frivole, est leur châtiment en même temps que leur occupation. Ils édifient leur vie sur le néant. Ce sont des enfants qui traitent sérieusement les petites choses et légèrement les grandes.

V. — MODESTIE

« Ayons le cœur haut et l'esprit modeste. »
Joubert.

« La modestie est pour les jeunes gens un devoir en même temps qu'une grâce. »
Vauvenargues.

« La modestie est l'ornement du mérite. »
La Bruyère.

La modestie est l'opposé de la vanité et de l'orgueil. C'est comme une pudeur de l'âme qui tempère ses ambitions et ses désirs, la maintient dans la réserve et la modération, la défend contre tout encombrant égoïsme, contre toute prétention exagérée.

On reconnaît à première vue l'enfant modeste. Il y a dans sa tenue, dans sa démarche, dans son ton, dans sa conversation, dans ses rapports avec ses camarades, je ne sais quoi de doux, de bon, de mesuré et de simple qui est l'indice d'un cœur exempt de suffisance et d'amour-propre. Voyez-le : à la différence de l'orgueilleux, il ne passe pas son temps à vanter ses succès, ses relations, sa fortune. Il parle peu de lui; il sait écouter ses condisciples, s'intéresser à eux, vivre avec eux, ne prenant jamais ce ton cassant et protecteur qui est insupportable entre égaux. Aussi est-il aimé autant que l'orgueilleux est détesté.

La modestie, qui ouvre ainsi les cœurs, est aussi d'ordinaire la preuve et comme l'enseigne du vrai mérite. « Les intelligences vides, dit Montaigne, sont comme les épis qui ne se redressent jamais mieux que lorsqu'ils sont vides, tandis que les esprits pleins de choses s'abaissent volontiers, semblables aux épis mûrs et chargés de substance. »

Pour être modeste, il faut *ne point s'aveugler sur ses défauts* et rapporter à Dieu les qualités qu'on peut avoir.

« Heureux ceux qui sont nés modestes. Rien ne fait paraître les hommes si faibles et si petits que la vanité. »
VAUVENARGUES.

Humilité. Le chrétien ne s'en tient pas à la modestie qui est une vertu purement humaine; il se fait un devoir de pratiquer l'humilité qui est une vertu chrétienne.

« Le chrétien doit être humble, et l'humilité ne consiste pas à cacher ses talents et ses vertus, à se croire pire et plus médiocre qu'on n'est, mais à connaître tout ce qui nous manque. »
LACORDAIRE.

La violette, image de la modestie.

O fille du printemps, douce et touchante image
  D'un cœur modeste et vertueux,
Du sein de ce gazon tu remplis ce bocage
  De ton parfum délicieux.
Que j'aime à te chercher sous l'épaisse verdure
  Où tu crois fuir mes regards et le jour !
Au pied d'un chêne vert qu'arrose une onde pure,
  L'air embaumé m'annonce ton séjour.
  Mais ne crains rien de ma main généreuse;
  Sans te cueillir, j'admire ta fraîcheur.
  Je ne voudrais pas être heureuse
    Aux dépens d'une fleur.

Mᵐᵉ D'HAUTPOUL.

VI. — SIMPLICITÉ

« Ne soyez pas enfants pour manquer de sagesse, mais soyez enfants pour être sans malice. »

S. Paul.

La simplicité est la vertu et l'un des plus grands charmes de l'enfance. On aime à voir ce premier âge agir naïvement, bonnement, spontanément, franchement, sans apprêt et sans calcul.

On voit cependant des enfants manquer de simplicité. Une certaine recherche dans leur tenue et leur langage, une certaine pose, une certaine préoccupation de l'effet dans leurs mouvements, dans leurs habits, dans leurs questions et leurs réponses; je ne sais quoi enfin de composé et de contraint, de précieux même et d'affecté, indiquent chez eux l'ambition de paraître plus raisonnables, plus entendus, plus instruits, plus sérieux que ne le comporte leur âge.

Pauvres petits! ne vous hâtez donc pas de faire les hommes. Ne devancez pas le temps. Laissez au bouton de fleur le temps de se former avant d'ouvrir ses pétales. Restez enfants. Si vous saviez combien vous êtes aimables quand vous êtes simples, c'est-à-dire de votre âge, combien au contraire vous êtes ridicules quand vous posez en petits personnages, en petits prodiges. Dieu aussi vous demande la simplicité. Un jour, Jésus-Christ appela un petit enfant, le plaça au milieu de ses disciples et leur adressa cette étonnante parole : « Je vous le dis en vérité, si vous ne devenez comme ce petit enfant, vous n'entrerez point dans le royaume des cieux. »

Rester enfants.

Vous qui ne savez pas combien l'enfance est belle,
Enfant! n'enviez point notre âge de douleur
Où le cœur tour à tour est esclave et rebelle,
Où le rire est souvent plus triste que vos pleurs.

Oh! ne vous hâtez point de mûrir vos pensées!
Jouissez du matin, jouissez du printemps;
Vos heures sont des fleurs l'une à l'autre enlacées;
Ne les effeuillez pas plus vite que le temps.

Laissez venir les ans! le destin vous dévoue
Comme nous aux regrets, à la fausse amitié,
A ces maux sans espoir que l'orgueil désavoue,
A ces plaisirs qui font pitié.
V. Hugo.

RÉSUMÉ

I. Orgueil. 1° L'orgueilleux est détesté par les hommes. 2° L'orgueilleux est haï de Dieu. — II. Vanité. C'est l'orgueil tourné aux petites choses. Traits. — III. Coquetterie. Ce qu'elle est, ses dangers. — IV. Frivolité ou amour de la bagatelle. — V. Modestie. A quoi on reconnaît l'enfant modeste. Il se fait aimer. La modestie est la marque du vrai mérite. L'humilité. — VI. Simplicité grand charme de l'enfance. Rester enfants.

CHAPITRE NEUVIÈME

LE TRAVAIL. — LA PARESSE

I. — TRAVAIL

« L'homme est né pour travailler, comme l'oiseau pour voler. »
Bible.

« Par le travail on chasse l'ennui, on ménage le temps, on guérit la langueur de la paresse, et les pernicieuses rêveries de l'oisiveté. »
Bossuet.

1° Le travail est une nécessité et un devoir imposé par Dieu.

« Tu mangeras ton pain à la sueur de ton front. »
Bible.

Le créateur a fait du travail une loi de notre nature. Il a voulu que l'homme gagnât son pain à la sueur de son front. « Quiconque ne travaille pas ne doit pas manger, » dit saint Paul. La terre livre ses richesses à qui la laboure, à qui déchire ses entrailles pour arracher à son sein avare les biens qu'il renferme. L'industrie doit tout transformer par un incessant labeur, afin de nous donner le pain que nous mangeons, les vêtements qui nous couvrent, les maisons qui nous abritent, les armes qui nous défendent. L'âme, comme le corps, ne se nourrit, ne se développe, ne se fortifie que par l'exercice de ses facultés.

L'homme pour s'exciter à agir n'a qu'à ouvrir les yeux; tout travaille autour de lui. Les animaux s'agitent sous l'aiguillon de la faim pour trouver leur subsistance. L'araignée tisse habilement la toile qui doit lui livrer sa proie. L'hirondelle suspend à nos fenêtres le nid construit avec tant d'art et de labeur. L'abeille s'en va butinant de fleur en fleur pour en tirer le miel de ses ruches. La fourmi déploie au printemps cette activité prévoyante qui amasse les provisions de l'hiver. « Toute la nature est en travail, » dit saint Paul. L'homme doit suivre cet exemple. Il deviendrait rapidement la proie des bêtes et de la misère, s'il ne domptait pas par son travail les animaux et le monde extérieur.

> Mes enfants, il faut qu'on travaille;
> Il faut tous, dans le droit chemin,
> Faire un métier, vaille que vaille,
> Ou de l'esprit ou de la main.
>
> La fleur travaille sur la branche;
> Le lys, dans toute sa splendeur,
> Travaille à sa tunique blanche,
> L'oranger à sa douce odeur.
>
> Voyez cet oiseau qui voltige
> Vers ces brebis, sur ces buissons!
> N'a-t-il rien qu'un joyeux vertige?
> Ne songe-t-il qu'à ses chansons?

Il songe aux petits qui vont naître
Et leur prépare un nid bien doux
Il travaille, il souffre peut-être
Comme un père l'a fait pour vous.

V. DE LAPRADE.

2° Le travail est la condition du bonheur.

« L'ennui est entré dans le monde par la paresse. »

LA BRUYÈRE.

On devine l'influence du travail sur le bonheur. Indépendamment des jouissances puisées dans le travail même, rien ne contribue comme l'habitude d'une vie occupée à donner à l'âme le calme, la sérénité, la possession d'elle-même, un certain apaisement qui tempère les désirs, contient les ambitions dans de justes bornes et ne lui laisse pas le temps de se tourmenter elle-même par une agitation inquiète, par je ne sais quel tourbillonnement dans le vide. La fidélité à fournir chaque jour sa tâche arrête ce que Pascal appelle « la passion du divertissement », procure la satisfaction du devoir accompli et empêche la vie de s'émietter dans l'incurable ennui, dans les langueurs décevantes du désœuvrement. Malheureux oisifs, blasés de l'existence, là est le remède contre le dégoût qui vous dévore! Soumettez-vous à la loi du travail. Il n'est de douleur qu'il ne soulage, de larmes qu'il ne tarisse. Les plus grandes tristesses sont calmées par la diversion qu'il apporte et, quand on est heureux, c'est encore lui qui intervient pour donner du sel et du prix au plaisir lui-même.

Le travail qui fait le bonheur de la vie présente, prépare celui de la vie future. Le labeur de chaque jour est, par la volonté de Dieu, une source de mérites et le meilleur moyen de gagner la récompense éternelle. Il a de plus aux yeux du croyant, depuis la chute, le caractère d'une expiation; de sorte que celui qui fournit régulièrement sa tâche mérite et expie à la fois, c'est-à-dire qu'il est doublement sur la voie du ciel.

L'ennui du plaisir.

C'était le jour de l'an, le beau jour des étrennes.
Claire en reçut autant que les filles des reines.
Du matin jusqu'au soir l'enfant avait joué;
Elle avait tour à tour noué, puis dénoué
La robe et les cheveux de sa grande poupée,
Avait fait la dînette et surtout la lippée,
Et trempé les pinceaux dans la boîte à couleurs,
Et peint le nez du chat. Et, malgré ces bonheurs,
Quand elle eut épuisé cette coupe de joie,
Hésitante à la fin et comme à bout de voie,
On la vit tout à coup bâiller et soupirer.
Elle s'arrêta lasse et se mit à pleurer.
— « Que vois-je? lui dit sa bonne, de la pluie,
    Et j'entends des gémissements!
Et l'on pleure au milieu de tant d'amusements!
— Ah! fit l'enfant, toujours m'amuser ça m'ennuie. »

      Sans labour,
      Court bonheur.

RATISBONNE.

« Le travail éloigne de nous trois grands maux: l'ennui, le vice et le besoin. »

V.

3° Le travail manuel a été réhabilité par le christianisme.

« Jésus, en s'abaissant dans l'humilité d'un art mécanique, a relevé le travail des hommes. »

BOSSUET.

Tout travail est honorable. Le travail des mains n'est pas moins nécessaire à la société que le travail intellectuel. Il suffit de rappeler la fable des *Membres et de l'Estomac*.

Le travail manuel était méprisé dans l'antiquité. Aristote ne craignait pas d'affirmer que la nature a voué moralement et physiquement certains hommes à être ici-bas les instruments des autres. Les Romains réservaient le labeur matériel aux esclaves. En général, les anciens n'appréciaient que le travail noble et libre : la guerre, la politique, les arts, les sciences. Ils dédaignaient l'industrie, le commerce et faisaient peu de cas des ouvriers. C'est à peine s'ils honoraient l'agriculture, et seulement dans la personne des propriétaires cultivant leurs domaines.

C'est le christianisme qui a réhabilité le travail manuel. En nous montrant un Dieu ouvrier, grandissant à Nazareth, dans l'obscure boutique d'un artisan, il a fait tomber le mépris qui, pendant des siècles, avait atteint le travailleur. Si le christianisme a rendu au travail son honneur, l'Église a tout fait pour lui assurer la sécurité. Il suffit de savoir l'histoire de la *Trêve de Dieu* pour connaître les immenses services que, dans les temps troublés du moyen âge, les évêques procurèrent aux classes laborieuses en déclarant sacrés, insaisissables, inviolables, les instruments du travail.

Traits.

Stephenson, qui devait se rendre si illustre comme inventeur de la locomotive, travailla longtemps à la mine comme son père. A dix-sept ans, il ne savait pas encore lire; il apprit tout seul; il se procurait un peu d'argent pour acheter quelques livres, en raccommodant, la nuit, les vieux souliers de ses camarades.

On raconte qu'Aristote était si acharné au travail, qu'il lisait et écrivait même dans le bain. Comme il était sujet à s'y endormir, il avait eu l'idée de tenir d'une main une boule d'airain qui en tombant le réveillait avec bruit, et il reprenait aussitôt son labeur.

On plaça, en 1441, sur la porte de la maison habitée par Jeanne d'Arc à Domremy, l'inscription suivante qui a été conservée jusqu'à nos jours : *Vive labeur.*

Comment Buffon parvint à se lever matin.

« Dans ma jeunesse, dit Buffon, j'aimais beaucoup le sommeil qui m'enlevait le meilleur de mon temps. Je promis un jour un écu à mon valet de chambre, chaque fois qu'il m'aurait fait lever avant six heures. Le valet arriva auprès de mon lit à l'heure convenue, mais au lieu de me lever, je lui dis des injures. Le lendemain il revint encore et finit par employer la force pour me faire lever. Pendant longtemps, il en fut de même, le petit écu qu'il recevait tous les jours le dédommageait de mes indignations; un jour pourtant, je refusais nettement de me lever. A bout de voix, mon pauvre Joseph (c'était le nom de mon valet de chambre) enleva mes draps, me jeta sur la poitrine une cuvette d'eau froide et s'enfuit. Rappelé par un coup de sonnette, il revint en tremblant : voici les trois francs, lui dis-je avec calme.

« Je dois donc ainsi à ce pauvre Joseph trois ou quatre volumes de mon *Histoire naturelle*. »

II. — LA PARESSE

Allez à la fourmi, paresseux, et considérez sa conduite. Elle n'a ni maître ni prince; elle fait néanmoins sa provision durant l'été et amasse pendant la moisson de quoi se nourrir. Jusqu'à quand dormirez-vous, paresseux? Quand vous réveillerez-vous de votre sommeil? Vous dormirez un peu, vous sommeillerez un peu, vous mettrez un peu les mains l'une dans l'autre pour vous reposer, et l'indigence viendra vous surprendre comme un homme qui marche à grands pas, et la pauvreté se saisira de vous comme un homme armé.

Prov. VI.

Le devoir du travail est la condamnation de la paresse. La paresse est une langueur de l'âme qui, par amour du repos, nous fait négliger nos devoirs plutôt que de nous faire violence.

Rien de plus honteux, de plus triste que cette abdication de la volonté s'abandonnant elle-même et renonçant à agir. Le paresseux est inutile à lui-même, parce que, ne faisant rien, il ne sait rien et ne peut rien; il est inutile aux autres, inutile à la société qu'il met à contribution sans la servir, pareil aux frelons s'introduisant dans les ruches pour dévorer le miel qu'y ont distillé les abeilles à force de labeur.

Enfants, fuyez la paresse qui, en vous laissant dans l'ignorance, compagne de l'oisiveté, vous rendrait la risée de vos concitoyens dans le monde après avoir été la risée de vos camarades à l'école. Fuyez la paresse, qui est une offense au Dieu qui vous a fait une loi du travail. Fuyez la paresse qui vous ferait perdre la vie future après avoir annihilé la vie présente. Il n'y a pas plus au ciel que sur la terre de couronne pour le fainéant.

Un moraliste a tracé ce portrait de la paresse :
« C'est une femme qui a l'air doux et marche à pas comptés, couverte d'une robe de toile d'araignée, portée par le Sommeil, s'appuyant sur le bras de la Faim, ayant les Misères pour suite, passant le printemps de son âge sur un lit de repos et son automne à l'hôpital. »

RÉSUMÉ

I. Travail. 1° Le travail est une nécessité et un devoir imposé par Dieu. 2°. Le travail est la condition du bonheur. L'ennui du plaisir. 3° Le travail manuel a été réhabilité par le christianisme. Traits. Comment Buffon parvint à se lever matin. — II. La paresse. Portrait du paresseux. Culpabilité et funestes effets de la paresse.

LIVRE SIXIÈME

DEVOIRS SOCIAUX. — JUSTICE. — CHARITÉ

CHAPITRE PREMIER

NÉCESSITÉ ET BIENFAITS DE LA SOCIÉTÉ

I. — BESOIN DE LA SOCIÉTÉ AU POINT DE VUE MATÉRIEL

L'homme ne peut se passer de la société. Qui a bâti la maison où est recueilli l'enfant? Qui a fabriqué les meubles qui la décorent? Qui a tissé les vêtements qui nous défendent contre le froid? Qui a préparé les aliments qui nous nourrissent? La société. La société, en rapprochant les hommes, établit entre eux un échange de services et fait bénéficier chacun de l'activité de tous, tous de l'activité de chacun. Si je suis maçon, mon talent de bâtir profitera à toutes les familles qui m'entourent; de mon côté, je ferai appel à l'agriculteur, au tisserand, au tailleur, au chapelier, au menuisier, au forgeron, au boulanger pour tous les services spéciaux qu'ils peuvent me rendre.

II. — BESOIN DE LA SOCIÉTÉ AU POINT DE VUE MORAL

Nos facultés intellectuelles et morales ne peuvent se développer qu'en société. Il faut à l'enfant le secours de ses semblables pour dissiper son ignorance, pour arriver à être instruit, élevé, formé.

L'homme a reçu de Dieu *la faculté de parler*. Il est destiné par là même à vivre avec ses semblables, sans lesquels il ne peut ni apprendre le langage, ni s'en servir, sans lesquels il perdrait même l'usage de la parole articulée.

L'homme porte en lui *un instinct de sociabilité* et tout un monde de sentiments, de besoins, d'aspirations, que la société seule peut satisfaire. Voyez-le : il a un cœur, il veut aimer, être aimé; il veut se répandre, s'épancher avec ses semblables, nouer des amitiés, vivre en quelque sorte, de la vie d'autrui et associer autrui à la sienne. Combien Robinson, jeté par le naufrage dans une île déserte, souffre de sa solitude. Il n'éprouve un peu de joie et de bonheur qu'en retrouvant un compagnon dans la personne de Vendredi.

RÉSUMÉ

Nécessité et bienfaits de la société. — 1° Besoin de la société au point de vue matériel. 2° Besoin de la société au point de vue moral.

CHAPITRE DEUXIÈME

DIVISION DES DEVOIRS ENVERS LE PROCHAIN. JUSTICE. — CHARITE

I. — DEVOIRS DE JUSTICE ET DE CHARITÉ

L'homme n'a pas seulement des relations avec les membres de sa famille, avec ses maîtres et ses camarades à l'école; il vit aussi avec ses semblables en général. De ces relations naissent des devoirs d'homme à homme, des *devoirs envers le prochain*.

Deux mots résument l'ensemble des devoirs envers le prochain : *justice, charité*. La justice est le respect des droits de chacun. La charité est le dévouement à autrui. La justice nous défend de faire du tort au prochain, elle nous dit avec la Bible : *Ne faites pas aux autres ce que vous ne voudriez pas qu'on vous fît à vous-mêmes*. La charité va au delà de ce qui est *strictement* dû au prochain et elle aime à répéter avec l'Évangile : *Faites aux autres ce que vous voudriez qu'on fît pour vous-mêmes.*

Il n'y a pas de société possible en dehors de la justice qui assure à chacun la tranquille jouissance de ses droits. La charité, en allumant le dévouement dans les cœurs, se fait ici l'alliée nécessaire de la justice.

II. — DIFFÉRENTS DEGRÉS DE LA JUSTICE ET DE LA CHARITÉ

1° On peut distinguer quatre degrés dans la justice.

Premier degré : ne pas rendre le mal pour le bien, ce qui serait *ingratitude*.

Second degré : ne pas faire de mal à ceux qui ne nous en font pas, ce qui serait *cruauté*.

Troisième degré : ne pas rendre le mal pour le mal, ce qui serait *vengeance*.

Quatrième degré : rendre le bien pour le bien, ce qui est pratiquer la *reconnaissance*.

2° Le premier degré de charité consiste à *faire du bien à ceux qui ne nous ont fait ni bien ni mal*.

Le plus haut degré, le comble de la charité, c'est de *rendre le bien pour le mal*.

RÉSUMÉ

I. Devoir de justice et de charité. En quoi consiste la justice et la charité. Combien ces vertus sont nécessaires. — II. Différents degrés de la justice et de la charité.

CHAPITRE TROISIÈME

RESPECT DE LA VIE DU PROCHAIN

La justice nous fait un devoir de respecter le prochain : 1° dans sa vie ; 2° dans sa liberté ; 3° dans sa conscience ; 4° dans son intelligence ; 5° dans sa réputation ; 6° dans sa propriété.

1° Le premier devoir que la justice nous impose, c'est de *respecter la vie du prochain.* « Tu ne tueras pas. » Ce précepte du Décalogue est inscrit dans toutes les législations comme dans toutes les consciences. L'homicide est le plus grand des crimes.

2° *Cas où il est permis de tuer.* Il est permis de tuer : 1° en cas de guerre ; 2° en cas de légitime défense, quand notre vie est gravement menacée ; 3° en cas de peine de mort appliquée par les tribunaux aux criminels.

3° *Le duel.* Le duel est un combat à deux, après détermination préalable des témoins, du lieu, de l'heure et des armes.

Le duel est défendu parce qu'il tient à la fois du suicide et de l'homicide. Chacun des combattants s'expose à recevoir la mort ou à la donner. Or, il n'est pas permis de livrer ainsi sa vie, ni de menacer celle d'autrui.

Se battre en duel, c'est se faire justice soi-même, c'est apporter les pratiques de la guerre dans ses rapports avec le prochain. Or, quand on vit en société, c'est à la société même, c'est à la puissance publique qu'il appartient de sauvegarder nos droits et de venger nos querelles.

Loin de fournir une réparation à l'outrage, le duel ne fait souvent qu'ajouter une nouvelle injustice à celle qui lui sert de prétexte. De deux choses l'une : ou c'est l'offenseur qui reçoit le coup et s'il perd la vie, est-ce qu'un tel châtiment n'est pas d'ordinaire hors de toute proportion avec sa culpabilité ? ou c'est l'offensé qui est atteint, et alors quelle singulière façon de réparer ses torts que d'ajouter à la faute d'avoir provoqué un innocent le malheur de le blesser grièvement ou de le tuer !

La question d'honneur, qui est le grand prétexte mis en avant, ne peut pas être tranchée par le duel. Si nous avons de l'honneur, ce n'est pas une raillerie, une offense imméritée qui nous l'enlèvera ; si nous en manquons, ce n'est pas un coup d'épée bien porté qui pourra nous en donner.

Il serait temps d'en finir avec cette coutume venue des siècles barbares, de se souvenir, avec Montesquieu, que « le véritable honneur est souvent de se défier du point d'honneur. »

L'Eglise condamne et ceux qui se battent en duel et ceux qui leur servent de témoins.

> Ah ! n'est-ce pas assez que l'avare nature
> Nous redemande à tous une dette si dure,
> La vie, à tous la vie ? Et faut-il donc encor
> Nous-même dans le gouffre enfouir ce trésor !
> Ne doit-on pas mourir ? S'il faut que notre sang
> S'épanche, il est toujours des cas en cette vie
> Où l'on peut le verser avec quelque énergie,
> Alors que l'étranger tout cuirassé de fer
> Sur nos champs désolés passe comme une mer,
> Foulant d'un pied sanglant l'herbe de nos campagnes.
>
> AUGUSTE BARBIER.

On dit que Turenne, jeune encore, mais déjà dans l'armée, fit la réponse suivante à un officier qui le provoquait en duel : « Je ne sais pas me battre en dépit des lois, mais je saurai aussi bien que vous affronter le danger quand le devoir me le permettra. Il y a un coup de main à faire, très utile et très honorable pour nous, mais très périlleux. Allons demander à notre général la permission de le tenter et nous verrons qui des deux s'en tirera avec plus d'honneur. » Le provocateur trouva l'expédition proposée trop dangereuse et s'excusa. Ici c'était Turenne qui était le brave.

RESUMÉ

Respect de la vie du prochain. — 1° Ne point attenter à sa vie. 2° Cas où il est permis de tuer. 3° Le duel. Pourquoi il est coupable et déraisonnable.

CHAPITRE QUATRIÈME

RESPECT DE LA LIBERTÉ DU PROCHAIN. L'ESCLAVAGE

Nous devons non seulement respecter la vie du prochain, mais encore sa liberté sans laquelle la vie n'a pas grand prix. L'homme a le droit de faire ce qui n'est défendu ni par la loi ni par ses supérieurs légitimes.

1° L'esclavage dans l'antiquité.

C'est surtout l'*esclavage* qui a été pendant des siècles la plus grande violation de la liberté humaine. L'esclavage a été particulièrement absolu et odieux dans les nations païennes et avant le christianisme. A Rome, l'esclave était considéré comme la propriété de son maître qui exerçait sur lui le droit de vie et de mort ; il n'avait pas de famille, il ne jouissait d'aucun droit de l'homme, il était traité comme une bête de somme.

2° L'abolition graduelle de l'esclavage a été un des grands bienfaits du christianisme.

Les plus grands moralistes de l'antiquité, Platon, Aristote, l'avaient non seulement accepté mais préconisé. Le christianisme, en proclamant hautement l'inviolabilité de la conscience et l'égalité devant Dieu, fit tomber les barrières que la vanité, l'orgueil, la cruauté et une oppression séculaire avaient élevées entre les hommes. La religion, en proclamant avec saint Paul qu'il n'y avait plus ni juif ni gentil, ni grec ni barbare, ni *esclave* ni homme libre, mais que toutes les distinctions se fondaient dans une commune union avec le Christ, en baptisant l'esclave comme le maître, en élevant son niveau moral pour le rendre digne de la liberté, la religion posa le principe d'une émancipation appelée à assurer avec les siècles l'abolition graduelle et définitive de l'esclavage.

Belle parole du duc de Guise.

Au XVIe siècle, Metz était assiégé par l'armée de Charles-Quint. François de Guise défendit si bien la ville que l'ennemi n'en put forcer les portes. Dans le cours du siège, un officier de Charles-Quint réclama au duc de Guise un de ses esclaves qui avait cherché refuge à Metz. « Je ne puis pas vous le rendre, répondit fièrement le duc, car il n'y a pas d'esclaves en France. Quiconque met le pied sur le sol français est libre de plein droit. »

RÉSUMÉ

Respect de la liberté du prochain. L'esclavage. — 1° L'esclavage dans l'antiquité. 2° L'abolition de l'esclavage a été un des grands bienfaits du christianisme. Belle parole du duc de Guise.

CHAPITRE CINQUIÈME

RESPECT DE LA CONSCIENCE DU PROCHAIN

La conscience du prochain peut être blessée par le scandale et par l'intolérance.

1° Le scandale.

Le scandale est une parole, action ou omission qui, étant ou paraissant condamnable, pourrait porter le prochain au mal. Scandale veut dire pierre d'achoppement.

L'homme, étant essentiellement imitateur, subit d'ordinaire l'influence d'autrui. On peut tout en quelque sorte pour le pousser au bien ou au mal, selon qu'on agit sur lui par de bons ou de mauvais exemples. De là la gravité du scandale, surtout si ceux qui le donnent empruntent à une supériorité de situation, d'âge, d'autorité, d'intelligence, une influence particulière. « Malheur à l'homme par qui le scandale arrive, a dit Jésus-Christ ; mieux vaudrait pour lui être précipité avec une meule au cou dans le fond de la mer. » L'Évangile frappe d'une malédiction particulière ceux qui scandalisent l'enfance, qui est l'âge de l'innocence, de la formation morale, des premiers élans vers la vertu.

2° Tolérance. Respect des croyances et des opinions d'autrui.

Il faut respecter les croyances et le culte d'autrui quand ils ne sont pas contraires à la morale et à l'ordre public, ce qui ne veut pas dire qu'on ne soit très attaché à sa religion et qu'on n'use de tous les moyens légitimes pour la propager et la défendre. Ajoutons que nul ne peut être forcé d'agir contre sa conscience. On n'a jamais converti personne par la violence.

Apportons aussi cet esprit de tolérance dans nos relations de chaque jour avec ceux qui, en politique, ou sur d'autres questions, ne penseraient pas comme nous. Si on veut avoir la paix, il faut laisser à chacun la liberté de ses opinions et savoir souffrir que nos interlocuteurs ne soient pas toujours de notre avis.

RÉSUMÉ

Respect de la conscience du prochain. — 1° Le scandale. Ce qu'on entend par scandale. Combien il est coupable. 2° Tolérance. Respect des croyances et des opinions d'autrui.

CHAPITRE SIXIÈME

RESPECT DE L'INTELLIGENCE DU PROCHAIN. LE MENSONGE

« Vous perdez, Seigneur, ceux qui profèrent le mensonge. »
Ps. v, 6.

« C'est un maudit vice; si nous en connaissions l'horreur et le poids, nous le poursuivrions à feu, plus justement que d'autres vices. Nous sommes hommes et nous ne tenons les uns les autres que par la parole. »
Montaigne.

« Mes paroles ne sont point de deux couleurs; ce que j'ai à la bouche, je l'ai au cœur. »
Henri IV.

Mentir c'est parler contre sa pensée avec l'intention de tromper.

I. — POURQUOI IL NE FAUT PAS MENTIR

1° *Le mensonge offense Dieu* qui est la vérité même, qui a donné à l'homme la parole pour exprimer sa pensée et non pour tromper ses semblables. « Les langues menteuses, dit l'Écriture, sont en abomination devant Dieu. » Qui ne s'est apitoyé sur le malheur du sourd-muet privé de l'usage de la parole? Le menteur, en se servant de sa langue pour tromper, mériterait une pareille infortune.

2° *Le mensonge est contre nature.* Le premier mouvement de l'homme étant d'être vrai, pour que les lèvres disent *non* quand l'esprit dit *oui*, il faut que le calcul, l'intérêt, la ruse ou d'autres motifs de dissimuler viennent faire dévier l'organe de la parole et troubler l'harmonie qui doit régner entre la langue et le cœur.

3° *Le mensonge est honteux.* La plus sanglante injure qu'on puisse faire à quelqu'un est de le traiter de menteur;

c'est le déclarer déchu de sa dignité d'homme, comme étant assez faux pour ne point dire la vérité et assez lâche pour ne point oser dire ce qu'il pense. Le mensonge, dit saint Thomas, est une fausse monnaie dont personne ne veut.

Le menteur, ainsi avili aux yeux des autres pour avoir été pris en flagrant délit de duplicité, ne l'est pas moins à ses propres yeux, pour avoir vu la vérité et l'avoir trahie dans la courte délibération de sa conscience et le secret de sa pensée. Ici le lâche est toujours doublé d'un suspect. Qui n'a rien à cacher dans sa vie n'a rien à dissimuler dans son langage. « Celui qui fait le mal hait la lumière, » a dit Jésus-Christ. Quiconque est faux dans ses paroles est souvent coupable dans ses actions. Les hommes ne le croient pas même quand il dit vrai, et ils le jugent capable de mal parce qu'ils le voient capable de mensonge.

II. — POURQUOI L'ENFANCE SURTOUT DOIT ÉVITER LE MENSONGE

Que d'enfants menteurs! L'enfant, étant la faiblesse, est toujours tenté de se tirer par le mensonge des petits embarras que lui créent son étourderie et sa désobéissance. Est-il en défaut, a-t-il mérité une punition, il cherchera à détourner le coup sur un autre ou à se préserver lui-même aux dépens de la vérité. Combien qui trichent, combien qui jurent pour de petites querelles de jeu et quelquefois pour affirmer une chose fausse! Souvent, la vanité, le désir d'éblouir ses camarades, de passer pour beau parleur pousseront un enfant à raconter des histoires inventées à plaisir. Il y a, d'ordinaire, moins de culpabalité que de sottise dans ces récits fantaisistes dont il se fait le héros; mais l'intérêt est trop minime et le motif trop futile pour faire fléchir la règle.

Le grand danger et le grand malheur des mensonges

répétés dans l'enfance c'est qu'ils créent rapidement une habitude, et alors se forment ces déviations du sens droit, ces *instincts de duplicité qui deviennent une seconde nature*. Quel malheur! Voyez ce regard limpide, ce front pur de l'enfant venant à vous avec son âme confiante, son cœur sur les lèvres : quel charme dans cet abandon! Mettez à la place de cette aimable candeur, de ce visage transparent, de cette parole spontanée une figure composée, un œil sournois et fuyant, des réponses qui se dérobent, vous avez détruit la séduction, terni la fleur du jeune âge.

Ce qui doit exciter les parents à corriger vertement dans l'enfant la première apparition du mensonge, c'est qu'il ne tarderait pas à *briser en lui le ressort de l'honneur*. Que de fois dans la lutte engagée contre sa paresse, son étourderie, ses impertinences, ses résistances diverses, n'avez-vous pas obtenu de lui la promesse formelle de mieux travailler, d'être plus sage, dans l'espoir que cet engagement serait une force pour ses résolutions, un secours contre sa faiblesse. Mais pour que ces protestations aient quelque efficacité, il faut qu'elles soient sincères. Pour vous appuyer sur sa parole donnée, il faut qu'il se sente lié par elle : il faut que lorsqu'il a passé avec vous une sorte de contrat verbal, il n'ait pas eu la pensée d'ajouter à tous les autres un mensonge de plus.

Tous les efforts de l'éducation doivent donc tendre à rendre l'enfant droit et franc, puisque être faux et fourbe serait pour lui le plus grand malheur.

III. — LE PARJURE.

Le mensonge s'appelle parjure quand il est appuyé par un serment. C'est le mensonge le plus coupable, puisqu'il invoque le nom de Dieu pour attester une fausseté! « Vous ne jurerez pas faussement, dit la Bible, et vous ne souillerez pas le nom de votre Dieu! Je suis le Seigneur. »

Trait de Washington.

Washington, devenu plus tard le fondateur et le président de la République des États-Unis, avait reçu en présent, à l'âge de six ans, une petite hache avec laquelle il coupait tout ce qui lui tombait sous la main. Un jour, il enleva l'écorce d'un magnifique cerisier anglais ; son père, s'étant aperçu du dégât et le voyant la hache en main prêt à recommencer, lui demanda qui avait coupé ainsi le cerisier. Le petit coupable hésita un instant et finit par répondre : « Il m'est impossible, mon père, de ne point vous dire la vérité, c'est moi qui me suis amusé à couper cet arbre avec ma hache. » Cette franchise calma le vieux Washington qui dit à son fils : « Cher enfant, la sincérité avec laquelle tu confesses ta faute, compense au centuple la perte de mon arbre ; je fais plus de cas de ta franchise que de mille cerisiers, fussent-ils chargés des plus beaux fruits. » Washington garda toujours cette loyauté précoce qui fut un des traits de son caractère et l'honneur de sa vie.

Le mensonge joyeux.

« Guillot criait : *au loup !* un jour par passe-temps.
 Un tel cri mit l'alarme aux champs,
 Tous les bergers du voisinage
Coururent au secours : Guillot se moqua d'eux.
 Ils s'en retournèrent honteux,
 Pestant contre son badinage.
 Mais rira bien qui rira le dernier.
Deux jours après, un loup avide de carnage,
 Un véritable loup-cervier,
Malgré notre berger et son chien, faisait rage
 Et se ruait sur le troupeau.
« *Au loup !* s'écria-t-il, *au loup !* » Tout le hameau
 Rit à son tour. — « A d'autres, je vous prie,
 Répondit-on, l'on ne nous y prend plus. »
 Guillot le goguenard fit des cris superflus.
 On crut que c'était fourberie.
 Menteur n'est jamais écouté
 Même en disant la vérité.

RICHER.

RÉSUMÉ

Le Mensonge. — I. Pourquoi il ne faut pas mentir. 1° Le mensonge offense Dieu. 2° Le mensonge est contre nature. 3° Le mensonge est honteux. — II. Pourquoi l'enfance surtout doit éviter le mensonge. Facilité du mensonge chez les enfants. — Ils y contractent des habitudes de duplicité. Le mensonge brise en eux le ressort de l'honneur. — III. Le parjure. — Traits.

CHAPITRE SEPTIÈME

RESPECT DE LA RÉPUTATION DU PROCHAIN

I. — LA BONNE RÉPUTATION EST UN DES PLUS GRANDS BIENS DE L'HOMME

Le bon témoignage que l'homme se rend à lui-même ne lui suffit pas. Il a besoin de trouver dans l'estime d'autrui comme un écho de sa propre conscience. « Nous avons, dit Pascal, une si grande idée de l'âme de l'homme que nous ne pouvons souffrir d'en être méprisés, de n'être pas dans l'estime d'une âme...; qui ne mourrait pas pour conserver son honneur, celui-là serait infâme. » La sagesse divine comme la sagesse humaine proclame cette vérité. « La bonne réputation vaut mieux que les grandes richesses », dit la Bible. « Bonne renommée vaut mieux que ceinture dorée », ajoute le proverbe.

On peut nuire à la réputation du prochain : 1° par calomnie; 2° par médisance; 3° par jugement téméraire.

II. — CALOMNIE

« Celui qui calomnie secrètement agit comme le serpent qui mord traîtreusement. »

ECCL. x, 11.

Calomnier le prochain, c'est lui imputer un tort, un crime qu'il n'a pas commis, ou bien exagérer sa culpabilité. Ce qui donne à la calomnie un caractère particulier de gravité, c'est qu'elle est une imputation fausse, c'est qu'elle est toujours accompagnée d'un mensonge. Elle est la ressource des lâches qui satisfont ainsi d'une façon honteuse leur méchanceté ou leur vengeance.

III. — MÉDISANCE

L'Églantier.

« Ces gens ne sont pas très polis.
J'offre des fleurs du plus beau coloris,
Mon odeur embaume à la ronde,
Et l'on m'évite. — Ami, tes bouquets sont jolis ;
Mais tu déchires tout le monde. »

Médire c'est découvrir sans nécessité les fautes et les défauts du prochain. La médisance diffère donc de la calomnie en ce que la première fait connaître un mal réel, alors que la seconde l'invente.

1° *Rien n'est plus commun que la médisance.* Tel qui regarderait comme une honte de calomnier autrui se fait un malin plaisir de le déshabiller en public pour amuser la galerie. Le désir chez celui qui parle de montrer son esprit, de piquer l'intérêt, d'animer un entretien qui languit en le portant sur le voisin, l'esprit de raillerie, quelquefois la méchanceté et l'envie ; — chez' celui qui écoute, une curiosité malsaine, le goût du scandale, souvent la jalousie et la malice : voilà l'éternel aliment de la médisance. Que de conversations dont le prochain fait tous les frais ! Que d'oreilles attentives à qui vient dauber agréablement sur autrui !

2° *Culpabilité de la médisance.* La médisance est coupable parce qu'elle ternit la réputation du prochain en lui infligeant un *déshonneur public* pour une faute restée secrète.

« Langue maldisante, langue malfaisante, » disait le

vieux français. La sainte Écriture compare la médisance à « une roue d'iniquité, mise en branle par la mauvaise langue, membre bien petit, mais plein de venin et de toutes sortes de malice, mal inquiet, indomptable, qui ne supporte ni frein ni gouvernail ». Aussi y a-t-il obligation de réparer non seulement les calomnies, mais encore les médisances commises.

3° *Règles pour éviter la médisance :*

1. Ne point parler d'autrui comme nous ne voudrions pas qu'on parlât de nous.

2. Ne point écouter la médisance. « Il ne serait nuls médisants, s'il n'était des écoutants, » dit un vieux proverbe français.

3. Placer dans son cœur un grand fonds de bienveillance envers le prochain.

« Mettez, Seigneur, une garde à mes lèvres et comme une haie d'épines à mes oreilles. »
Isaïe.

« Chassez le railleur et les disputes s'en vont avec lui. »
Prov. xxii, 10.

Traits.

Saint François de Sales ne supportait pas la médisance dans les conversations. « Si on ôtait du monde la médisance, disait-il, on retrancherait la plus grande partie des péchés ». Lorsqu'on racontait quelque trait défavorable au prochain : « Oh ! misère humaine, misère humaine, s'écriait-il ; hélas ! nous ferions peut-être pire si Dieu ne nous tenait par la main. » Quand il entendait des railleries sur autrui, il s'efforçait de détourner la conversation et lorsqu'il n'y pouvait réussir : « Qui nous a donné, disait-il, le droit de nous égayer aux dépens du prochain ; voudriez-vous qu'on vous mît ainsi sur le tapis et qu'on fît l'anatomie de vos défauts ? S'amuser à rechercher les défauts d'autrui, c'est signe qu'on ne s'occupe guère des siens. »

On parlait, en présence de Bolingbroke, de l'avarice du fameux général anglais Malborough. On en citait différents traits sur lesquels on en appelait au témoignage de Bolingbroke, qui avait été l'ennemi de Malborough : « C'était un si grand homme, répondit-il, que j'ai oublié s'il avait des défauts. »

Mme de Maintenon à une demoiselle de Saint-Cyr.

« Soyez délicate et même scrupuleuse sur la charité. Ne dites jamais de personne ce que vous ne seriez pas bien aise qu'on dît de vous. Couvrez les défauts du prochain et rendez-vous l'avocate des absents. Faites-vous tellement connaître qu'on n'ose devant vous prendre la liberté d'attaquer le prochain; vous vous ferez encore plus de bien qu'à lui, puisque vous ôterez un des plus grands obstacles à votre salut. Étendez cela jusque sur les railleries un peu piquantes, et recourez souvent à Dieu pour obtenir la grâce de résister au torrent de l'exemple. »

Mme DE MAINTENON.

IV. — JUGEMENT TÉMÉRAIRE

« Ne jugez point et vous ne serez point jugés. Ne condamnez point et vous ne serez point condamnés. »

ÉVANGILE.

Le jugement téméraire consiste, comme le mot l'indique, à mal juger le prochain sans preuve suffisante.

Il faut s'interdire le jugement téméraire, parce que chacun a droit à l'estime d'autrui tant qu'il n'a rien fait pour la perdre. De plus, l'habitude du jugement téméraire est l'indice d'un naturel malveillant. « La charité ne pense point le mal, » dit saint Paul. Jésus-Christ nous rappelle enfin dans l'Évangile que nous serons traités par Dieu comme nous aurons traité les autres.

V. — LA JALOUSIE

La jalousie ou l'envie est la principale cause des atteintes à la réputation du prochain. On entend par envie le déplaisir qu'on ressent à la vue des avantages d'autrui ou la joie coupable qu'on éprouve du mal qui lui arrive.

L'envie, qui a sa source dans l'égoïsme, est un vice

honteux qu'on n'avoue ni à soi-même ni aux autres. C'est aussi un vice *cruel*, cruel pour le malheureux qui l'a conçu et qui se dévore lui-même, qui se dessèche à la vue des succès du prochain ; cruel aussi pour les autres qui sont attaqués, déchirés, calomniés par le jaloux.

Rien de plus commun que la jalousie. Elle s'introduit jusque dans les familles les plus unies. Elle va jusqu'à compter les baisers d'une mère pour faire croire à tel enfant qu'il est moins aimé que ses frères et sœurs.

Elle entre à l'école, au collège, à la pension. Là, elle excite un sentiment de tristesse et de dépit à la vue d'un condisciple, d'une compagne mieux habillés que nous ou d'une condition supérieure à la nôtre. A chaque succès, à chaque triomphe d'un camarade, elle ronge le cœur du vaincu et apprend la dissimulation, la haine, à un âge qu'on a fait synonyme d'aimable candeur et de naïve insouciance.

Enfants, s'il vous vient jamais une pensée d'envie, rejetez-la sur l'heure, et que le souvenir vous en reste comme celui d'un cauchemar ou d'un mauvais rêve. Pour n'être jamais tentés de jalouser vos frères, vos camarades, vos compagnes, faites plus : dilatez par la bonté, par la charité, par une affectueuse complaisance ce cœur que l'égoïsme et l'envie voudraient resserrer. C'est là le secret d'être juste et honnête ; c'est aussi le secret d'être aimé, d'être heureux, de conquérir les sympathies de ceux qui vous approchent, de gagner enfin le cœur de Dieu.

La jalousie chez les enfants.

La jalousie est plus violente dans les enfants qu'on ne saurait se l'imaginer ; on en voit quelquefois qui sèchent et qui dépérissent d'une langueur secrète parce que d'autres sont plus aimés, plus caressés qu'eux… J'ai vu, dit saint Augustin, un enfant jaloux, il ne savait pas encore parler, et déjà, avec un visage pâle et des yeux irrités, il regardait l'enfant qui tétait avec lui.

FÉNELON.

RÉSUMÉ

Respect de la réputation du prochain. — I. La bonne réputation est un des plus grands biens de l'homme. — II. Définition et gravité de la calomnie. — III. Médisance. 1° Rien de plus commun que la médisance. 2° Culpabilité de la médisance. 3° Règles à suivre pour éviter la médisance. Traits. — IV. Jugement téméraire. Pourquoi il est défendu. — V. La jalousie est la principale cause des atteintes portées à la réputation du prochain. L'envie, vice honteux, cruel, malheureusement très fréquent chez les enfants. Être bons.

CHAPITRE HUITIÈME

RESPECT DE LA PROPRIÉTÉ DU PROCHAIN

« Tu ne voleras pas. »

DÉCALOGUE.

I. — DROIT DE PROPRIÉTÉ

L'homme a le *droit de propriété*. Il ne peut vivre qu'avec l'aide de certains objets matériels que nous pouvons appeler *biens extérieurs*. De même qu'il est le maître de son travail, de l'emploi de son intelligence, de son activité, de même il est le maître des biens acquis par ce travail, par cette activité même. Le blé que j'ai fait venir en labourant, en ensemençant mon champ, est à moi.

Cette terre que j'ai ainsi acquise ou agrandie par mon travail, je puis la transmettre par héritage à mes descendants. L'homme, qui peine, qui amasse pour ses enfants, serait découragé s'il ne pouvait leur léguer le fruit de ses sueurs. De là le *droit de succession*.

Les *socialistes*, les *communistes*, qui veulent supprimer la propriété individuelle, les *partageux*, qui parlent de répartir également les richesses entre tout le monde, oublient qu'il ne se passerait pas un an, pas un mois, sans que cette prétendue égalité fût rompue. Les hommes diligents et économes auraient vite augmenté leur avoir; les fainéants et les prodigues l'auraient vite dissipé. Si l'État ou la société, s'emparant de tous les biens, rétribuaient également les oisifs et les laborieux, ce serait décerner un prix d'encouragement à la paresse; s'ils donnaient plus aux uns qu'aux autres ce serait compromettre la fameuse égalité.

II. — LE VOL

1° *Iniquité du vol.* Le droit de propriété étant démontré, la culpabilité du vol, c'est-à-dire de toute atteinte portée à la propriété d'autrui est, par là même, établie. Le vol s'en prend à Dieu, dont la Providence a départi sa part de bien à chaque créature. Le vol est subversif de la société, qui est fondée sur la propriété et dont les membres sont reliés entre eux, maintenus à leur rang par le sentiment de la justice. Le vol est contraire, du côté de la victime, à l'individu qu'il prive du fruit de son travail; du côté du coupable, à la dignité humaine qu'un tel acte avilit, puisqu'il n'y a pas de plus sanglante injure à adresser à quelqu'un que de le traiter de voleur.

2° *Le vol chez les enfants.* Il n'est pas rare que les enfants se rendent coupables de petits vols. On en voit qui dérobent de l'argent à leurs parents pour acheter des *gourmandises*. On en voit d'autres s'approprier certains objets *par envie*, voulant être aussi bien partagés que leurs camarades. Il en est qui se laissent pousser au vol par une certaine *étourderie mêlée de malice*, par *forfanterie*, pour jouer un bon tour, pour faire un bon coup, par *attrait du fruit défendu*. Quels que soient les mobiles d'un tel acte, les parents et les maîtres doivent punir sévèrement des fautes qui, en se répétant, pourraient avoir pour l'avenir de terribles conséquences.

III. — LES DIVERSES MANIÈRES DE FAIRE DU TORT AU PROCHAIN

On peut classer, comme il suit, les différentes manières de faire du tort au prochain :

1º Prendre le bien d'autrui ;
2º Coopérer à une injustice ;
3º Causer du dommage au prochain ;
4º Retenir injustement le bien d'autrui.

On peut prendre le bien d'autrui : 1º par violence ; 2º par larcin ; 3º par fraude ; 4º par usurpation ; 5º par concussion.

1° Prendre le bien d'autrui.

1º *La violence*. Le vol par violence est celui qui se fait ouvertement, malgré la résistance de celui qui en est victime. Ce vol est, par sa nature, l'un des plus coupables.

2º *Le larcin*. Le larcin est le vol furtif, qui se fait en cachette et à l'insu de celui qui en souffre. Il faut ranger dans cette catégorie tous les vols commis au préjudice du prochain sans qu'on puisse en connaître l'auteur. Sont également coupables de larcin, les employés de commerce s'attribuant sur le prix de vente des bénéfices indus, les domestiques infidèles qui, par cupidité ou sous prétexte que leur salaire est insuffisant, se payent de leurs propres mains ou trompent dans leurs comptes au préjudice du maître.

3º *La fraude*. La fraude consiste à faire tort au prochain soit dans les ventes et achats, soit par d'autres moyens qui l'induisent en erreur. C'est la source la plus féconde d'injustice. Que de marchands se rendent coupables en fraudant sur la *qualité*, sur le *poids*, sur la *mesure !* « La balance menteuse est en abomination devant Dieu, » dit l'Écriture. C'est également se rendre coupable que d'abuser de l'ignorance du prochain, d'un enfant, d'un mineur, pour leur vendre à des prix excessifs.

4° *L'usurpation.* L'usurpation consiste surtout à s'approprier le terrain d'autrui. Ce genre de vol est fréquent dans les campagnes où on ne se fait pas faute de déplacer les bornes ou de les faire disparaître pour étendre ses possessions aux dépens des voisins. « Vous n'enlèverez ni ne transporterez les bornes de votre prochain », disait la loi de Moïse.

On peut également rapporter à l'usurpation le vol de ceux qui captent des héritages ou qui s'approprient, dans un héritage, la part qui ne leur appartient pas, ceux qui s'adjugent des titres nobiliaires au détriment des légitimes possesseurs.

Saint Éloi, ayant fait bâtir son monastère à Paris sur un terrain que lui avait cédé le roi Dagobert, s'aperçut qu'on avait pris quelques pieds de trop. Il fit immédiatement démolir les murs qui dépassaient la limite et alla porter ses excuses au roi. Dagobert, charmé d'une telle délicatesse de conscience, doubla la donation et dit à ses courtisans : « Voyez combien sont exacts et fidèles ceux qui suivent Jésus-Christ. Mes officiers et mes gouverneurs m'enlèvent sans scrupule des terres entières, et voici qu'Éloi tremble d'avoir un pouce de terrain à moi. »

5° *La concussion.* La concussion est une exaction ou une malversation commise par un fonctionnaire dans l'administration ou la manutention des deniers publics.

Il y a abus d'autorité et injustice à recevoir de ses administrés, à l'occasion de ses fonctions, ce qu'on sait n'être pas dû.

2° Coopérer à une injustice.

Coopérer à une injustice est un moyen indirect, mais quelquefois très grave, de nuire au prochain. Voici en cette matière les fautes les plus fréquentes.

1° Donner l'idée, le conseil, l'ordre, indiquer ou fournir

les moyens de violer la propriété du prochain, d'éviter une restitution, de nuire à un ennemi. Participer directement à un vol avec des complices.

2º Se faire receleur soit d'un larcin, soit d'objets soustraits à un héritage, à une faillite.

3º Acheter, à vil prix, à un domestique suspect, à un voleur, un objet qu'on sait avoir été dérobé.

4º Prendre sa part des biens volés.

Tobie, aveugle et tombé dans l'indigence, nous offre sous ce rapport un bel exemple de la plus délicate probité. Anna, sa femme, allait tisser et le nourrissait du travail de ses mains. Un jour, elle reçut, outre son salaire, un petit chevreau. Tobie, l'entendant bêler, s'écria : « Il est à craindre que ce chevreau n'ait été volé; rendez-le à son maître, car il ne nous est permis ni de manger ni de retenir ce qui a été dérobé. » Sa femme, irritée de cette observation, s'emporta jusqu'à reprocher à Tobie ses anciennes aumônes et sa pauvreté présente; mais le juste vieillard laissa dire et Dieu ne tarda pas à récompenser sa charité et sa scrupuleuse droiture.

3ᵉ Causer du dommage au prochain.

Causent du dommage au prochain:

1º *Directement*, ceux qui détériorent sciemment ses propriétés, ravagent ses récoltes.

2º *Indirectement*, ceux qui l'empêchent d'acquérir une chose à laquelle il a droit; ceux qui, par leurs rapports, enlèvent à tel employé, à tel fonctionnaire sa place, à tel marchand sa clientèle et son crédit.

3º Ceux qui profitent de sa détresse, soit pour lui intenter un procès qu'il ne peut pas soutenir, soit pour lui prêter à usure. « Si vous prêtez de l'argent à ceux de mon peuple qui sont pauvres, vous ne les pressurerez point comme un escompteur impitoyable, et vous ne les accablerez point par l'usure. »

4° Ceux qui négligent de prévenir un dommage que leur situation même leur fait un devoir d'écarter : tel est le cas d'un domestique qui, par sa faute, laisserait causer un tort plus ou moins grave à son maître.

5° Ceux qui nuisent au prochain par des erreurs professionnelles : tel est le cas de l'avocat perdant un procès par sa faute, du médecin compromettant la vie du malade par sa négligence ou son ignorance, de l'ingénieur, de l'architecte vouant à la ruine une entreprise, une maison, faute d'avoir pris les dispositions nécessaires.

6° Dans le cas d'une imprudence gravement coupable devant Dieu, on est tenu à restitution. Il y a même des circonstances où la loi civile, sans s'inquiéter de la culpabilité au point de vue de la conscience, ordonne de réparer le dommage.

4° Retenir injustement le bien d'autrui.

Il y a plusieurs manières de retenir injustement le bien d'autrui :

1° Refuser de payer ses dettes, soit en les niant, soit en les ajournant indéfiniment, soit en se rendant coupable de banqueroute frauduleuse. Le salaire des domestiques, des ouvriers, est la dette la plus pressante et la plus sacrée. « Le prix du mercenaire qui vous donne son travail ne demeurera point chez vous jusqu'au matin, dit la sainte Écriture. Payez le travailleur le jour même, pour qu'il vive du fruit de ses mains. »

2° Ne pas rendre un dépôt qui nous a été confié. Les emprunteurs qui ne remboursent jamais, les tuteurs, les curateurs infidèles, les exécuteurs testamentaires qui ne font pas droit à la volonté du défunt, pèchent également contre la justice.

3° Hériter d'un bien mal acquis et le garder.

4° Profiter sciemment d'une erreur de compte, soit en recevant plus qu'il ne faut, soit en donnant moins qu'il n'est dû.

5° Garder les valeurs ou les objets trouvés, sans avoir l'intention de les rendre et sans faire aucune démarche pour connaître le propriétaire. Si le propriétaire n'a pu être découvert, celui qui a trouvé l'objet peut se l'approprier, bien qu'il soit mieux d'en donner la valeur aux pauvres.

D'après la loi civile, les trésors appartiennent par moitié au possesseur du fonds et à celui qui les a découverts.

Trait de saint Louis.

On fit remarquer à saint Louis, vaincu et prisonnier des Sarrasins en Égypte, qu'on s'était trompé de dix milles livres dans le payement de la rançon au vainqueur. Le roi se fâcha très fort et dit qu'il voulait qu'on leur rendît les dix mille livres. On fit observer à saint Louis que les Sarrasins avaient souvent manqué de parole, étant, dit Joinville, « les plus grands attrapeurs qui fussent au monde ». Le roi, qui était d'une probité scrupuleuse, ne voulut pas entendre parler de prétextes. Je vous commande, dit-il à Philippe de Nemours, sur la foi que vous me devez comme mon homme, que si les dix mille livres ne sont pas payées, vous les fassiez payer. »

IV. — LA RESTITUTION

Ceux qui ont pris ou qui retiennent injustement le bien d'autrui sont tenus de le restituer. Ce devoir est la conséquence même du droit de posséder. La justice violée demande satisfaction tant que le tort fait au prochain n'a pas été réparé, tant que le coupable n'est point rentré dans l'ordre en rendant ce qu'il a volé. C'est le cri de la loi auquel fait écho le cri de la conscience.

Il faut restituer aux ayants droit, c'est-à-dire à la personne lésée ou à ses héritiers. Les prétextes mis trop souvent en avant, pour écarter cette obligation ou pour en retarder l'exécution, ne sauraient décharger le coupable. Il n'est dispensé que dans le cas d'impossibilité.

V. — PROBITÉ. — ÉQUITÉ. — DÉLICATESSE

L'observation rigoureuse des lois de la justice constitue la *probité*. La probité devient en quelque sorte comme un instinct, comme le tempérament de l'esprit et du cœur, quand elle est une habitude et une vertu. Elle est l'âme du commerce, l'honneur de la vie, et celui à qui la loyauté dans ses engagements et dans sa conduite a valu le renom d'homme probe est, dès ce monde, récompensé de sa droiture par la confiance et l'estime publique.

L'*équité* consiste à attribuer à chacun ce qui lui est dû. La *délicatesse* est le scrupule de la probité et comme la fleur de l'honnêteté.

Beau trait de probité.

C'était en 1812; le froid, les privations, la fatigue avaient décimé la grande armée. Sur les 500,000 soldats que Napoléon avait conduits en Russie, quelques milliers seulement avaient repassé le Niémen. Le 18ᵉ de ligne, réduit de 3,000 hommes à 500, était commandé, à l'arrière-garde, par le colonel Pelleport. Les chevaux ayant péri, les fourgons durent être abandonnés et il ne restait pas même une voiture pour porter la caisse militaire. Le colonel la fit ouvrir et y trouva 120,000 francs en six mille pièces d'or qu'il distribua aux officiers et aux soldats, avec ordre de les rendre au retour ou de les passer à un camarade s'ils se trouvaient en danger de mort. De tous ces combattants, il n'y eut que 50 survivants qui passèrent la frontière. On fit l'appel des fonds : pas une pièce ne manqua. Les soldats ne s'étaient rien approprié et chacun, vivant ou mourant, avait tenu sa parole. On put reconstituer la somme entière.

La religion est la meilleure gardienne de la justice et de la probité.

La religion, en condamnant non seulement le tort fait au prochain, mais encore jusqu'au désir, jusqu'à la pensée de lui nuire, arrête au point de départ toutes les entreprises contre la propriété d'autrui. En appuyant fortement dans le cœur de l'enfant, dans les délibérations de l'homme, les oppositions de la conscience aux conseils de la cupidité, elle fait souvent triompher le droit là où les pouvoirs publics ne peuvent exercer leur action. Les restitutions fréquentes soit aux particuliers, soit à l'État, amenées par la religion, prouvent de quel poids elle pèse dans les balances de la justice.

VI. — RESPECT DES CONTRATS ET DE LA PAROLE DONNÉE

Le contrat est un engagement par écrit. Les contrats règlent les droits entre acheteur et vendeur, prêteur et emprunteur, propriétaire et locataire ou fermier. Ils obligent en justice. La vie économique d'un peuple serait en quelque sorte suspendue s'ils n'étaient pas fidèlement exécutés. Ce serait l'arrêt des transactions, la cessation des travaux et des entreprises, le signal des défiances et des vengeances publiques.

Les engagements verbaux sont aussi obligatoires. « Chose promise, chose due. » Je vous ai vendu mon cheval à la foire; vous m'en avez promis telle somme, vous devez la payer. L'honnête homme n'a qu'une parole et, quand il l'a donnée, il est de sa dignité et de son honneur de la tenir. Il se le doit à lui-même; il le doit à celui qui a reçu sa promesse et qui s'est cru lié par elle; il le doit enfin à la société dont la plupart des transactions et des relations reposent sur de simples engagements verbaux.

L'héroïsme dans la foi jurée.

Le respect de la parole donnée peut aller quelquefois jusqu'à l'héroïsme. L'antiquité nous a légué l'exemple de Régulus retournant à Carthage pour ne pas trahir son serment. Sous Louis XIV, Porçon de la Barbinais, plutôt que de manquer à sa parole, revint hardiment à Alger où il devait trouver le supplice. En temps de guerre, que de prisonniers préfèrent être internés plutôt que d'être captifs sur parole, ce qui serait s'interdire toute tentative d'évasion !

RÉSUMÉ

Respect de la propriété. — I. Droit de propriété. Origine et fondement de ce droit. — II. Le vol. 1° Iniquité du vol. 2° Le vol chez les enfants. — III. Quatre principales façons de faire du tort au prochain : Prendre le bien d'autrui, par violence, par larcin, par fraude, par usurpation, par concussion. Coopérer à une injustice, en en donnant l'idée, en se faisant receleur, en achetant à vil prix les objets volés, en en prenant sa part. Causer du dommage au prochain, directement, indirectement en profitant de sa détresse, par négligence, par erreur professionnelle, par imprudence. Retenir injustement le bien d'autrui, en refusant de payer ses dettes, en retenant un dépôt, en héritant d'un bien mal acquis, en s'adjugeant les objets trouvés sans chercher le propriétaire. — IV. La restitution. Pourquoi, à qui il faut restituer. — V. Probité, équité, délicatesse. Traits de probité. La religion gardienne de la justice et de la probité. — VI. Respect des contrats et de la parole donnée. Ce qu'on entend par contrats. — Les engagements même verbaux obligent. Héroïsme dans la foi jurée.

CHAPITRE NEUVIÈME

LA CHARITÉ

« Dieu est charité. »
Saint Jean.

« La fin de la religion, l'âme des vertus, l'abrégé de la loi, c'est la charité. »
Bossuet.

I. — LE DEVOIR DE LA CHARITÉ. — LA SOLIDARITÉ

La charité est l'alliée nécessaire, le complément de la justice. Il ne suffit pas, en effet, de ne pas faire du mal au prochain, il faut encore lui faire du bien.

La sympathie instinctive que Dieu a mise dans nos âmes les uns pour les autres; la *solidarité*, c'est-à-dire la dépendance mutuelle qui unit des êtres ayant même nature, même destinée, même vie, nous avertissent assez que nous ne pouvons pas nous désintéresser du sort de nos semblables. Nous sommes à leur égard, comme les frères d'une même famille. Ce sentiment de fraternité doit nous porter à nous aimer, à nous entr'aider, à nous secourir, à soulager les misères de ceux qui souffrent.

L'aveugle et le paralytique.

Aidons-nous mutuellement,
La charge des malheurs en sera plus légère;
Le bien que l'on fait à son frère
Pour le mal que l'on souffre est un soulagement.

Dans une ville de l'Asie, il existait deux malheureux,
L'un perclus, l'autre aveugle et pauvres, tous les deux.
Ils demandaient au ciel de terminer leur vie;
Mais leurs cris étaient superflus :
Ils ne pouvaient mourir. Notre paralytique,
Couché sur un grabat dans la place publique,

Souffrait sans être plaint : il en souffrait bien plus.
    L'aveugle à qui tout pouvait nuire,
    Etait sans guide, sans soutien,
    Sans avoir même un pauvre chien
    Pour l'aimer et pour le conduire.
    Un certain jour il arriva
Que l'aveugle, à tâtons, au détour d'une rue,
    Près du malade se trouva ;
Il entendit ses cris, son âme en fut émue :
    Il n'est tels que les malheureux
    Pour se plaindre les uns les autres.
« J'ai mes maux, lui dit-il, et vous avez les vôtres ;
Unissons-les, mon frère, ils seront moins affreux.
— Hélas ! dit le perclus, vous ignorez, mon frère,
    Que je ne puis faire un seul pas,
    Vous-même vous n'y voyez pas.
A quoi nous servirait d'unir notre misère ?
— A quoi ! répond l'aveugle ; écoutez, à nous deux
Nous possédons le bien à chacun nécessaire ;
    J'ai des jambes, et vous avez des yeux :
Moi, je vais vous porter ; vous, vous serez mon guide.
Vos yeux dirigeront mes pas mal assurés ;
Mes jambes, à leur tour, iront où vous voudrez.
Ainsi, sans que jamais notre amitié décide
Qui de nous deux remplit le plus utile emploi,
Je marcherai pour vous, vous y verrez pour moi. »
FLORIAN.

II. — LA SOURCE ET LES DEGRÉS DE LA CHARITÉ

Il est facile de marquer la progression des sentiments et des actes qui inspirent et mettent en exercice la charité.

1° Bienveillance.

« Il faut se faire aimer, car les hommes ne sont justes qu'envers ceux qu'ils aiment. »
JOUBERT.

La charité suppose à sa racine la bienveillance, c'est-à-dire, comme le mot l'indique, une disposition à vouloir le bien des autres.

« Il n'y a pas de moyen plus sûr d'acquérir l'affection des autres que de leur donner la sienne. »

J.-J. Rousseau.

2° Bonté.

« Soyez pleins de bonté les uns pour les autres. »

Eph. iv, 33

« La bonté est un goût à faire le bien et à pardonner le mal. »

Vauvenargues.

« La bonté assimile l'homme à la Divinité dont elle est le principal attribut. »

Bacon.

« Il n'y a que les grands cœurs qui sachent combien il y a de gloire à être bon. »

Fénelon.

La bonté fait faire un pas de plus vers la charité, et donne un caractère plus précis à ce que la bienveillance a de trop vague et de trop général. Avec la bonté nous passons du domaine du sentiment dans celui de l'action. Si la bienveillance est un penchant à vouloir du bien au prochain, la bonté est un penchant à lui en faire. « Lorsque Dieu, dit Bossuet, forma le cœur et les entrailles de l'homme, il y mit premièrement la bonté. » Si la bonté est en nous une inclination naturelle, il faut en faire une vertu en la transformant par l'idée du devoir.

« Comment se fait-il que tout le monde vous aime tant ? demandait-on, un jour, à une petite fille, idole de ceux qui la connaissaient. — « Je crois, répondit-elle, que c'est parce que j'aime tout le monde. »

« Quel plaisir de penser et de dire en moi-même :
Partout en ce moment on me bénit, on m'aime !
Je vois voler partout les cœurs à mon passage. »

Racine.

3° Dévouement.

Le dévouement nous élève encore d'un degré au-dessus

de la bonté, comme la bonté elle-même nous avait élevés au-dessus de la bienveillance. L'homme dévoué semble en quelque sorte trouver sa joie à se rendre utile et à mettre son bonheur en celui des autres. Au lieu de payer en paroles ceux qui lui demandent quelque service, il n'épargne ni ses fatigues, ni son temps, ni son argent pour satisfaire le besoin qu'il éprouve de se dépenser pour ses semblables. Et que d'occasions de donner carrière à ce noble sentiment, à tous les degrés de l'échelle sociale, depuis l'humble artisan occupé à un métier manuel, depuis la pauvre mère de famille, jusqu'au général placé à la tête des armées, ou au prince assis sur son trône!

4° Le sacrifice. — L'héroïsme.

Le dévouement conduit au sacrifice, c'est-à-dire au renoncement à soi-même pour le bien d'autrui. Tout homme incapable de sacrifice est de fait incapable de charité; car la charité, étant le don au prochain de ce qui ne lui est pas rigoureusement dû, implique par là même l'emploi de son temps, de son argent au profit de ses semblables, ce qui est toujours un sacrifice.

Le sacrifice poussé à son extrême limite devient *l'héroïsme*. Il consacre à jamais dans la mémoire des hommes le souvenir de ceux qui s'élèvent à une telle hauteur. Nommons, en France, Eustache de Saint-Pierre, Jeanne d'Arc, le chevalier d'Assas.

L'héroïque sacrifice de Mgr Affre, archevêque de Paris.

En 1848, au moment des terribles journées de Juin, Mgr Affre archevêque de Paris, résolut d'arrêter l'effusion du sang au péril de sa vie. Le dimanche, 25, après avoir obtenu l'agrément du chef du pouvoir exécutif, il se dirigea, accompagné de deux vicaires généraux, vers la Bastille, où les insurgés défendaient leurs derniers retranchements. Toute l'armée s'incline sur son passage et, à mesure qu'il approche du lieu du combat, les officiers émus le conjurent de ne pas courir à une mort certaine. Mais le prélat leur répondait avec un calme sourire qu'il voulait à tout prix arrêter l'effusion du sang.

Il avançait toujours, bénissant sur son passage et absolvant les mourants, consolant les blessés. Il demanda à l'officier général commandant de suspendre l'attaque. « Je m'avancerai seul avec mes prêtres, dit-il, vers ce peuple qu'on a trompé; j'espère qu'il reconnaîtra ma soutane violette et la croix que je porte sur la poitrine. » Ordre fut donné de cesser le feu, et l'archevêque se dirigea vers la barricade, précédé d'un brave ouvrier qui voulut marcher devant lui en portant une grande palme verte en signe de paix. A cette vue les insurgés suspendent le combat. L'archevêque traverse la place de la Bastille, se dirige vers l'entrée du faubourg Saint-Antoine et se trouve au milieu des révoltés qui paraissent animés de dispositions conciliantes.

Mais tout d'un coup retentit le cri : *Aux armes! A nos barricades!* Aussitôt la fusillade recommence. Mgr Affre avait pénétré dans le faubourg Saint-Antoine par un étroit passage; il avait tourné la barricade et s'efforçait avec la voix et le geste d'apaiser la multitude, lorsque subitement une balle le blesse à mort. « Je suis frappé, mon ami, dit-il, en tombant, à l'ouvrier qui portait la palme verte. Puisse mon sang être le dernier versé. » On le transporta à la cure. Au milieu de ses atroces souffrances, il n'élevait la voix que pour demander à Dieu d'avoir pitié de son peuple.

Les insurgés, émus profondément de ce sacrifice, demandaient sans cesse des nouvelles de l'archevêque. Tous les soins furent inutiles et il ne devait pas tarder à rendre le dernier soupir. Mais la sensation produite dans l'immense faubourg Saint-Antoine et dans tout Paris par cet héroïque dévouement calma tout à coup l'acharnement des rebelles et rendit la pacification plus facile.

Un bel exemple d'héroïque dévouement.

En 1793, Kléber, forcé à la retraite, arriva au pont de Boussay sur la Sèvre, près de Clisson, qu'il fallait défendre pour sauver l'armée. Il dit à Schouardin qui commandait le bataillon des chasseurs de Saône-et-Loire : « Faites-vous tuer avec votre troupe. » Schouardin ne répondit qu'un mot : Oui, mon général ! » et il tint parole, arrêtant court l'effort de l'ennemi. Il y mourut avec cent des siens, mais assura par son dévouement le salut de l'armée.

5° Pardon des injures.

Rapportons à l'héroïsme et à la charité *le pardon des injures* qui a deux degrés : *Ne pas rendre le mal pour le mal, — rendre le bien pour le mal.*

La philosophie peut quelquefois amener l'homme à ne pas rendre le mal pour le mal ; mais le pardon des injures au second degré : rendre le bien pour le mal, est rare, bien que l'histoire nous ait conservé quelques exemples de *clémence* ; il est presque impossible sans l'intervention de la religion. Il n'y a guère que les disciples de celui qui mourut en priant pour ses bourreaux, qui disait à ses apôtres : « Faites du bien à ceux qui vous haïssent... Aimez, bénissez ceux qui vous maudissent ; » il n'y a guère que ceux qui répètent soir et matin dans le *Pater* : « Notre Père, qui êtes aux cieux, pardonnez-nous nos offenses comme nous pardonnons à ceux qui nous ont offensés, » qui puissent vraiment pratiquer cette charité sublime du pardon des injures, parce qu'ils en trouvent le précepte dans leur religion et la force dans l'amour de Dieu.

Traits.

Pendant le siège de Rouen, en 1502, on vint avertir le duc de Guise qu'un protestant était venu dans son camp avec le projet de l'assassiner. Il le fit arrêter. Ce malheureux, loin de nier son dessein, s'en glorifia.

— Est-ce à cause de quelque déplaisir que vous avez reçu de moi ? lui demanda le duc.

— Non, lui répondit-il, c'est parce que vous êtes le plus grand ennemi de ma religion.

— Eh bien ! répliqua Guise, si votre religion vous porte à m'assassiner, la mienne veut que je vous pardonne ; et il le renvoya.

Un jour, le cordonnier Simon, qui était le gardien et le bourreau de Louis XVII dans la prison du Temple, lui dit :

— Capet, si les royalistes te délivraient, que ferais-tu ?

— Je vous pardonnerais ! répliqua le jeune prince.

Un enfant qui ne voulait pas pardonner.

On lit dans la vie du P. Libermann le fait suivant raconté par son neveu : « Un jour, un de mes frères, alors âgé de sept ans, s'emporta d'une bouillante colère contre l'un de nous qui l'avait contrarié. Prières, menaces, promesses, rien n'avait pu le calmer. Il voulait pardonner, disait-il, mais après s'être vengé et il resta ainsi toute la journée. Cependant, sur le soir, notre oncle, le P. Libermann, nous réunit autour de lui comme d'habitude pour la prière. Tout alla bien jusqu'au *Pater;* mais quand on fut arrivé à ces paroles : *Pardonnez-nous nos offenses comme nous pardonnons à ceux qui nous ont offensés*, notre oncle qui, jusque-là, était resté dans un profond recueillement, s'adressant au coupable, lui dit d'une voix sévère : « Mon cher N..., tu ne peux pas faire cette demande au bon Dieu sans te condamner toi-même; car puisque tu ne veux pas pardonner, le bon Dieu ne t'aime plus et ne te pardonnera aucune de tes fautes. » Vaincu par ces paroles, le petit obstiné court aussitôt à son frère, l'embrasse, lui demande pardon de la peine qu'il lui a causée, puis revient triomphant auprès de notre oncle pour achever sa prière.

Le hussard noir.

Lorsque les Prussiens envahirent pour la première fois la

Champagne, en 1792, ils ne pensaient guère que les Français iraient leur rendre jusqu'à Berlin leur visite, et ils se conduisaient comme des gens qui n'ont à craindre aucune représaille. Un hussard, entre autres, se distingua par sa cruauté; il entra dans la demeure d'un brave paysan, y enleva ce qui s'y trouvait : linge, argent, provisions, tout jusqu'aux rideaux et aux couvertures du lit. Un enfant de huit ans et sa sœur le conjurèrent à genoux de laisser au moins à leurs parents l'unique couche qu'ils possédaient. Il repoussa le jeune garçon avec colère; pour la petite fille, il la prit et la jeta dans une citerne.

Quelques années après, il quitta le service et s'établit à Neisse en Silésie, ne songeant plus à cet épisode de sa vie.

Cependant, en 1806, un corps d'armée français passe par Neisse; un jeune sergent est logé chez une honnête femme qui le sert avec empressement. Le lendemain il ne paraît pas à l'heure à laquelle il avait demandé son déjeuner; son hôtesse, après avoir attendu quelques instants de peur de le réveiller, se décide enfin à entrer dans sa chambre et le trouve assis sur le bord de son lit et fondant en larmes.

Qu'avez-vous donc, lui dit-elle, et d'où vient cette douleur ?

— Hélas ! reprend le sergent, ces rideaux, ces couvertures m'ont rappelé une affreuse journée. Ils ont été enlevés en Champagne à mes parents. Je reconnais encore les lettres que ma mère y avait tracées à l'aiguille. La brave femme effrayée lui raconte qu'elle a acheté ces étoffes d'un hussard noir qui demeure à Neisse.

Le sergent se fait conduire près de lui et le reconnaît.

— Te rappelles-tu, s'écria-t-il, d'avoir dépouillé en Champagne un brave homme de tout ce qu'il possédait, d'avoir impitoyablement repoussé les prières de ses enfants ?

Le hussard essaya d'abord de s'excuser, disant qu'à la guerre on n'était pas maître de soi; mais quand il vit l'œil étincelant et le visage enflammé du jeune sergent, il comprit qu'il avait tort d'employer de vaines paroles pour se justifier. Il se jeta à genoux et demanda pardon.

Le Français, la main sur son sabre, paraît hésiter un instant sur ce qu'il ferait; puis jetant sur son débile ennemi un regard de mépris :

— Va, dit-il, ta cruauté envers moi, je te la pardonne ; ta cruauté envers mes parents, ils te la pardonneront ; quant au crime horrible que tu as commis envers ma pauvre sœur qui est morte dans la citerne où tu l'as jetée, c'est à Dieu à te pardonner.

Ayant prononcé ces mots, il s'éloigne. Mais le hussard, frappé de cette visite, tomba malade et une fièvre ardente l'emporta au tombeau quelques mois après.

Hebel.

III. — LES ŒUVRES DE CHARITÉ. — L'AUMONE

« Celui qui ferme l'oreille au cri du pauvre, criera lui-même et ne sera pas écouté. »

Prov. xxii. 13.

« Heureux celui qui a l'intelligence des besoins du pauvre. »

Ps. xl.

« Il vaut mieux s'exposer à trouver des ingrats que de manquer aux misérables. »

La Bruyère.

1° Devoir de l'aumône.

Ce vers de Corneille :

La foi qui n'agit point, est-ce une foi sincère ?

s'applique à la charité, autant et plus qu'à la foi. La charité est essentiellement active ; elle se manifeste par des œuvres.

Les occasions d'exercer la charité sont innombrables. L'une des formes qu'elle emprunte le plus souvent, c'est l'aumône. L'aumône est pour le riche un devoir sans cesse rappelé par Jésus-Christ et par l'Église. Chacun doit mesurer ses dons au chiffre de sa fortune. C'est là une obligation rigoureuse. « Si tu as beaucoup, donne beaucoup, disait Tobie à son fils ; si tu as peu, aie soin de donner ce peu de bon cœur. »

Dans la *Divine Comédie* de Dante, Virgile rencontre en enfer un groupe de damnés dont il ne connaît pas la faute et qu'il s'étonne de voir torturer comme les plus grands coupables.

— Maître, dit-il à son conducteur, qu'ont fait ceux-là pour mériter de telles souffrances?

— Ceux-là, répond le guide, ils n'ont pas fait de bien.

Donnez, riches! l'aumône est sœur de la prière.
. . . .
Donnez! Afin que Dieu, qui dote les familles,
Donne à vos fils la force et la grâce à vos filles;
Afin que votre vigne ait toujours un doux fruit;
Afin qu'un blé plus mûr fasse plier vos granges;
Afin d'être meilleurs, afin de voir les anges
 Passer dans vos rêves la nuit!

Donnez! Il vient un jour où la terre nous laisse.
Vos aumônes là-haut vous font une richesse.
Donnez afin qu'on dise : « Il a pitié de nous! »
Afin que l'indigent, que glacent les tempêtes,
Que le pauvre, qui souffre à côté de vos fêtes,
Au seuil de vos palais fixe un œil moins jaloux.

Donnez, pour être aimés du Dieu qui se fit homme,
Pour que le méchant même en s'inclinant vous nomme,
Pour que votre foyer soit calme et fraternel.
Donnez! afin qu'un jour, à votre heure dernière,
Contre tous vos péchés vous ayez la prière
 D'un mendiant puissant au ciel!
V. Hugo.

2° La pratique de la charité chez les enfants.

L'enfance doit déjà s'exercer à la charité. On ne peut pas donner beaucoup à cet âge, parce qu'on a peu; mais ce qui importe ici, c'est moins la grandeur de l'aumône que le sentiment qui l'inspire.

Enfants, ouvrez de bonne heure votre cœur à la *compassion*. Que la vue d'un malheureux ne vous laisse jamais indifférents. Demandez-vous pourquoi vous ne manquez de rien, alors qu'il manque de tout. La froideur, l'impassibilité en présence du dénûment, de l'infortune, dénoteraient un égoïsme précoce et une âme insensible. Celui qui n'aime pas le pauvre, je le crains, n'aime personne que lui-même. Cette dureté de cœur envers les malheureux, il l'apportera dans la famille à l'égard de ses frères et de ses sœurs, peut-être de son père et de sa mère, car tous les sentiments s'allument au même foyer.

Ne vous contentez pas de compatir à l'infortune du pauvre : faites l'aumône. Il n'est pas d'enfant qui n'ait sa petite bourse et qui, sur le peu qu'il a, ne puisse disposer de quelque chose. Que celui qui a plus donne plus ; que celui qui a moins donne moins. Que l'enfant du pauvre trouve moyen de donner encore à plus pauvre que lui. Ces quelques sous, pris sur la gourmandise, sont un sacrifice méritoire, à un âge où est déjà si développé le sentiment de la propriété. C'est le moyen d'ouvrir une jeune âme aux sentiments généreux, et de faire entrevoir, par cette compassion de la souffrance et de la misère, les réalités de la vie à des êtres qui ne demandent encore qu'à s'amuser et à jouir.

Les enfants useront de discernement dans la distribution de leurs petites charités, donnant aux vrais malheureux et non à certains quémandeurs qui se font mendiants sans être pauvres et par paresse. Ils consulteront leurs parents, s'il s'agit d'une aumône importante. Un bon moyen pour les petites filles de s'exercer à la charité, c'est de travailler à quelques vêtements pour les pauvres.

Henri IV et le curé de Montlhéry.

Certain jour, le bon roi Henri,
Revenant d'assez long voyage,
Allait entrer à Montlhéry.
Et vite, et vite à son passage
Accourent tous les habitants.
Le curé s'est mis à leur tête ;
A le haranguer il s'apprête.
Mais, n'ayant eu que peu d'instants
Pour préparer ce qu'il doit dire,

Il se présente et lui dit : — Sire,
Les habitants de Montlhéry
Sont charmés de vous voir ici.
— Bien ! dit le vainqueur de la Ligue,
Votre harangue me plaît fort ;
Mais je voudrais l'entendre encor,
Bis si cela ne vous fatigue.
— Point du tout, Sire ; et sur-le-champ,
D'une voix plus ferme et plus nette,
Notre bon curé lui répète
Son court et naïf compliment.
— Encor mieux, dit le roi ; j'ordonne
Que pour ses indigents l'on donne
Cent écus au digne pasteur.
— *Bis*, Sire, répond l'orateur.
— Ventre-saint-gris ! j'aime cet homme,
Dit le bon monarque en riant ;
Eh bien soit ! je double la somme.
L'ordre s'exécute à l'instant,
Et, pour terminer mon histoire,
Le roi, le curé, l'auditoire,
Tout le monde s'en fût content.

RÉSUMÉ

La Charité. — I. Devoir de la charité. Solidarité. — II. La source et les degrés de la charité. 1° Bienveillance. 2° Bonté. 3° Dévouement. 4° Sacrifice. Héroïsme. Le sacrifice de Mgr. Affre. 5° Pardon des injures. Traits. — III. Les œuvres de charité. L'aumône. 1° Devoir de l'aumône. 2° La pratique de la charité chez les enfants. Henri IV et le curé de Montlhéry.

CHAPITRE DIXIÈME

LA CHARITÉ CHRÉTIENNE

« Je vous donne un commandement *nouveau*, c'est que vous vous aimiez les uns les autres comme je vous ai aimés. »

JÉSUS-CHRIST.

« Vous aimerez Dieu de tout votre cœur et votre prochain comme vous-même. »
ÉVANGILE.

« Qu'est-ce que l'esprit du christianisme ? Esprit de fraternité, esprit de tendresse et de compassion qui nous fait sentir les maux de nos frères, entrer dans leurs intérêts, souffrir de tous leurs besoins. »
BOSSUET.

I. — LA CHARITÉ EST UNE VERTU ESSENTIELLEMENT CHRÉTIENNE

« Qui n'aime pas Dieu, n'aime que soi. »
BOSSUET.

La charité est une vertu essentiellement chrétienne. La religion en a fait une vertu théologale et surnaturelle par laquelle nous aimons Dieu par-dessus toutes choses et notre prochain comme nous-même pour l'amour de Dieu. C'est de l'amour de Dieu qu'elle a fait jaillir comme de sa source féconde l'amour du prochain.

Pour inspirer aux hommes la charité, il fallait vaincre leur égoïsme, *leur cupidité* : le christianisme y a réussi en leur demandant de s'oublier eux-mêmes, de se détacher de cet or qu'ils n'emporteront point dans l'autre vie, de faire la part des malheureux. Il fallait vaincre *leur orgueil*, cet orgueil qui portait les Romains à regarder les étrangers avec mépris, à se croire d'une autre race que les petits et les faibles : le christianisme y a réussi en proclamant, comme dit Bossuet, *l'éminente dignité des pauvres*, en nous montrant Jésus-Christ dans leur personne, en nous disant avec lui : « Ce que vous ferez au plus petit de ceux-ci, c'est à moi que vous l'aurez fait. » Il a su amener le citoyen romain, le seigneur franc, à voir *le prochain*, à voir *un frère*, dans cet être méprisé qui s'appelait l'esclave et le serf.

Le christianisme a non seulement créé la *charité* et, avec la charité, le *capital de la charité*, il a encore suscité le *service gratuit et volontaire de la charité*. Donner son argent aux pauvres, c'est bien ; mais se donner soi-même, vouer ses forces, sa vie au soulagement des malheureux, des malades, des incurables, c'est mieux, c'est héroïque, c'est divin. Or, c'est le spectacle que nous donnent tous les jours des milliers de créatures touchées de la grâce de Jésus-Christ. Nous regardons passer sous nos yeux comme des visions lumineuses, comme des messagers célestes, ces servantes des pauvres dont saint Vincent de Paul a dit qu'elles ont « la modestie pour voile, la miséricorde pour sœur, les pauvres pour famille, la charité pour mère, et pour toute joie sur la terre la consolation d'essuyer des pleurs ».

II. — DEVOIR ET PORTRAIT DE LA CHARITÉ CHRÉTIENNE

« Quand je parlerais toutes les langues des hommes et même celle des anges, si je n'ai point la charité, je ne suis qu'un airain sonnant, une cymbale retentissante.

« Quand j'aurais le don de prophétie, que je pénétrerais tous les mystères et que je possèderais toutes les sciences, quand j'aurais la foi jusqu'à transporter des montagnes, si je n'ai point de charité, je ne suis rien.

« Et quand je distribuerais tout mon bien pour nourrir les pauvres, et que je livrerais mon corps pour être brûlé, si je n'ai point la charité, tout cela ne me sert de rien.

« La charité est patiente, elle est bienfaisante, elle n'est point jalouse, elle n'est pas téméraire, elle ne s'enfle point, elle ne soupçonne point le mal.

« Elle ne fait rien contre la bienséance, elle ne cherche point ses propres intérêts, elle ne s'aigrit point.

« Elle souffre tout, elle croit tout, elle espère tout, elle supporte tout. »

Saint Paul.

« Le devoir peut se comprendre par la raison, la bienfaisance par la bonté, l'héroïsme par le courage, mais il faut la foi qui explique la charité. C'est un Dieu qui l'a révélée aux hommes, et elle est restée divine. »

Pailleron.

Charité de saint François de Sales.

Saint François de Sales était si charitable et répandait, sans compter, de si larges aumônes, que son intendant répétait sans cesse : « Notre maître est un saint ; mais il nous mènera tous à l'hôpital ; il ira lui-même le premier, s'il continue. »

Comment saint Louis pratiquait la charité.

Tous les jours, partout où le roi se trouvait, cent vingt-deux pauvres recevaient chacun deux pains, un quart de vin, de la viande ou du poisson pour un bon repas, et un denier parisis. Les mères de famille avaient un pain de plus par tête d'enfant. Outre ces cent vingt-deux pauvres nourris à l'extérieur, treize autres étaient chaque jour introduits dans l'hôtel et y vivaient comme les officiers royaux ; trois d'entre eux se mettaient à table en même temps que le roi, dans la même salle que lui et tout proche.

« Maintes fois, dit Joinville, je vis qu'il leur taillait du pain et leur donnait à boire. Il me demanda un jour si je lavais les pieds aux pauvres le jour du jeudi saint.

— Sire, dis-je, quel malheur ! les pieds de ces vilains, je ne les laverai pas.

— Vraiment, dit-il, c'est mal dit, car vous ne devez pas avoir en dédain ce que Dieu fit pour notre enseignement ; je vous prie donc, pour l'amour de moi, que vous vous accoutumiez à les laver. »

Quelquefois, quand le roi avait du loisir, il disait : « Allons visiter les pauvres de tel endroit et repaissons-les à leur gré. Comme il vint une fois à Châteauneuf-sur-Loire, une pauvre vieille femme qui était devant la porte de sa maison et tenait un pain à sa main, lui dit : « Bon roi, c'est de ce pain venu de ton aumône qu'est soutenu mon mari qui est là dedans malade. » Le roi prit le pain disant : « C'est d'assez dur pain. » Il entra dans la maison pour voir lui-même le malade.

Un vendredi saint, à Compiègne, comme il visitait les églises, allant ce jour-là pieds nus, selon sa coutume, et distribuant des secours aux pauvres qu'il rencontrait, il aperçut, de l'autre côté d'une mare bourbeuse qui occupait une partie de la rue, un lépreux qui n'osant s'approcher essayait pourtant d'attirer l'attention du roi. Louis traversa la mare, alla au lépreux, lui donna de l'argent, lui prit la main et la lui baisa.

Guizot.

RÉSUMÉ

La Charité chrétienne. — I. La charité est une vertu essentiellement chrétienne. La religion en a fait une vertu théologale. Comment le christianisme a créé le capital de la charité avec la charité même, en combattant la cupidité et l'orgueil des riches. Comment il a organisé le service gratuit de la charité. — II. Devoir et portrait de la charité chrétienne. Traits. La charité de saint Louis.

LIVRE SEPTIÈME

LA PATRIE

Ceux qui pieusement sont morts pour la patrie
Ont droit qu'à leur cercueil la foule vienne et prie.
Entre les plus beaux noms leur nom est le plus beau.
Toute gloire près d'eux passe et tombe éphémère ;
    Et, comme ferait une mère,
La voix d'un peuple entier les berce en leur tombeau.
    Gloire à notre France éternelle !
    Gloire à ceux qui sont morts pour elle !
    Aux martyrs ! aux vaillants ! aux forts !
    A ceux qu'enflamme leur exemple,
    Qui veulent prendre place au temple,
    Et qui mourront comme ils sont morts.

V. Hugo.

CHAPITRE PREMIER

CE QU'EST LA PATRIE

1° Notion de la patrie.

Ce mot, qui signifie proprement *terre des aïeux*, rappelle le pays qui nous a vus naître, le foyer paternel, les champs parcourus dans notre enfance; les soins, les affections, la sollicitude, la tendresse dont furent bercés nos jeunes ans; les maîtres, les amis mêlés à notre éducation première; et plus tard notre entrée dans la vie publique, les compagnons de nos destinées et de nos luttes, les jouissances, les bienfaits puisés dans le sein de cette mère commune qui nous donne son sol, son abri, sa protection, sa langue, les richesses accumulées par les ancêtres, nous initie à ses croyances, à sa littérature, à ses arts, à ses sciences, à son industrie, à son commerce, fait palpiter nos cœurs au récit des combats livrés d'âge en âge pour former pièce à pièce le sol national, nous pénètre enfin de cet esprit particulier, de cette vie traditionnelle, de ce souffle du pays, de cette atmosphère intellectuelle et morale qui, se transmettant de génération en génération, constitue la personnalité propre et comme le génie de la France : voilà la patrie.

On le voit, la patrie c'est à la fois le pays où on est né et la nation dont on fait partie.

2° De quoi se compose la patrie.

Le petit Frantz me dit, l'œil plein de rêverie,
Comme je le faisais sauter sur mes genoux:
« Père, explique-moi donc ce qu'est cette patrie
Dont on entend parler à chaque instant chez nous.
— Oh! la patrie, enfant, c'est d'abord, à ton âge,
Peu de chose vraiment; c'est moi, c'est mon amour,
C'est ta mère, tes sœurs, ton aïeul, le village,
La maison et la chambre où tu reçus le jour...
C'est le grand pré, là-bas, où Norra se repose,
Norra, la vache noire, au bon lait écumeux;
C'est le droit de courir, de faire du tapage,
De rentrer, de sortir et de dire : *chez-nous;*
Puis, quand vous êtes las, d'être pris de la rage
D'égrener vos *pourquoi?* jusque sur mes genoux.
Mais lorsqu'un peu plus tard cette tête si folle
Saura, mon bon chéri, quelque peu se tenir,

Alors on t'apprendra sur les bancs de l'école,
Ce qu'ont mis nos anciens de temps pour réunir
Tous ces morceaux divers qui forment notre France
Et qu'il fallut gagner pied à pied, brin à brin,
Des rivages bretons aux vieux ports de Provence,
Et des monts du Béarn jusques aux bord du Rhin.
Tu comprendras, devant ce trésor, d'âge en âge
Grossi par nos aïeux sans cesse triomphants,
Que pour tous la patrie est le saint héritage
Que les pères mourants doivent à leurs enfants.
Un peu plus tard encore, — et ce serait ma joie,
De tomber près de toi dans un des jours vainqueurs ! —
Plus tard, Frantz, la patrie est un drapeau de soie
Qui déploie au soleil trois brillantes couleurs;
C'est le nom du pays, c'est l'honneur de ses armes;
C'est le devoir sacré d'accourir à son rang,
Sitôt que le clairon lance le cri d'alarmes,
Et sans songer aux siens, de donner tout son sang.
. . . .
Quand pour moi sonnera l'heure grave et sévère,
C'est le droit, ô mon fils, de me fermer les yeux,
Et puis de faire ainsi que j'ai fait pour mon père,
De déposer mon corps près de ceux des aïeux. »
Le petit Frantz leva sa figure attendrie
Et, fixant sur mes yeux ses yeux profonds et doux :
« O mon père, dit-il, que c'est beau la patrie !
Je comprends maintenant qu'on l'aime tant chez nous. »

SIEBECKER.

3° Regret de la patrie absente.

Nulle part, l'amour, le regret de la patrie absente n'éclatent mieux que dans le psaume *Super flumina Babylonis*. « Assis près des fleuves de Babylone, disaient les Juifs en captivité, nous pleurions au souvenir de Sion. Aux saules qui peuplaient son enceinte nous avions suspendu nos lyres, quand ceux qui nous avaient emmenés captifs nous dirent de chanter, et ceux qui nous avaient dépouillés nous demandèrent des hymnes joyeux : « Chantez-nous un des cantiques de Sion. — Comment, hélas ! chanterions nous le cantique du Seigneur dans une terre étrangère ? O Jérusalem, si je t'oublie, que ma droite oublie le mouvement! que ma langue s'attache à mon palais, si je ne me ressouviens de toi, si je ne fais de Jérusalem le premier objet de mon allégresse. »

4° La patrie française.

O France, douce France, ô ma France bénie,
Rien n'épuisera donc ta force et ton génie.
Terre du dévouement, de l'honneur, de la foi,
Il ne faut donc jamais désespérer de toi !

Quand la patrie est « cette douce France » si souvent chantée, depuis le paladin Roland jusqu'à Marie Stuart, comment ne pas éprouver un redoublement d'amour ! Voyez : son climat tempéré, la variété de ses sites, la fertilité de son sol, la beauté de ses fleuves ; sa situation géographique qui lui donne accès sur le continent et sur trois mers ; la vaillance de ses armées, l'intelligence, l'activité, la politesse, la vivacité de ses habitants ; la générosité chevaleresque de sa race qui en a fait le soldat de Dieu et de toutes les nobles causes, qui l'a portée à travers les âges à la défense des opprimés, qui faisait dire à la Pologne luttant pour son indépendance : « Dieu est trop haut et la France est trop loin ; » sa supériorité dans la paix comme dans la guerre ; ses génies immortels qui ont illustré la carrière des lettres, des sciences et des arts ; les monuments admirables qu'elle a semés sur toute la surface de son sol ; plusieurs siècles enfin d'un passé glorieux qui ont porté son nom jusqu'aux extrémités du monde : tout semble se réunir pour faire de la France la première des nations et, par suite, la plus aimable des patries.

RÉSUMÉ

Ce qu'est la patrie. — 1° Notion de la patrie. La patrie est le pays où on est né et la nation dont on fait partie. 2° De quoi se compose la patrie. 3° Regret de la patrie absente. 4° La patrie française.

CHAPITRE DEUXIÈME

LE PATRIOTISME

1° Ce qu'on entend par patriotisme.

Un seul mot résume nos devoirs envers la patrie : *patriotisme*.

Le patriotisme est l'attachement et le dévouement à son pays. L'homme a plusieurs foyers où son cœur se réchauffe ; la patrie en est un.

On pourrait s'étonner au premier abord que cet être d'apparence abstraite qui s'appelle la patrie ait le don de se faire aimer, de captiver, d'émouvoir, d'entraîner aux résolutions généreuses, aux sacrifices héroïques, et pourtant il en est ainsi. C'est que la patrie est une famille agrandie, une famille qui, elle aussi, sait faire palpiter le cœur, parce qu'on retrouve ici, dans un cercle moins intime mais dans des proportions plus larges, tout ce qui en elle charme, remue, émeut : mêmes joies et mêmes tristesses, mêmes gloires et même défaites, même passé, même présent, même avenir, même atmosphère intellectuelle et morale, mêmes intérêts, mêmes affections, même nom.

2° Cosmopolitisme et chauvinisme.

Le *Cosmopolitisme* est l'erreur de ceux qui voudraient établir, sur les ruines des diverses patries et des nations particulières, une seule et même patrie universelle : l'humanité. Le mot cosmopolite veut dire « citoyen du monde ».

Outre que cette idée est une chimère, essayer de la mettre en pratique serait tarir les nobles sentiments, les inspirations parfois sublimes de dévouement et de sacrifice qui ont leur source dans l'amour de la patrie.

Le *chauvinisme* est l'exagération du patriotisme ou un patriotisme mal placé, mal compris. C'est bien d'aimer la France; mais il ne faut pas nous aveugler sur nos défauts, sur nos faiblesses et nous proclamer à tout propos la première nation du monde. Gardons les qualités que Dieu nous a départies; mais joignons à ces facultés natives la persévérance dans les entreprises, la modestie dans les succès, la fermeté dans les revers, l'activité patiente et féconde qui attend du temps, du travail, de l'effort, le secret de la résurrection.

3° La religion et le patriotisme.

« De véritables chrétiens seraient des citoyens infiniment éclairés sur leurs devoirs, et qui auraient un grand zèle pour les remplir; plus ils croiraient devoir à la religion, plus ils croiraient devoir à la patrie. »

MONTESQUIEU.

Le patriotisme consiste avant tout à pratiquer ses devoirs de citoyen; or, c'est ce que la religion apprend au chrétien. Il n'y a pas d'obligations de justice, de charité qui ne soient rappelées, imposées par la foi. Est-ce que l'obéissance à l'autorité, à la loi; est-ce que le respect du bien et des droits d'autrui, le dévouement à ses semblables ne sont pas les conditions vitales de toute société? Mais ces conditions, qui les remplit mieux que le croyant? C'est par là que les vertus chrétiennes sont des vertus éminemment sociales et patriotiques.

La religion est, à d'autres points de vue, une admirable école de patriotisme. Être religieux, être chrétien, c'est croire; or il n'y a pas de patriotisme là où on ne croit pas à sa patrie, et comment croire à la patrie quand on ne croit pas en Dieu? La religion alimente dans l'âme la foi divine qui est la source et la gardienne de toutes les fois humaines. Le même battement fait palpiter le cœur pour la patrie céleste et pour la patrie terrestre. Là où Dieu a été chassé, attendez-vous à rencontrer les ruines morales d'un sceptique désabusé et flétri, qui sourira au nom de patrie comme au nom du Christ parce que son âme vide et sa volonté sans ressort ne savent plus ce que c'est que croire et se dévouer pour une grande cause.

L'acte le plus sublime du dévouement à la patrie, c'est de jouer pour elle sa vie sur un champ de bataille. C'est ici que la religion affermit les âmes et trempe le patriotisme. Il est cruel pour un soldat obscur, illettré, arraché hier à son village et à sa famille, unité perdue dans une armée immense, de mourir là sur la froide terre, étendu au bord d'un fossé, loin des siens et sans secours, si son regard mourant ne peut se tourner en haut, s'il ne peut demander au Dieu qui récompense la bravoure et le devoir accompli, un dédommagement que ni la patrie, ni la gloire, ni le souvenir de la postérité ne lui donneront. Mettez Dieu dans ce cœur; qu'il sache en combattant qu'il défend les foyers et les autels; que la religion apporte à ce chrétien qui, dans un instant, peut tomber sous le feu de l'ennemi, le pardon de ses fautes : c'en est assez quelquefois pour transformer en héros, en lion, un humble enfant des campagnes, lequel saura mourir sans peur parce qu'il meurt sans reproche.

Le vrai patriotisme embrasse dans un même amour l'ancienne France et la France moderne. Parlons de ces deux Frances qui n'en font qu'une.

RÉSUMÉ

Le Patriotisme. — 1° Ce qu'on entend par patriotisme. C'est l'attachement et le dévouement à son pays. La Patrie est une famille agrandie. 2° Cosmopolitisme et chauvinisme. 3° La religion et le patriotisme. — La religion, qui prêche le devoir, alimente la foi et promet au combattant la récompense du ciel, est la meilleure cole de patriotisme.

CHAPITRE TROISIÈME

L'ANCIENNE FRANCE

1° Comment nos aïeux ont fait la France.

Le patriotisme est l'amour de la patrie dans toute l'étendue de son histoire. Il y a des hommes qui, par haine de ce qu'ils appellent *l'ancien régime*, voudraient faire commencer la France en 1789, comme si, dans les longs siècles qui précèdent, nous n'avions pas eu d'ancêtres dignes de nous. Dans ces âges troublés, où il fallait sans cesse avoir les armes à la main pour défendre les frontières, c'est leur vaillance, leur persévérance opiniâtre, leur héroïsme qui maintinrent, qui dilatèrent les limites de la patrie, qui firent de la France, comme on disait alors, « le plus beau royaume après celui du ciel ».

Nous aimons à suivre, avec l'histoire, les exploits de Clovis et de Charlemagne; et, quand le malheur des temps a divisé le pays en provinces presque indépendantes, quel plaisir de voir le royaume se reconstituer, pièce à pièce, depuis Hugues Capet, avec l'illustre race de ses rois!

Nous voyons cette France rangée tout entière, avec ses chevaliers, ses seigneurs, ses bourgeois, le peuple des communes, autour de Philippe-Auguste, remporter à Bouvines, en 1214, contre l'empereur d'Allemagne Othon IV, une victoire qui sauve son indépendance. Nous la voyons, dans les diverses croisades, porter si haut le nom de la patrie, qu'en Asie, en Afrique, on désignera tous les Européens sous le nom de *Francs*. Lorsque la France, qui, avec la lignée de ses rois, et particulièrement saint Louis, a reconquis une à une toutes ses provinces, voit son existence menacée à nouveau dans la terrible guerre de Cent ans, c'est l'amour de la patrie qui fait trouver comme par enchantement la rançon de Duguesclin, qui inspire à une pauvre fille de Lorraine, à Jeanne d'Arc, la résolution de chasser les Anglais. Et telle est la contagion de sa foi et de son courage que son héroïsme, se communiquant de proche en proche, amène l'expulsion de l'étranger et sauve le pays. Plus tard, la rivalité de François Ier et de Charles-Quint; plus tard encore, la guerre de Trente ans engagent ces luttes gigantesques où sont en jeu l'indépendance, la prépondérance de la patrie, et préparent le grand siècle de Louis XIV, où le génie de la nation française projette sur le monde une lumière, un éclat, dont rien, dans aucun temps, ni dans aucun pays, n'a surpassé la splendeur.

Cette gloire, ces combats, ces triomphes, ces défaites mêmes, ces jours de prospérité et de deuil; toute cette vie intense, faite de pensée et d'action, d'agitation féconde dans la paix comme dans la guerre; toutes ces saintes causes qui ont fait palpiter le cœur de nos pères, tout cela c'est le patrimoine légué par les ancêtres. Nous avons beau être un peuple moderne, nous sommes héritiers de leur nom, de leurs idées, de leur esprit, de leurs habitudes, comme de leur puissance matérielle et de leur sol. Et, plus nous savons par l'histoire que cette terre où nous habitons a été arrosée de leurs sueurs et de leur sang, plus nous attachons nos lèvres à ce sol français sacré par tant d'efforts, baptisé par tant de larmes.

2e Exemples de patriotisme dans l'ancienne France.

Dévouement d'Eustache de Saint-Pierre.

La ville de Calais, assiégée par le roi d'Angleterre, Édouard III, fut obligée, en 1347, de capituler à cause de la famine. Édouard III, irrité par la longue résistance, exigea que six bourgeois vinssent tête nue, pieds nus, la corde au cou, lui apporter les clefs de la ville et se livrer à lui à discrétion.

A cette nouvelle, les habitants s'assemblèrent, remplis de consternation. C'est alors qu'*Eustache de Saint-Pierre*, l'un des plus riches bourgeois de la ville, rompit le silence et s'écria : « Ce serait grand'pitié de laisser mourir un tel peuple par la famine ou autrement, quand on y peut trouver remède. J'ai si grande espérance d'avoir grâce et pardon de Notre-Seigneur, si je meurs, que je veux être le premier à me mettre volontiers, nu-pieds et la hart au col, en la merci du roi d'Angleterre. »

Les larmes et les acclamations de tout un peuple répondirent à ces généreuses paroles. Cinq notables de Calais suivirent l'exemple d'Eustache de Saint-Pierre, et les six victimes se dirigèrent vers le camp ennemi. Aussitôt le roi ordonna de les mettre à mort, ne voulant entendre aucun conseil de pitié ni de pardon. Alors la reine d'Angleterre se jeta à genoux devant lui et lui dit : « Ah ! gentil roi ! depuis que je repassai la mer en grand péril, je ne vous ai rien demandé. Or, je vous prie que, pour le fils de sainte Marie et pour l'amour de moi, vous vouliez avoir de ces six hommes merci. » Le roi, voyant la reine pleurer à ses pieds, fut attendri : « Ah ! dame, j'aimerais mieux que vous fussiez autre part qu'ici. Vous me priez tant que je ne vous l'ose refuser et, quoique je le fasse avec peine, tenez, je vous le donne, faites en votre plaisir. » — Les six héros étaient sauvés.

Bois ton sang, Beaumanoir.

Durant la guerre de Cent ans, en 1351, le sire de Béaumanoir, guerroyant en Bretagne contre les Anglais, leur fit proposer de se battre en champ clos trente contre trente. La lutte s'engagea près de Ploërmel et fut terrible. Des deux côtés, les chevaliers, armés de pied en cap, firent des prodiges de valeur. Un seul Breton, nommé Montauban, avait eu la permission, à cause de son âge et de ses blessures, de combattre à cheval. Il feignit, à un moment donné, de quitter le champ de bataille. « Mauvais chevalier, que fais-tu ? lui cria Beaumanoir. — Fais ta besogne, répondit Montauban, et je ferai la mienne. » Alors, rabattant son cheval sur le flanc de la bande ennemie, il y porta le désordre.

Un moment après, Beaumanoir, blessé, mourant de soif, demande à boire, et Geoffroy Dubois lui jette ces mots sublimes : « *Bois ton sang, Beaumanoir;* la soif passera, il faut aller jusqu'au bout. » Le chef anglais tombe enfin, blessé à mort. Les siens, exténués, se rendent. Ils comptaient huit morts. Les Bretons avaient perdu quatre chevaliers et ils étaient tous blessés, tant la lutte avait été sanglante.

Ce combat eut un immense retentissement. Il passa en proverbe de dire au sujet d'une lutte acharnée : « On s'y battit comme au combat des Trente. » Froissart, ayant rencontré à la table de Charles V un héros de ce duel gigantesque, dit de lui : « Le chevalier avait le visage si taillé et si découpé, qu'on reconnaissait bien que la besogne fut bien combattue. »

Jeanne d'Arc.

« Qui t'inspira, jeune et faible bergère,
D'abandonner la houlette légère
Et ces tissus commencés par ta main?
Ta sainte ardeur n'a pas été trompée;
Mais quel pouvoir brise, sous ton épée,
Les cimiers d'or et les casques d'airain?
L'aube du jour voit briller ton armure;
L'acier pesant couvre ta chevelure,
Et des combats tu cours braver le sort.
Qui t'inspira de quitter ton vieux père,
De préférer aux baisers de ta mère
L'horreur des camps, le carnage et la mort?
C'est Dieu qui l'a voulu, c'est le Dieu des armées,
Qui regarde en pitié les pleurs des malheureux;
C'est lui qui délivra nos tribus opprimées
    Sous le poids d'un joug rigoureux;
C'est lui, c'est l'Éternel, c'est le Dieu des armées!
L'ange exterminateur bénit ton étendard;
Il mit dans tes accents un son mâle et terrible,
La force dans ton bras, la mort dans ton regard,
    Et dit à la brebis paisible :
« Va déchirer le léopard. »

Richemont, Lahire, Xaintrailles,
Dunois, et vous, preux chevaliers,

Suivez ses pas dans les batailles ;
Couvrez-la de vos boucliers ;
Couvrez-la de votre vaillance.
Soldats, c'est l'espoir de la France,
Que votre roi vous a commis,
Marchez quand sa voix vous appelle,
Car la victoire est avec elle,
La fuite avec ses ennemis.

Casimir Delavigne.

Les adieux de Jeanne d'Arc à son village natal.

« Adieu, montagnes, pâturages chéris, vallons doux et paisibles, adieu ! Jeanne ne promènera plus ses pas sur vos sentiers, Jeanne vous dit un éternel adieu ! Gazon que j'arrosais, arbres que j'ai plantés, reverdissez gaiement encore. Adieu ! grottes et sources fraîches, et toi, écho, aimable voix de la vallée qui souvent répondis à mes chansons, Jeanne s'en va et ne reviendra plus.

« Doux théâtre de mon enfance paisible, je vous quitte pour toujours. Agneaux, dispersez-vous sur la bruyère, vous êtes à présent sans bergère ; je vais guider un autre troupeau à travers les périls, sur les champs ensanglantés. Ainsi l'ordonne la voix de Dieu.

« Va, m'a-t-il dit, tu dois rendre témoignage pour moi sur la terre. Tu enfermeras tes membres dans une armure d'airain, tu couvriras d'acier ta poitrine délicate. Jamais la couronne de fiancée ne parera ta chevelure, et nul doux enfant ne s'épanouira sur ton sein. Mais je t'élèverai par la gloire des armes au-dessus de toutes les femmes.

« Quand les plus braves hésiteront dans le combat, quand le destin de la France semblera approcher de son terme, tu porteras mon oriflamme et, comme la moissonneuse active abat les épis, tu abattras le vainqueur orgueilleux. Tu porteras aux fils héroïques de la France un secours salutaire et, après avoir délivré le roi, tu le couronneras à Reims.

« Le ciel m'appelle par un signe : c'est de lui que ce casque me vient. En le touchant, j'éprouve une force surhumaine et le courage pénètre dans mon cœur. Ce sentiment m'entraîne dans le tumulte de la guerre et m'emporte avec la force de l'orage. J'entends le cri puissant des combats qui résonne jusqu'à moi ; le cheval de bataille frappe du pied la terre et la trompette retentit. »

Schiller.

Le chevalier sans peur et sans reproche.

Une des plus nobles figures militaires de la France a été Bayard, *le chevalier sans peur et sans reproche*. Pendant les règnes de Louis XII et de François Ier, on le vit se conduire avec héroïsme dans cent batailles, également redoutable dans les combats singuliers comme dans les luttes générales, défendre seul le pont de Garigliano contre deux cents chevaliers espagnols, mériter par sa réputation de vertu et d'honneur, comme par sa vaillance, d'armer chevalier le roi de France, après la bataille de Marignan, montrer enfin un tel courage dans la défense de Mézières, que les prêtres disaient à la messe : « Priez pour le roi, et pour Bayard qui a sauvé le royaume de France. »

Sa mort fut admirable. Chargé, en 1524, de diriger la retraite amenée par l'incapacité du général en chef, il fut atteint d'un coup de pierre lancée par une arquebuse et qui lui brisa l'épine dorsale. « Ah ! mon Dieu, s'écria-t-il, je suis mort. » Ses compagnons l'appuyèrent contre un arbre. Le fier chevalier, se sentant mourir, planta son épée devant lui et en baisa la poignée qui figurait une croix. Les ennemis arrivèrent et parurent aussi attristés que les Français de cette mort. On les vit lui tendre un pavillon et le coucher sur un lit de camp. Parmi eux se trouvait le connétable de Bourbon qui avait trahi la France. Il vint à son tour et voulut parler au bon chevalier : « Il n'y a point de pitié à avoir de moi, car je meurs en homme de bien, répondit Bayard ; mais j'ai pitié de vous qui servez contre votre prince, votre patrie et votre serment. » Quelques heures après, il expirait.

Jean Bart.

La bravoure de Jean Bart est légendaire. Ce hardi marin avait été chargé de transporter le prince de Conti en Pologne. On rencontra des forces ennemies bien supérieures. Jean Bart leur échappa.

— C'est bien heureux, dit le prince, car nous étions pris.

— Non, répondit Jean Bart.

— Comment auriez-vous fait?

— Plutôt que de me rendre, répondit-il, j'aurais fait mettre le feu au vaisseau; nous aurions sauté, mais ils ne nous auraient pas pris.

Le prince frémit à ces paroles.

— Le remède, lui dit-il, est pire que le mal; je vous défends de vous en servir tant que je serai sur votre vaisseau.

Un jour, les courtisans demandaient à Jean Bart comment il avait fait pour sortir de Dunkerque à travers trente-sept vaisseaux : il pousse les seigneurs, s'élance, joue des coudes et des jambes, écarte tout le monde et passe en disant : « Voilà comment j'ai fait. »

Un brave à trois poils.

Les Français faisaient le siège de Prague, en 1741. L'échelle était posée aux remparts; il s'agissait de faire l'escalade et de livrer l'assaut. Le colonel Chevert, s'adressant aux grenadiers, demanda un *brave à trois poils* qui voulût monter le premier. Pascal, sergent du régiment d'Alsace, se présente :

— Tu veux monter le premier, camarade?
— Oui, mon colonel.
— Quand tu seras sur le mur, la sentinelle va te crier : Qui va là?
— Oui, mon colonel.
— Elle tirera sur toi.
— Oui, mon colonel.
— Elle te manquera.
— Oui, mon colonel.
— Tu la tueras.
— Oui, mon colonel.

Ainsi dit, ainsi fait. Pascal monte à l'assaut; la sentinelle tire sur lui et le manque; il tire sur la sentinelle et la tue. Les troupes se lancent à la suite de Pascal, et Prague se trouve pris.

RÉSUMÉ

L'ancienne France. — 1° Comment nos aïeux ont fait la France. Le patriotisme ne sépare pas l'ancienne France de la France moderne.

Héroïsme et hauts faits de nos aïeux pour constituer la patrie française. Nous sommes héritiers de leurs idées et de leur histoire, comme de leur sol. 2° Exemples de patriotisme dans l'ancienne France. Jeanne d'Arc. Autres traits.

CHAPITRE QUATRIÈME

LA FRANCE MODERNE

Le patriotisme ne sépare pas la France moderne de l'ancienne France. Certains hommes, divisant en deux camps les enfants de la nation, disent aux uns : Vous, vous appartenez par vos idées à l'ancien régime, vous n'êtes plus Français; aux autres : Vous, vous êtes fils de la Révolution, vous êtes la patrie moderne. Le vrai patriotisme n'accepte pas cette mutilation.

1° La Révolution. — La déclaration des droits de l'homme. Les principes de 89.

La Révolution française est une date solennelle dans notre histoire. Elle a proclamé la souveraineté nationale, la liberté politique, la liberté individuelle, l'égalité civile et politique, l'admissibilité de tous les Français aux fonctions publiques, l'égale répartition de l'impôt.

Voici les principaux articles de la fameuse *déclaration des droits de l'homme*, qui résume ce qu'on a appelé *les principes de 89* :

« Les hommes naissent et demeurent libres et égaux en droits. — La liberté consiste à pouvoir faire tout ce qui ne nuit pas à autrui. — La loi est l'expression de la volonté générale; elle doit être la même pour tous. — Tous les citoyens sont également admissibles à toutes dignités, places et emplois publics. — Nul homme ne peut être accusé, arrêté ni détenu que dans les cas déterminés par la loi. — Nul ne peut être inquiété pour ses opinions, même religieuses. — Tout citoyen peut parler, écrire, imprimer librement, sauf à répondre de l'abus de cette liberté dans les cas déterminés par la loi. La propriété étant un droit inviolable et sacré, nul ne peut en être privé. »

La déclaration des droits de l'homme eut le tort de donner à ses principes une forme trop absolue, de ne pas parler des *devoirs* de l'homme en même temps que de ses *droits*, de passer sous silence les *droits de Dieu*. Mais un chrétien, un Français peuvent d'autant mieux professer la devise : *Liberté, égalité, fraternité*, adoptée par la France moderne, qu'elle est dans l'esprit de l'Évangile et très ancienne dans l'histoire de notre pays.

2° Liberté.

« La vérité vous rendra libres. »

Jésus-Christ.

Il s'agit ici de la liberté individuelle ou inviolabilité de la personne, des biens et du domicile ; de la liberté de conscience et des cultes ; de la liberté de pensée, de travail, d'association.

La liberté ne date pas de 1789. Elle a été apportée au monde par le christianisme qui, en revendiquant hautement les droits de la conscience, mit fin au despotisme de l'État païen. Certes, la liberté ne fut pas inconnue en France durant ces longs siècles du moyen âge où les peuples germains, après avoir élevé le prince sur le pavois, d'après le choix des principaux de la nation, continuèrent dans la suite à tempérer le pouvoir des rois par la puissance des grands, par les attributions des différents corps de l'État. L'histoire des administrations provinciales et communales montre, à chaque page, l'existence et le fonctionnement de ces libertés locales qui mettaient presque toujours la nomination des chefs entre les mains du peuple. Au fond, la royauté n'a été vraiment absolue en France qu'à partir de Richelieu et, ce pouvoir, elle ne l'a pas gardé deux siècles. Aussi a-t-on pu dire avec raison que ce n'est pas la liberté qui est nouvelle en France, mais la servitude. Justement, lorsque la Révolution vint jeter à terre une monarchie plusieurs fois séculaire, la royauté, par une évolution rapide, était en train, dans la personne de Louis XVI, de rendre à la nation ses anciennes franchises.

3° Égalité.

« Que la fortune comble l'indigence, pour qu'il y ait égalité. »
(II Cor., viii, 14.)

Par égalité, on entend ici l'égalité devant la loi, l'égale répartition de l'impôt, l'admissibilité de tous les Français aux fonctions publiques, l'égalité civile et politique.

Inégalités sociales dans l'ancien régime ; comment elles s'effaçaient peu à peu. — Il y avait eu dans l'ancien régime de grandes inégalités sociales. Il avait fallu de longs siècles pour émanciper les serfs et élever insensiblement la condition du travailleur. Néanmoins, une transformation lente, mais sûre, une ascension graduelle et sans violence avaient fini par faire de tous les enfants du pays un seul peuple, le plus étroitement lié à sa patrie qui fut jamais. A la veille de la Révolution, tous les citoyens n'étaient pas égaux devant la loi. Il y avait des tribunaux d'exception. Les hautes situations dans la diplomatie, dans l'armée, dans le clergé, étaient, le plus souvent, réservées à la noblesse. C'était un abus ; mais d'éclatantes exceptions prouvent que le mérite savait se faire jour. Il suffit de nommer Bossuet, Colbert, Catinat, Vauban, Jean Bart, Duguay-Trouin, sous Louis XIV. De fait, la bourgeoisie se trouvait en possession de toutes les charges importantes dans les finances, la magistrature, etc. Le tiers état était déjà la nation.

Les impôts. L'impôt du sang. — Il n'y avait pas égalité d'impôt ; mais si la noblesse et le clergé jouissaient de quelques exemptions, le clergé contribuait par les *dons gratuits* et payait la taille par ses fermiers ; la noblesse, enrôlée dans l'armée par devoir et par tradition, acquittait presque seule alors, en l'absence de toute conscription obligatoire, cet impôt du sang qui pèse aujourd'hui si lourdement sur toute la nation.

Le paysan propriétaire. Ses charges. — Les détracteurs de l'ancienne France font grand bruit de servitudes et de corvées accablant le pauvre peuple. Ils oublient que les travailleurs, grâce à des redevances souvent légères, quelquefois purement honorifiques, avaient pu vivre en paix durant de longs siècles, sous la protection du château féodal. Grâce à une amélioration progressive de sa situation, le paysan, comme l'a fait observer Tocqueville, allait et venait, vendait et achetait, transmettait son bien à sa guise, à la veille de la Révolution. Le paysan, au témoignage d'un voyageur anglais, Arthur Young, possédait déjà plus de la moitié du sol. Turgot, Necker, les sociétés d'agriculture se plaignent à cette époque de la trop grande division de la propriété.

Il y avait alors de lourds impôts ; mais aujourd'hui, pour s'être transformés et pour peser également sur tout le monde, n'en sont-ils pas moins réels et écrasants ? N'ont-ils pas triplé en France depuis cinquante ans ? En cherchant, on trouverait facilement, sous d'autres noms, les anciennes corvées et diverses impositions qui ont provoqué tant de réquisitoires contre l'ancien régime.

Égalité croissante dans l'instruction et les lumières avant la Révolution. — On parle souvent de l'ignorance sous l'ancien régime. Il ne faudrait pourtant pas oublier que l'éclat scientifique et littéraire des XVIIe et XVIIIe siècles fait la plus belle partie de leur gloire. Déjà l'égalité toujours croissante se montrait avec éclat dans la répartition de l'instruction publique. Les témoignages fournis chaque jour par les archives départementales prouvent que l'enseignement primaire était très répandu dans les campagnes. Quant à l'enseignement secondaire, les facilités fournies à tous les talents de se produire étaient telles que nous ne pouvons pas nous flatter même aujourd'hui d'être, en ce point, en progrès sur nos pères. Une statistique officielle dressée par M. Villemain, en 1842, ne compte pas moins de 562 collèges fonctionnant en 1789, et fréquentés par 72,747 élèves. Des recherches récentes obligent même de porter à 900 le nombre de ces établissements. Le principe de l'instruction gratuite était inscrit dans les mœurs, sinon dans les lois, avant la Révolution. Sans le secours de l'Etat, sans autre budget que les libéralités individuelles accrues de légères contributions municipales et scolaires et des revenus de quelques bénéfices ecclésiastiques, le nombre des élèves appelés alors à recevoir l'instruction soit entièrement, soit partiellement gratuite, dépassait quarante mille. Tant de facilités données aux études littéraires les rendaient accessibles à toutes les classes et fournissaient à tous les talents l'occasion de se produire. Les élèves affluaient en si grand nombre que les beaux esprits du XVIIIe siècle étaient tentés de s'en plaindre. « Il n'y a jamais eu tant d'étudiants, s'écriait La Chalotais, en 1763 ; le peuple même veut étudier, les laboureurs, les artisans envoient leurs enfants dans les collèges des petites villes où il en coûte si peu pour vivre. »

M. Villemain, comparant, dans son rapport, 1842 à 1789, montre qu'en 1789 un enfant sur trente recevait l'éducation classique, tandis qu'en 1842 la proportion n'était que de un à trente-cinq. On peut juger par là de l'empressement avec lequel on se portait dans ces collèges que l'Eglise, remplissant alors le ministère de l'instruction publique, avait ouverts sur tout le sol de la France.

4° Fraternité.

« Vous êtes tous frères. »
Jésus-Christ.

La fraternité tend à faire de la patrie une famille agrandie où tous les citoyens se traitent entre eux comme des frères. Elle met dans leur cœur ces sentiments de sympathie, de dévouement, de charité réciproque, qui les portent à vivre ensemble comme les enfants d'une mère commune. Elle vient au secours des malheureux et des indigents par des institutions de bienfaisance.

La fraternité nous vient de l'Évangile ; c'est le christianisme qui l'a fait entrer dans le monde. La religion seule peut décider le riche, le puissant, le savant, l'élégant raffiné, à voir un frère dans le pauvre, dans l'ignorant, dans le faible, dans les petits et les humbles. Seule la religion est capable d'inspirer les sacrifices sans lesquels la fraternité n'est qu'un vain mot destiné à abuser les sots.

On parle plus aujourd'hui de fraternité qu'on ne la pratique. Il faut en chercher la cause dans l'affaiblissement des convictions religieuses qui peuvent seules, en combattant l'orgueil, l'égoïsme, en répandant le dévouement, faire tomber les barrières qui séparent les hommes et les amener à se traiter en frères.

Rousseau lui-même a reconnu cette action bienfaisante de la religion. « Nos gouvernements modernes, dit-il, doivent incontestablement au christianisme leur plus solide autorité et leurs révolutions moins fréquentes. Il les a rendus eux-mêmes moins sanguinaires; cela se prouve par le fait, en les comparant aux gouvernements anciens. La religion mieux connue, écartant le fanatisme, *a donné plus de douceur aux mœurs chrétiennes. Ce changement n'est point l'ouvrage des lettres ; car, partout où elles ont brillé, l'humanité n'en a pas été plus respectée.* Les cruautés des Athéniens, des Égyptiens, des empereurs de Rome, des Chinois, en font foi. *Que d'œuvres de miséricorde sont l'ouvrage de l'Évangile !* »

5° Il n'y a qu'une France.

La *liberté*, l'*égalité*, la *fraternité* viennent donc de l'Évangile, et l'influence de la religion s'est dépensée, durant des siècles, à les faire triompher parmi les peuples. « En France, a dit Augustin Thierry, personne n'est l'affranchi de personne ; il n'y a point chez nous de droits de fraîche date, et la génération présente doit tous les siens au courage de ceux qui l'ont précédée. »

Aussi, ne séparons pas, dans notre patriotisme, la France ancienne de la France moderne, ne coupons pas en deux notre mère. Les luttes, les combats, les souffrances, les deuils, les triomphes, la gloire militaire, artistique, scientifique et littéraire de nos pères constituent le patrimoine indivisible de leurs descendants, et nous pouvons tendre fièrement la main, par delà 1789, à nos ancêtres, sans crainte de nous humilier ni de déchoir.

Si nous avons amélioré leurs lois et perfectionné leurs institutions, nous le devons à l'esprit français, à l'amour du progrès, au génie civilisateur qu'ils nous ont légués. Ah ! loin de les dénigrer ou de les plaindre, plaise à Dieu que nous sachions nous montrer dignes d'eux ! Plaise à Dieu que, dans les pensées de résurrection et de revanche qui obsèdent tout bon citoyen depuis nos récents malheurs, nous sachions retrouver leur énergie, leur persévérance, leur force d'âme et, au besoin, cet héroïsme qui leur permit d'élever si souvent la France, menacée alors comme aujourd'hui par des ennemis terribles, au premier rang des nations.

Un brave.

Daumesnil (1777-1832) arriva par son héroïque bravoure aux premiers grades de l'armée. Son cheval s'abattit à Wagram, et il eut la jambe emportée. C'était le dix-neuvième cheval tué sous lui et sa vingt-troisième blessure. Gouverneur du fort de Vincennes, lors de la première invasion des armées ennemies, en 1814, il refusa de livrer la place, alors que tout avait capitulé autour de lui. Lorsqu'on le somma de se rendre, il répondit : « Quand vous me rendrez ma jambe, je vous rendrai la place. » On le menaça de le faire sauter ; il dit au parlementaire en lui montrant le magasin de poudre : « Je commencerai et nous sauterons ensemble. » Lors de la seconde invasion, Blücher avait fait entreprendre les travaux pour couper les conduits qui amenaient l'eau à la citadelle de Vincennes. Daumesnil lui écrivit que, le jour même où l'eau manquerait, il ferait sauter le fort. Le prussien eut peur et fit interrompre les travaux. « Ce diable d'homme, disait-il, se fâchera si je ne lui mets pas un peu d'eau dans son vin. » Blücher voulut essayer de la corruption et fit offrir un million à Daumesnil, s'il voulait se rendre. Daumesnil rejeta cette offre avec mépris. « Mon refus, dit-il, servira de dot à mes enfants. » Après cinq mois de blocus, il emporta avec lui le drapeau qu'il ne voulut rendre qu'au roi de France. Dupin fit en deux mots l'éloge de ce général : « Daumesnil, dit-il, n'a voulu ni se vendre, ni se rendre. »

Un jeune héros.

A la bataille de Gravelotte, le lieutenant Antoine de Vesin s'avançait hardiment vers l'ennemi, à la tête de ses hommes. « Lieutenant, lui cria-t-on, prenez garde, on vous vise. » Mais lui, souriant au danger et la main à son sabre, commanda : En avant. Il avait à peine fait quelques pas au milieu de la mitraille, qu'il fut frappé d'une balle au côté gauche et tomba dans les bras de son sergent-major. « Lorsque nous l'eûmes posé à terre, a raconté plus tard ce dernier, il nous dit : Allez reprendre votre place de bataille, et veillez à ce que les hommes marchent bien au feu, qu'ils se conduisent en Français comme si j'étais là ! » On insistait pour ne pas le quitter : « Laissez-moi, dit-il, ne perdez pas votre temps à me porter à l'ambulance. Vous direz à mon père et à ma mère que leur fils est mort en soldat et en chrétien. » Il faisait un mouvement pour se retourner sur le côté, lorsqu'un éclat d'obus vint lui broyer la jambe droite. « Tournez-moi du côté du combat, s'écria-t-il, afin que je sache si nous sommes victorieux. » La pensée de la patrie le dominait ainsi au milieu de ses cruelles souffrances et jusque dans les bras de la mort.

RÉSUMÉ

La France moderne. — I. La Révolution française. La déclaration des droits de l'homme. Les principes de 89. — II. Liberté. — La liberté a été apportée au monde par le christianisme. La liberté dans l'ancienne France. — III. Égalité. Inégalités sociales dans l'ancien régime. Comment elles s'effaçaient peu à peu. Les Impôts. Le paysan propriétaire; ses charges. Égalité croissante dans l'instruction et les lumières. — IV. Fraternité. Ce qu'il faut entendre par fraternité. Elle nous vient de l'Évangile. Aveu de Rousseau. — V. Il n'y a qu'une France. Deux braves.

DEUXIÈME PARTIE

INSTRUCTION CIVIQUE

LIVRE PREMIER

GOUVERNEMENT ET ADMINISTRATION DE LA FRANCE

CHAPITRE PREMIER

ORGANISATION POLITIQUE DE LA FRANCE

I. — LA NATION

La nation est une société d'hommes portant le même nom, régis par les mêmes lois, ayant des intérêts communs et formant une seule personne morale. La communauté de territoire forme comme le corps de la patrie ; la communauté de sentiments, d'histoire, de direction administrative et politique, en forme l'âme. C'est cette âme, cette association de volontés, de destinée et de vie, entre des individus et des familles, qui constituent l'*unité nationale*, la nation.

II. — L'ÉTAT

Un État est une association politique d'hommes obéissant aux mêmes lois, au même gouvernement. Les citoyens d'une nation sont d'ordinaire trop nombreux pour gérer directement leurs affaires et leurs droits. Ils choisissent alors des mandataires chargés de représenter ceux qui les délèguent dans les conseils de la nation. La partie de la communauté qui reçoit ainsi la mission de gouverner au nom et à l'avantage de tous, qui est dépositaire de la puissance publique, de l'autorité générale, constitue ce qu'on appelle proprement l'*État*, bien qu'on désigne aussi par ce mot tantôt la nation elle-même organisée en corps politique, tantôt le gouvernement ou la puissance publique.

III. — LES TROIS POUVOIRS DE L'ÉTAT

On distingue dans tout État le *pouvoir législatif*, le *pouvoir exécutif*, le *pouvoir judiciaire*.

Le pouvoir *législatif* fait la loi, mais n'est chargé ni de la faire exécuter, ni de punir ceux qui la violent. Le pouvoir *exécutif* met la loi à exécution, mais n'est appelé ni à la faire seul, ni à déterminer la peine encourue par les infracteurs. Le pouvoir *judiciaire* applique la loi, mais n'a mission ni de la voter, ni de la faire exécuter.

C'est ce qu'on appelle la division des pouvoirs. Cette division de pouvoirs, qui se limitent et se contrôlent l'un l'autre, est une garantie pour la liberté des citoyens et pour le bon exercice de ces pouvoirs mêmes.

IV. — LA CONSTITUTION

La Constitution est la loi fondamentale organisant le régime politique du pays.

C'est elle qui détermine la forme du gouvernement. Le gouvernement est *monarchique* quand l'État a à sa tête un seul prince, roi ou empereur, avec transmission héréditaire de son pouvoir à ses descendants. Le gouvernement est républicain quand l'État a à sa tête un président élu.

La France est actuellement régie par la Constitution de 1875, modifiée sur quelques points en 1884. D'après cette constitution, la forme de notre gouvernement est la *République*.

V. — LE POUVOIR EXÉCUTIF

Le pouvoir exécutif est exercé par le *Président de la République* et par le *conseil des ministres*. Il est représenté au chef-lieu du département par le préfet et dans chaque commune par le maire. Le pouvoir exécutif constitue ce qu'on appelle le *gouvernement*.

1° Le Président de la République.

Le Président de la République est le chef du pouvoir exécutif. Il choisit ses ministres, nomme à tous les emplois civils et militaires, signe les traités de paix et de guerre, dispose de la force armée, mais ne peut déclarer la guerre sans le consentement des Chambres. Il a le droit de faire grâce aux condamnés. Il convoque le Parlement, présente les projets de loi, promulgue les lois votées et en assure l'exécution. Il préside les solennités nationales. Les envoyés et ambassadeurs des puissances étrangères sont accrédités auprès de lui.

Il est élu pour sept ans par les deux Chambres réunies en congrès; il est rééligible.

2° Les ministres.

Le Président de la République est aidé dans l'exercice du pouvoir exécutif par des *ministres*. L'un d'eux est premier ministre et *président du conseil*. Le Président de la République est irresponsable, à moins de haute trahison. Tous ses décrets doivent être contresignés par un ministre qui en assume la responsabilité. Les ministres sont solidairement responsables de leur gestion devant les Chambres : c'est ce qu'on appelle la *responsabilité ministérielle*. Le Parlement peut manifester sa désapprobation par un vote de défiance. Dans ce cas, le Président de la République les remplace par d'autres ministres pris dans la majorité. De cette manière, la nation, par ses représentants, exerce un contrôle puissant sur la marche du gouvernement. Les ministres dirigent la politique générale tant à l'extérieur qu'à l'intérieur. Ils ont sous leurs ordres, sur toute la surface du pays, l'armée des fonctionnaires. Chaque ministre, tout en prenant sa part de la politique générale, a en outre un ministère propre.

3° Les divers ministères.

Le nombre des ministres est variable, mais les ministères ou grands services publics restent les mêmes. On a d'ordinaire compté jusqu'ici onze ministres se partageant les ministères suivants : Affaires étrangères, Guerre, Intérieur, Justice, Cultes, Instruction publique et Beaux-arts, Marine et Colonies, Finances, Agriculture, Commerce, Travaux publics, Postes et Télégraphes.

VI. — POUVOIR LÉGISLATIF

Le pouvoir législatif est exercé par le *Sénat* et par la *Chambre des députés*. Les deux Chambres forment le Parlement.

1° Pourquoi deux Chambres.

L'institution de deux Chambres est justifiée par cette raison qu'une Chambre unique peut céder aux entraînements, aux passions du moment, prendre des mesures regrettables sans aucun moyen de revenir sur ses décisions, se transformer enfin en une véritable Convention. Là où existent deux Chambres, l'une peut tempérer l'autre, rejeter les projets de loi qui lui paraissent funestes, et provoquer une nouvelle délibération. Dans la pensée du législateur, le Sénat, dont tous les membres ont au moins quarante ans, est appelé à jouer le rôle de modérateur, tandis que la Chambre des députés, issue du suffrage universel, représente plutôt le mouvement et le progrès

2° Le Sénat.

Le Sénat compte 300 membres dont 75 sont inamovibles, c'est-à-dire sénateurs à vie. Les 225 autres membres sont nommés pour neuf ans, et renouvelables par tiers, tous les trois ans. Ils sont choisis par un corps électoral particulier formé des députés, des conseillers généraux, des conseillers d'arrondissement et des délégués des communes réunis au chef-lieu du département. La révision de 1884 a modifié les conditions de l'élection du Sénat; elle a supprimé notamment, par extinction, les sénateurs inamovibles et, dans la nomination des sénateurs élus, augmenté le nombre des délégués des villes et des grands centres.

3° La Chambre des députés.

La Chambre des députés est élue au suffrage universel et au scrutin de liste, par chaque département. Le nombre des députés est proportionnel au chiffre de la population. La Chambre compte actuellement 587 députés. Ils sont nommés pour quatre ans et reçoivent une indemmité de 25 francs par jour.

4° Attributions communes aux deux Chambres.

1° Elles votent le budget annuel, c'est-à-dire les recettes et les dépenses. C'est là leur plus haute, leur plus importante attribution. Il ne peut être levé aucun impôt, fait aucune dépense, payé aucun traitement qui n'aient été consentis par les représentants de la nation.

2° Elles votent toutes les lois. Il n'y a pas de loi sans ce vote des deux Chambres.

3° Elles adressent des interpellations aux ministres sur tout ce qui concerne la politique et les intérêts du pays.

4° Elles se réunissent en *congrès* ou *assemblée nationale* pour élire le Président de la République ou modifier la Constitution.

5° Attributions spéciales à chaque Chambre.

La Chambre des députés a le privilège de discuter la première le budget, comme représentant plus directement les intérêts de la nation. Elle peut mettre en accusation les ministres, et même le Président de la République en cas de trahison.

Le Sénat jouit à son tour de certaines prérogatives. Il peut s'ériger en haute cour de justice pour juger le Président de la République, en cas de trahison, et les ministres qui seraient mis en accusation par la Chambre des députés. Le Président de la République ne peut dissoudre la Chambre des députés avant la fin de son mandat, sans y être autorisé par le Sénat.

Dans ce cas, il faut faire un nouvel appel aux électeurs dans les trois mois. Le Sénat peut rétablir au budget certaines dépenses et le renvoyer à la Chambre pour un nouvel examen. Enfin, c'est le président du Sénat qui préside le congrès.

Le Sénat et la Chambre des députés exercent leur pouvoir au nom du pays, en qui réside la souveraineté nationale.

VII. — LA SOUVERAINETÉ NATIONALE

1° Ce qu'on entend par souveraineté nationale.

On entend par souveraineté nationale le droit qu'a une nation de se gouverner elle-même. Chaque citoyen a une part de souveraineté qu'il peut exercer dans la limite de ses droits et de sa compétence. La nation, manifestant sa volonté par ses mandataires et par les pouvoirs régulièrement constitués, est souveraine, c'est-à-dire que, dans l'ordre civil et politique, elle ne dépend que de Dieu.

Ce serait néanmoins une grande erreur de prétendre qu'une nation peut tout ce qu'elle veut, qu'une chose est juste parce qu'elle la décrète et qu'elle n'a pas à s'inquiéter, en légiférant, de conformer ses décisions à l'éternelle règle qui est en Dieu. La volonté générale est soumise à la loi morale comme la volonté de chacun, et poser en principe que la loi suprême c'est la volonté du peuple, c'est vouloir justifier à l'avance toutes les erreurs, toutes les passions, quelquefois tous les crimes de la multitude.

La souveraineté nationale s'exerce au moyen des votes, des suffrages qui nomment la *représentation nationale*. Nous avons en France le suffrage universel.

2° Suffrage universel. — Autres formes de suffrage.

Le suffrage *universel* est le droit reconnu à tout citoyen âgé de 21 ans, et qui n'a pas été privé de ses droits politiques, de prendre part au vote. Les conseillers municipaux, les conseillers généraux de département, les députés de la nation sont élus au suffrage universel.

Le suffrage *restreint* est celui où certaines catégories de citoyens seulement sont admises à voter. Ici, pour être électeur, il faut payer un certain chiffre de contribution ou avoir certaines capacités. Par exemple, les juges au tribunal de commerce sont nommés au suffrage restreint.

Le suffrage est *direct* quand les électeurs nomment eux-mêmes leurs représentants, par exemple les conseillers municipaux, les députés. Le suffrage est à *plusieurs degrés* quand les électeurs nomment des délégués chargés de faire l'élection définitive : ainsi l'élection des sénateurs est à deux degrés.

Voter au *scrutin de liste*, c'est porter à la fois sur le même bulletin tous les députés d'un même département. Les conseillers municipaux sont aussi nommés au scrutin de liste par tous les électeurs de la commune.

Voter au *scrutin d'arrondissement*, c'est ne porter qu'un seul nom sur le bulletin de vote, chaque arrondissement ou chaque section d'arrondissement n'ayant qu'un député.

3° La loi électorale.

Les électeurs. — Tout citoyen est électeur à *vingt-un ans*. A cette époque, il est inscrit sur la liste électorale de sa commune. Cette liste, qui doit porter les noms de tous les électeurs, est revisée chaque année et mise, pendant quelques jours, à la disposition des électeurs qui peuvent aller vérifier à la mairie s'ils n'ont point été omis. Il y a dans chaque commune deux listes électorales, la liste municipale et la liste politique où tout individu majeur peut être inscrit après six mois de séjour dans la commune.

Sont exclus du droit de voter : les femmes, les militaires sous les drapeaux, les gens sans domicile, les étrangers, enfin ceux qui ont été privés de leurs droits civils et politiques par une sentence judiciaire.

Les éligibles. — A *vingt-cinq ans*, tout électeur est éligible au conseil municipal, au conseil général, à la Chambre des députés. Il faut avoir quarante ans pour entrer au Sénat.

Il faut, pour être élu, avoir la *majorité absolue*, c'est-à-dire la moitié plus un des suffrages exprimés et un nombre de suffrages au moins égal au quart des électeurs inscrits. Lorsque, sur plusieurs candidats aucun n'a obtenu le nombre de voix réglementaire, il y a *ballottage*. On procède à un nouveau vote huit ou quinze jours après. Ici, le candidat qui a la majorité est élu alors même que le nombre des suffrages obtenus ne s'élèverait pas au quart des électeurs inscrits. Il est nommé, dans ce cas, à la *majorité relative*.

4° Le scrutin.

Dans les quinze jours qui précèdent l'élection, le maire fait remettre à chaque électeur de sa commune sa *carte d'électeur*. Elle porte inscrits les nom, prénoms, profession et domicile du destinataire.

On vote au chef-lieu de la commune; mais la commune peut être divisée en sections par le préfet. Le vote est secret. Tout électeur peut entrer dans la salle du vote, à condition d'être sans armes. Le scrutin est ouvert d'ordinaire de 8 heures du matin à 6 heures du soir. A l'heure fixée pour l'ouverture, le maire ou l'adjoint ou un conseiller municipal délégué prennent comme assesseurs, dans les élections politiques, les conseillers municipaux présents, dans l'ordre du tableau, c'est-à-dire ceux qui ont obtenu le plus de voix aux élections municipales. A leur défaut, le président invite les deux plus âgés et les deux plus jeunes électeurs présents à s'asseoir à côté de lui comme assesseurs. Dans les élections municipales, les assesseurs sont toujours les deux plus âgés et les deux plus jeunes électeurs présents. Ils forment, à eux cinq, le *bureau électoral* qui choisit le secrétaire. Après la constitution du bureau, le président ouvre l'urne électorale, fait constater qu'elle est vide et la ferme avec deux clefs dont l'une est confiée à l'assesseur le plus âgé.

Chaque votant présente sa carte d'électeur. L'un des assesseurs la prend et la vérifie au moyen de la liste électorale. L'électeur remet alors plié son billet de vote au président qui l'introduit dans l'urne par une petite ouverture. Une marque ou signature mise devant le nom de cet électeur constate qu'il a voté.

L'heure venue, le président déclare le scrutin clos. On commence alors par compter sur la liste électorale le nombre des électeurs qui ont voté. On ouvre ensuite la boîte et on compte, devant les électeurs présents, le nombre des bulletins déposés. Le président lit à haute voix les bulletins de vote. On inscrit à mesure les suffrages obtenus par les divers candidats. C'est ce qu'on appelle le *dépouillement du scrutin*.

Il est absolument défendu de fausser le scrutin, en augmentant ou en diminuant par fraude le nombre des voix obtenues par les divers candidats.

RÉSUMÉ

Organisation politique de la France. — I. La nation. — II. L'État. — III. Les trois pouvoirs de l'État. — IV. La Constitution. — V. Le pouvoir exécutif. 1° Le Président de la République. 2° Les ministres. 3° Les divers ministères. — VI. Pouvoir législatif. 1° Pourquoi deux Chambres. 2° Le Sénat. 3° La Chambre des députés. 4° Attributions spéciales à chaque Chambre. — VII. La souveraineté nationale : 1° Ce qu'on entend par là. 2° Suffrage universel et autres formes de suffrage. 3° La loi électorale. 4° Le scrutin.

CHAPITRE DEUXIÈME

ORGANISATION ADMINISTRATIVE DE LA FRANCE

I. — LA COMMUNE

1° Ce qu'on entend par commune.

La Commune est la réunion des habitants d'un territoire déterminé ayant des droits, des devoirs, des intérêts communs. La commune est la plus petite des circonscriptions administratives.

2° Conseil municipal.

La commune est administrée par un conseil municipal. Le nombre des conseillers varie de 16 à 36 suivant la population. Ils sont élus pour trois ans par tous les citoyens de la commune, lesquels, ne pouvant prendre part directement aux délibérations, les constituent représentants de leurs intérêts et de leurs droits. Pour être éligible, il faut être âgé de vingt-cinq ans, avoir son domicile dans la commune ou tout au moins y payer l'impôt.

Paris a une organisation spéciale et compte quatre-vingts conseillers municipaux, nommés par quartier.

3° Attributions du conseil municipal.

Le conseil municipal élit le maire et l'adjoint qui doivent être pris parmi ses membres. Il vote le budget communal, c'est-à-dire les recettes et les dépenses. Il émet son avis sur la préférence à donner aux instituteurs ou institutrices, soit laïques, soit congréganistes, pour tenir l'école communale. Ses délibérations ne sont exécutoires qu'après avoir été approuvées par le préfet ou par le ministre.

Le conseil municipal tient quatre sessions par an : février, mai, août et novembre. Il ne peut avoir de session extraordinaire sans l'autorisation du préfet.

La commune ne peut contracter d'emprunt sans y être autorisée par une loi.

L'importance des attributions du conseil municipal fait un devoir à chaque habitant de prendre part à la nomination des conseillers et de choisir les plus dignes.

4° Le maire. Ses attributions.

Le maire est le chef de la commune. Il est assisté d'un ou de plusieurs adjoints. Il préside le conseil municipal et y a voix prépondérante, en cas de partage des votes; il lui présente le budget et fait exécuter ses décisions; il signe les contrats de vente, d'achat, de location, faits au nom de la commune; il la représente devant les tribunaux, en cas de procès. Il nomme le secrétaire de la mairie, les agents de la police municipale. Le garde champêtre est désigné par le préfet sur la proposition du maire.

En sa qualité d'*officier de l'état civil*, il reçoit par lui-même ou par son secrétaire les déclarations de naissance et de décès. Il préside au mariage civil. Il assure la conservation des registres.

Comme officier de la police communale, il veille à la sécurité et à la salubrité publique. Il aide la justice dans la recherche des crimes et des délits; il a la police des rues, des cabarets; il doit maintenir l'ordre dans les marchés et foires, dans les lieux de réunions publiques. Il peut prendre des *arrêtés* à cet effet et, au besoin, requérir la force publique. Il fait faire la police des champs par le garde champêtre.

On voit par ce qui précède que le maire est le pouvoir exécutif dans la commune, le conseil municipal le pouvoir législatif.

Le maire n'est pas seulement le chef de la commune, il est aussi le délégué du pouvoir central, de l'État. Il représente le gouvernement dans la commune et la commune devant le gouvernement. Il fait exécuter les lois, dresser les listes électorales et les listes de conscription militaire ; il sert d'intermédiaire entre ses administrés et la nation.

5° Budget de la commune.

On entend par budget de la commune l'état de ses *recettes* et de ses *dépenses*.

1° *Recettes*.

La commune peut acquérir, posséder, vendre, recevoir des dons et des legs, ester en justice. Elle est *personne civile*.

Les recettes les plus ordinaires sont: 1° une part de l'impôt payé à l'État par les habitants ; 2° les *centimes additionnels*, c'est-à-dire un supplément d'impôt prélevé sur les contribuables ; 3° le produit des *octrois*, c'est-à-dire d'un droit perçu sur les objets de consommation à l'entrée des villes; 4° les taxes diverses, comme taxe des prestations, taxe des chiens, droits de *place*, stationnement de voitures, part sur les revenus provenant des patentes, des permis de chasse.

Certaines communes ont aussi des revenus propres, soit en biens, soit en rentes. Enfin, la commune reçoit habituellement du département ou de l'État des secours ou *subventions* pour certaines dépenses, comme écoles, églises, chemins vicinaux.

2° *Dépenses*.

Ces recettes sont destinées à pourvoir à de nombreuses dépenses. Au nombre des premières il faut placer l'entretien de la mairie, des édifices communaux et le payement du secrétaire de la mairie, du garde champêtre, des agents de police.

La commune a à sa charge en tout ou en partie : 1° la petite voirie ; 2° la police ; 3° le culte ; 4° l'instruction primaire ; 5° l'assistance publique.

1° *Petite voirie.* — La petite voirie comprend les *chemins vicinaux*, ou chemins classés, les *chemins ruraux* ou chemins non classés, enfin les *rues* et les *places*.

C'est l'entretien des chemins vicinaux qui, avec l'instruction publique, constitue la charge la plus lourde de la commune. Les chemins vicinaux se divisent en *chemins vicinaux* ordinaires, en *chemins d'intérêt commun* qui relient plusieurs communes, en *chemins de grande communication* qui se dirigent au chef-lieu de canton ou à la jonction d'une grande route. L'État ou le département viennent d'ordinaire en aide à la commune pour ces deux dernières catégories de chemins.

2° *Police.* — La police à la charge de la commune est la police *municipale* qui assure la sécurité et la salubrité publiques, la police *rurale* qui veille à la conservation des biens territoriaux, enfin la police de la *petite voirie*. C'est le maire qui prend les mesures nécessaires à cet effet.

3° *Culte.* — La commune est obligée de loger le curé et les ministres des cultes reconnus ou de leur payer une indemnité de logement, d'affecter au culte les édifices qui ont cette destination, d'y faire les grosses réparations ainsi qu'aux presbytères, de clore et d'entretenir les cimetières.

4° *Instruction primaire.* — La commune est chargée de fournir le local et le mobilier de l'école, de l'entretenir, de loger l'instituteur et de payer une partie de son traitement. La commune vote un impôt supplémentaire (quatre centimes par chaque franc versé au Trésor) destiné à payer les dépenses de l'instruction publique.

5° *Assistance publique.* — La commune est tenue de venir en aide à ses habitants indigents.

6° *Autres dépenses.* — Mettons enfin au nombre des dépenses de la commune le payement de ses employés, l'entretien des édifices communaux tels que mairie, fontaines publiques, etc.

Parmi les dépenses que nous venons d'énumérer, certaines sont dites *obligatoires*, c'est-à-dire que dans le cas de refus du conseil municipal, la loi permet au préfet de les *inscrire d'office* dans le budget.

II. — CANTON

Il y a en France 36,087 communes. La réunion de plusieurs communes forme un *canton*, de plusieurs cantons un *arrondissement*, de plusieurs arrondissements un *département*.

Le canton est une simple circonscription territoriale et n'a pas d'administration propre. Des diverses communes qui le composent, la plus importante fournit d'ordinaire le chef-lieu de canton. Ce chef-lieu est le siège d'une justice de paix et généralement d'une brigade de gendarmerie. C'est là que se tiennent les marchés, qu'ont lieu le tirage au sort et la revision. Le canton sert de circonscription électorale pour la nomination des conseillers généraux et des conseillers d'arrondissement.

III. — ARRONDISSEMENT

L'arrondissement, simple division administrative sans personnalité civile, est le siège d'un sous-préfet nommé par le gouvernement, et chargé d'assister ou de suppléer le préfet dans certaines fonctions, comme le tirage au sort, les relations avec les maires, la délivrance des permis de chasse. L'arrondissement a un tribunal de première instance et un conseil formé de membres élus par les cantons. Ce conseil d'arrondissement fait la répartition des contributions directes entre les diverses communes de l'arrondissement, et peut émettre des vœux sur les besoins de la région.

IV. — DÉPARTEMENT

1° Définition.

Le département est une circonscription administrative ayant à sa tête un préfet et jouissant de la personnalité civile.

2° Préfet.

Le préfet est à la fois l'agent du gouvernement et le chef du département. Comme agent du pouvoir central, il est le représentant du pouvoir exécutif dans le département. Il est chargé de l'exécution des lois et des décrets qu'il transmet aux autorités locales. Il a l'autorité sur les fonctionnaires et en nomme un grand nombre. Les instituteurs sont désignés par lui sur la proposition de l'inspecteur d'académie. Il est chef de la police et dispose de la force publique. Il préside au recrutement; il a sous son autorité les prisons. Il exerce un contrôle supérieur sur l'administration des communes et veille sur leurs intérêts.

Comme représentant du département, il prépare le budget et exécute les décisions du conseil général. Il est chargé de tous les services départementaux.

Le préfet est assisté par un *secrétaire général* qui tient lieu de sous-préfet dans l'arrondissement du chef-lieu.

3° Conseil de préfecture.

A côté du préfet siège le *conseil de préfecture*, formé de trois ou quatre membres nommés par le gouvernement. Le conseil de préfecture prononce en cas de contestation, sur les impositions, sur la validité des élections municipales. Il est pour le préfet ce que le conseil d'État est pour le gouvernement central.

4° Conseil général.

Le département ayant comme la commune des intérêts à administrer, son budget de recettes et de dépenses a des représentants élus appelés *conseillers généraux*. Ils sont nommés pour six ans, un par canton, et sont renouvelés par moitié tous les trois ans.

Le conseil général tient deux sessions par an, l'une huit jours après Pâques, l'autre au mois d'août. Il vote le budget départemental destiné à assurer tous les services publics; il contrôle l'administration du préfet; il classe les routes départementales et les chemins de grande communication; il répartit les contributions directes entre les divers arrondissements. Il délibère sur la gestion des biens départementaux. Il concourt aux dépenses de l'instruction publique, des routes, du culte, de la gendarmerie, de l'assistance publique. Il entretient les édifices départementaux, tels que prisons, casernes de gendarmerie, hôpitaux. Il accorde des encouragements à l'agriculture. Sa principale ressource, pour faire face à ces frais, vient des *centimes additionnels* aux contributions directes lesquels portent le nom de *centimes départementaux*. Les recettes des départements sont de même genre que celles des communes.

Le conseil général donne son avis sur les besoins et les divers intérêts du département. Il peut émettre tous les vœux qui n'ont point un caractère politique.

A la session d'août, il nomme son bureau (président, vice-présidents, secrétaire), vote le budget, et choisit quatre à sept de ses membres pour former la *commission départementale*. Cette commission est chargée, dans l'intervalle des sessions, de veiller à l'exécution des décisions du conseil général.

Après avoir parlé de l'organisation politique et administrative de la France, il nous reste à faire connaître les services publics.

RÉSUMÉ

Organisation administrative de la France. — I. La commune. 1° Ce qu'on entend par commune. 2° Conseil municipal. 3° Attributions du Conseil municipal. 4° Le maire. Ses attributions. 5° Budget de la commune. Recettes, dépenses. — II. Canton. — III. Arrondissement. — IV. Département. 1° Ce qu'on entend par département. 2° Le préfet. 3° Conseil de préfecture. 4° Conseil général.

CHAPITRE TROISIÈME

LA JUSTICE

1° Division de la justice en justice civile et en justice criminelle.

La justice est rendue par les magistrats. Au civil, ils jugent les contestations d'intérêt entre particuliers. Au criminel, ils jugent les infractions à la loi : contraventions, délits ou crimes. Ainsi, le différend au sujet d'un testament, diversement interprété par les intéressés, sera porté devant les tribunaux civils. Une injure grave, une blessure, un vol, seront jugés au correctionnel ou au criminel.

Il y a pour la justice, soit civile, soit criminelle, des tribunaux de différents degrés.

2° Justice civile.

1° *Justice de paix.* — Chaque canton a un juge de paix dont la mission, comme son nom l'indique, est de concilier les parties. S'il n'y réussit pas, il prononce alors dans les affaires de peu d'importance. Sa sentence est sans appel lorsque la somme ne dépasse pas 100 francs. Il peut prononcer sur une contestation de 200 francs, et même quelquefois de 1,500, sans appel. Le juge de paix a aussi pour attribution de faire poser les scellés sur les meubles des décédés, quand les héritiers sont absents ou mineurs, de présider les conseils de famille que la loi donne aux mineurs.

2° *Tribunaux de première instance.* — Il y a dans chaque arrondissement un *tribunal de première instance*. Ce tribunal comprend de trois à douze juges, selon l'importance des lieux. L'un d'eux est *président*. Il y a au moins un des juges chargé d'interroger les accusés et de rechercher les preuves de culpabilité ; on l'appelle *juge d'instruction*. Les tribunaux de première instance prononcent au civil sur les causes trop importantes pour être portées devant le juge de paix.

3° *Cours d'appel.* — Au-dessus des tribunaux de première instance, il y a les cours d'appel, ainsi nommées parce que les intéressés, qui croient que la chose a été mal jugée en première instance, peuvent porter la cause devant la cour pour faire réformer le premier jugement. Chaque cour d'appel est composée d'un premier président, de présidents de chambre et de conseillers. Il y a en France 26 cours d'appel.

3° Justice criminelle.

1° La justice est rendue au correctionnel ou au criminel : 1° au sujet des *contraventions*, c'est-à-dire pour une légère infraction aux lois, comme ivresse, tapage nocturne ; 2° au sujet des *délits* lesquels sont une infraction plus importante que la contravention, comme vol, fraude ; 3° au sujet des *crimes*, c'est-à-dire pour une violation grave des lois, comme faux témoignage, assassinat. Les délits ne peuvent entraîner que l'amende et l'emprisonnement. La peine des crimes peut être les travaux forcés, la mort.

2° A la naissance de la hiérarchie judiciaire, le maire, comme chef de la police municipale, peut faire arrêter les individus pris en flagrant délit.

3° Le juge de paix prononce sur les *contraventions*. Il ne peut condamner à plus de cinq jours de prison ni à plus de quinze francs d'amende.

4° Les délits sont jugés par les tribunaux *correctionnels*. Ces tribunaux sont formés des magistrats du tribunal de première instance. Au criminel, leur compétence ne s'étend pas au delà des contraventions et des délits.

5° Les cours d'appel réforment ou confirment les jugements des tribunaux de première instance qui leur sont portés en appel.

6° *Cours d'assises.* — Les crimes sont jugés par la cour d'assises. La cour d'assises est un tribunal qui siège temporairement quatre fois par an, au chef-lieu de chaque département. Il est composé de trois juges dont un au moins, le président, est conseiller de la cour. Les affaires criminelles sont jugées avec l'assistance du jury.

7° *Le jury*. — Le jury est formé de douze citoyens. Ces douze jurés sont pris parmi les trente-six noms tirés au sort sur la liste comprenant tous les jurés du département. Aux assises, le ministère public donne lecture au jury de l'acte d'accusation. Le président interroge l'accusé, les témoins à charge et à décharge. Le ministère public prononce un réquisitoire pour demander l'application de la loi. L'avocat présente la défense de l'accusé. Le jury se retire alors dans une salle pour délibérer. Il a tout d'abord à se prononcer sur la culpabilité de l'accusé. Si le verdict du jury est négatif, l'accusé est mis en liberté; s'il est affirmatif, les juges appliquent la loi. Le jury peut accorder des *circonstances atténuantes* qui entraînent un adoucissement de la peine. Il est à remarquer qu'aux assises ce ne sont pas les juges mais les jurés qui prononcent sur la culpabilité des accusés.

4° La Cour de cassation.

Au sommet de la juridiction judiciaire est la *Cour de cassation*, qui siège à Paris. Elle est composée d'un premier président, de trois présidents de chambre, et de 45 conseillers répartis en trois chambres : chambre des requêtes, chambre civile, chambre criminelle. On peut faire appel devant elle de toutes les sentences rendues par les cours d'appel. La Cour de cassation ne juge pas au *fond*; elle juge les jugements, c'est-à-dire qu'elle les examine au point de vue de la régularité de la procédure et de leur conformité avec la loi. Si elle les confirme, la sentence est sans appel. Si elle les casse, l'affaire est renvoyée devant une autre cour pour être jugée à nouveau. Son intervention fixe la jurisprudence.

Il ne peut être fait appel des arrêts des cours d'assises, devant la Cour de cassation, que pour vice de forme.

Tous les juges sont *inamovibles*, à l'exception des juges de paix. Cette inamovibilité est nécessaire, car les jugements, pour être rendus avec impartialité, doivent être rendus avec indépendance. Or, l'inamovibilité est la garantie de l'indépendance

Néanmoins, comme il pourrait arriver que certains juges

abusassent de cette situation, ils sont, en cas de forfaiture à leurs devoirs, traduits devant la Cour de cassation, qui peut les frapper de certaines peines et même les exclure de la magistrature. La Cour de cassation jouit en effet d'un pouvoir disciplinaire sur tous les membres du corps judiciaire.

5° Le parquet ou ministère public.

Le parquet est chargé, au nom du gouvernement et de la société, de demander la poursuite des délits et de requérir l'application de la loi dans les affaires civiles, correctionnelles et criminelles. Il représente le gouvernement devant les tribunaux. On donne aussi aux membres du parquet le nom de *magistrature debout*, parce qu'ils sont debout quand ils parlent, tandis que les juges restent assis.

Le ministère public est représenté : auprès des tribunaux de première instance et des tribunaux correctionnels, par un *procureur de la République* et par un ou plusieurs substituts, auprès des cours d'appel et de la Cour de cassation, par un *procureur général*, par un ou plusieurs *avocats généraux*, par un ou plusieurs *substituts* du procureur général.

6° Personnel divers.

Citons encore parmi ceux qui ont des rapports plus ou moins directs avec la justice :

1° Les avocats, qui plaident pour les particuliers au civil et au criminel.

2° Les avoués, qui étudient les affaires, renseignent les avocats et les intéressés, représentent les plaideurs devant le tribunal.

3° Les notaires, qui constatent par écrit et d'une manière authentique les contrats et autres conventions.

4° Les huissiers, qui portent à domicile les assignations à comparaître, donnent connaissance aux intéressés des actes des tribunaux et les font mettre à exécution.

5° Les greffiers, secrétaires des tribunaux.

6° Les *commissaires* et *agents* de police, chargés d'arrêter les coupables et de rechercher les accusés frappés d'un mandat d'arrêt.

7° Tribunaux administratifs.

1° Le *conseil de préfecture* dont nous avons parlé.

2° Le *conseil d'État*, qui siège à Paris, prononce sur la validité des élections au conseil général, sur les différends survenus entre les préfets ou ministres d'une part, de l'autre entre les particuliers qui se croient lésés dans leurs droits. Il étudie aussi les projets de loi qui lui sont soumis par les ministres.

3° Le *tribunal des conflits* est chargé de décider à quel tribunal (administratif ou ordinaire) doit demander justice un particulier qui se croit lésé par un fonctionnaire public.

8° Tribunaux spéciaux.

1° Les *conseils de guerre*, composés d'officiers, sont chargés de juger les militaires, en cas de délit ou de crime.

2° Les *tribunaux de commerce*, dont les membres sont élus par les commerçants notables des villes où ils siègent, jugent les différends survenus entre commerçants pour affaires commerciales.

3° Les *conseils des prud'hommes* prononcent sur les difficultés entre patrons et ouvriers. Les membres sont élus moitié par les patrons, moitié par les ouvriers.

A ces tribunaux d'exception, on peut joindre les *conseils départementaux*, les *conseils académiques*, le *conseil supérieur de l'instruction publique*, qui sont des *conseils universitaires* statuant tantôt comme conseils administratifs, tantôt dans l'ordre contentieux et disciplinaire.

RÉSUMÉ

La justice. — I. Division en justice civile et en criminelle. — II. Justice civile : 1° Justice de paix. 2° Tribunaux de première instance. 3° Cours d'appel. — III. Justice criminelle. Contraventions. Délits. Crimes. Devant quelle juridiction ou tribunaux ils sont portés. Tribunaux correctionnels. Cours d'assises. Le jury. — IV. Cour de cassation. — V. Le parquet ou ministère public. — VI. Personnel divers. — VII. Tribunaux administratifs. — VIII. Tribunaux spéciaux.

CHAPITRE QUATRIÈME

LES CULTES

Il y a en France trois cultes reconnus par l'État : le culte *catholique*, le culte *protestant* et le culte *israélite*.

I. — CULTE CATHOLIQUE

1° Le concordat. Ses dispositions.

Tous les ministres de ces différents cultes reçoivent un traitement de l'État. Ce traitement est l'acquittement d'une dette rigoureuse à l'égard du clergé catholique, la Révolution s'étant emparée des biens que l'Église possédait depuis des siècles en France, à la condition de payer ses ministres. Le *concordat*, passé en 1801 entre le pape et le premier consul, a solennellement reconnu ce devoir de l'État envers le clergé.

Le concordat a aussi réglé les rapports entre l'État et l'Église catholique en France. Le chef de l'État désigne les évêques, archevêques et cardinaux ; ils doivent être agréés et préconisés par le pape avant d'entrer en fonctions. Il y a en France sept cardinaux, dix-sept archevêques et soixante-sept évêques, sans compter l'archevêque et les trois évêques de l'Algérie et de la Tunisie, et les évêques des colonies. Les cardinaux français concourent avec les cardinaux du monde entier à l'élection du pape.

2° Administration diocésaine.

Les archevêques ont trois vicaires généraux. Le chapitre de leur cathédrale comprend dix chanoines. Les évêques n'ont que deux vicaires généraux et neuf chanoines. L'évêque nomme les vicaires généraux, les chanoines, les curés et les desservants. La nomination des vicaires généraux, des chanoines, des curés de certaines paroisses plus importantes, une au moins par canton, lesquels ont d'ordinaire le titre de doyen ou archiprêtre, doit être agréée par le gouvernement. Les chanoines et les curés ainsi agréés sont inamovibles.

3° Fabriques.

Chaque paroisse a un conseil de fabrique. Ce conseil est nommé pour la première fois partie par le préfet et partie par l'évêque; il se recrute ensuite lui-même. Les fabriciens nomment un bureau appelé bureau de la fabrique ou des marguilliers. La fabrique a la propriété des biens de la paroisse et administre ses revenus sous l'autorité de l'évêque et du préfet.

II. — CULTE PROTESTANT

Les ministres du culte protestant s'appellent *pasteurs*. Tout pasteur est assisté d'un *conseil presbytérial* élu par les fidèles. Cinq paroisses forment la circonscription d'un consistoire, lequel peut posséder et est une personne morale comme la fabrique. Cinq consistoires forment un synode. A Paris, un conseil central élu représente, auprès du gouvernement, les Églises protestantes.

III. — CULTE ISRAÉLITE

Les ministres du culte israélite s'appellent *rabbins*. Ils desservent les synagogues. Au-dessus des synagogues est le *consistoire départemental*, formé de quatre laïques et d'un grand rabbin. On compte en France huit consistoires. Paris est le siège du consitoire central.

RÉSUMÉ

Les cultes. — I. Culte catholique. 1° Le concordat. 2° Administration diocésaine. 3° Fabriques. — II. Culte protestant. — III. Culte israélite.

CHAPITRE CINQUIÈME

INSTRUCTION PUBLIQUE

L'enseignement public a trois degrés : Instruction primaire, — enseignement secondaire, — enseignement supérieur.

I. — INSTRUCTION PRIMAIRE

1° Programme.

L'instruction primaire est celle qu'on reçoit à l'école. D'après la loi du 28 mars 1882, l'instruction primaire comprend : l'instruction morale et civique ; la lecture, l'écriture, la langue et les éléments de la littérature française ; la géographie, l'histoire, surtout celle de la France ; quelques notions usuelles de droit et d'économie politique ; les éléments des sciences naturelle, physiques et mathématiques, leurs applications à l'agriculture, à l'hygiène, aux arts industriels, travaux manuels et usage des principaux outils ; les éléments du dessin, du modelage et de la musique ; pour les garçons, la gymnastique et les exercices militaires ; pour les filles, les travaux à l'aiguille.

On voit que ce programme, trop ample pour des enfants, passe sous silence l'enseignement religieux. Les parents et les enfants n'oublieront pas que l'enseignement religieux est de première importance. Ils feront tout leur possible, en dehors des classes et sous la direction des curés, pour suppléer à cette lacune de la loi.

On compte deux sortes d'écoles primaires : les écoles primaires *élémentaires*, et les écoles primaires *supérieures* dont l'enseignement est plus développé.

2° Enseignement gratuit et obligatoire.

Jusqu'en 1881, l'instruction primaire était gratuite pour tous les enfants qui ne pouvaient pas payer. La loi de 1881 l'a rendue gratuite pour tous les enfants sans distinction.

La loi de 1882 a décrété l'enseignement *obligatoire*. Elle fait une obligation à tous les parents d'envoyer leurs enfants à l'école, de six à treize ans. Les parents peuvent ou leur faire fréquenter une école ou les faire instruire chez eux. La loi porte que les enfants élevés chez eux subiront un examen de huit à treize ans. Elle statue que la commission scolaire ou le juge de paix pourront condamner les parents, négligeant de faire instruire leurs enfants, soit à l'inscription, pendant quinze jours ou un mois, de leur nom à la porte de la mairie, soit à une amende de un à quinze francs, soit enfin à un emprisonnement de un à cinq jours.

3° Certificat d'études.

Les enfants qui ont obtenu un certificat d'études peuvent quitter l'école à l'âge de onze ans. L'examen pour le *certificat d'études primaires* comprend une dictée de vingt-cinq lignes au plus ; deux questions d'arithmétique, calcul et système métrique, solution raisonnée ; une rédaction simple. L'examen oral porte sur la lecture, la grammaire, l'analyse, l'histoire et la géographie de France, le calcul et le système métrique.

4° Une école par commune.

Chaque commune doit avoir une ou plusieurs écoles. Toute commune ayant 500 habitants est tenue de posséder une école spéciale pour les filles.

5° Instituteurs et institutrices.

Chaque département a une école *normale primaire* de garçons et une de filles, pour former des instituteurs et des institutrices. Pour être instituteur ou institutrice il faut avoir un *brevet de capacité* soit élémentaire, soit supérieur.

II. — ENSEIGNEMENT SECONDAIRE

L'enseignement secondaire a pour objet de donner une instruction littéraire et scientifique qui élève l'esprit par une forte culture, et ouvre à la jeunesse la porte des carrières libérales.

Il comprend toutes les matières de l'instruction primaire beaucoup plus développées, et y ajoute la connaissance des langues mortes (grec et latin) et des langues vivantes. Ces études, qui se prolongent d'ordinaire jusqu'à 17 ou 18 ans, conduisent au *baccalauréat*, mènent aux grandes écoles, comme l'Ecole polytechnique, l'École normale supérieure, l'École centrale, l'Ecole de Saint-Cyr, ouvrent enfin la porte de certaines carrières, comme celles d'avocat, de médecin, de professeur.

L'enseignement secondaire est donné dans les lycées, dans les collèges communaux et dans les établissements libres.

Les élèves pauvres, offrant de bonnes dispositions, obtiennent facilement des bourses de l'État.

Les professeurs officiels de l'enseignement secondaire se forment surtout à l'École normale supérieure et dans les Facultés des lettres et des sciences.

Une école normale établie à Cluny prépare des professeurs pour l'enseignement secondaire spécial, lequel exclut l'étude des langues mortes.

III. — ENSEIGNEMENT SUPÉRIEUR

L'enseignement supérieur traite des parties les plus élevées des lettres et des sciences. Il est donné dans les *Facultés*. Les Facultés confèrent les grades de *bachelier*, de *licencié* et de *docteur*. On compte quatre sortes de Facultés : Facultés de *droit*, Facultés de *médecine*, Facultés des *sciences*, Facultés des *lettres*. C'est là que se forment les avocats, les médecins, les magistrats, les littérateurs, les hommes de science.

Institut de France.

L'Institut n'est pas un établissement d'instruction; il est la réunion des esprits d'élite. Il comprend : l'*Académie française* composée de quarante membres; l'Académie des sciences; l'Académie des sciences morales et politiques; l'Académie des Inscriptions et belles-lettres; l'Académie des beaux-arts.

IV. — ADMINISTRATION DE L'INSTRUCTION PUBLIQUE

1° *Le ministre de l'instruction publique*, pour toute la France.

2° Un *recteur* à la tête de chaque académie ou circonscription universitaire : on en compte quinze en France.

3° Un *inspecteur d'académie* dans chaque département, un inspecteur primaire dans chaque arrondissement.

4° *Des inspecteurs généraux* délégués par le ministre visitent les divers établissements d'instruction à tous les degrés.

5° Le ministre est assisté du *conseil supérieur*; le recteur, du *conseil académique*; l'inspecteur d'académie, du conseil départemental.

6° Dans l'enseignement primaire, le maire, les délégués cantonaux et communaux représentent, en dehors de l'autorité universitaire, les pères de famille.

V. — ENSEIGNEMENT LIBRE

La loi a proclamé en France la *liberté d'enseignement*. A côté de l'enseignement donné par l'État il y a *l'enseignement libre*. Tout citoyen qui a les grades voulus et a satisfait aux prescriptions légales peut fonder une école primaire libre, un collège libre et même une faculté libre. L'enseignement libre, à tous les degrés, a pris un grand développement particulièrement sous le patronage de l'Église. Il faut signaler ici les *petits séminaires*, spécialement destinés au recrutement du clergé.

RÉSUMÉ

Instruction publique. — I. Instruction primaire : 1° Programme. 2° Enseignement gratuit et obligatoire. 3° Certificat d'études. 4° Une école par commune. 5° Instituteurs et institutrices. — II. Enseignement secondaire. — III. Enseignement supérieur. Facultés. Institut. — IV. Administration de l'instruction publique. — V. Enseignement libre.

CHAPITRE SIXIÈME

FINANCES

I. — LE BUDGET

On entend par budget l'état des recettes et des dépenses d'un pays. Il doit être voté par les Chambres.

Comme la plupart des États ont été obligés d'avoir recours à des emprunts pour faire face aux dépenses soit ordinaires soit extraordinaires, ils ont contracté une dette qui s'appelle la *dette publique*.

La dette publique comprend : 1° la *dette consolidée* ou *rente*, ainsi appelée parce que l'État l'a inscrite sur le *Grand livre* de la dette publique et retient indéfiniment le capital, se contentant de payer les intérêts; 2° la *dette flottante* composée de sommes que l'État est obligé de rendre, comme les *dépôts* faits aux caisses d'épargne, les cautionnements des fonctionnaires, les *bons du trésor* remboursables à échéance.

II. — LES IMPOTS

Il faut beaucoup d'argent pour assurer la marche des services publics. On fait face aux dépenses et on constitue le budget des *recettes* au moyen de l'impôt. On distingue deux sortes d'impôts : les impôts directs et les impôts indirects. Les premiers sont demandés directement et nominativement au contribuable; les seconds sont perçus par voie de tarifs sur les marchandises.

1° Impôts directs.

Voici les principales contributions directes :

1° *L'impôt foncier*. Il est perçu sur les immeubles (terres ou bâtiments). Il est payé par le propriétaire. Le *cadastre* conservé dans chaque commune donne le plan de toutes les propriétés de France.

2° La contribution *personnelle et mobilière*. Cette contribution comprend deux taxes distinctes : la *cote personnelle* qui équivaut à trois journées de travail, *la cote mobilière* proportionnelle à la valeur locative de la maison ou de l'appartement qu'on habite. Tout Français non indigent est assujetti à la cote personnelle. La cote mobilière est payée par celui qui habite la maison ou l'appartement.

3° La contribution des *portes et fenêtres*. Elle frappe les ouvertures des habitations. Elle est à la charge des locataires, à moins de conventions contraires.

4° La contribution des *patentes*. Toute personne exerçant un métier, un commerce, une industrie ou certaines professions, paye patente.

Signalons encore les taxes sur les chevaux et voitures de luxe, sur les cercles, sur les billards, sur les mines, sur les biens de mainmorte.

2° Impôts indirects.

L'impôt indirect frappe les objets de consommation : le vin, l'eau-de-vie, la bière, le cidre, le sucre, le sel, la bougie, les allumettes, le tabac, la poudre, les voitures publiques et les chemins de fer, les cartes à jouer, les matières d'or et d'argent.

On rattache à cet impôt les *droits de douane*, c'est-à-dire les droits payés par les marchandises et les denrées à leur entrée en France.

On peut y rapporter aussi les *droits d'enregistrement et de timbre*. On appelle enregistrement l'inscription des *actes* et des *mutations* de propriété sur des registres tenus par des employés de l'État. Les droits d'enregistrement sont payés comme conséquence de cette opération.

Le timbre est une empreinte marquée sur un papier dit *papier timbré*, dont l'emploi est requis pour certains actes.

3° Administration de l'impôt.

1° A la loi des finances votée par le Parlement est annexé un tableau fixant le chiffre des trois contributions : foncière, personnelle et des portes et fenêtres, pour chaque département. Le conseil général répartit la somme afférente au département entre les arrondissements ; le conseil d'arrondissement répartit à son tour la part qui lui incombe entre les communes ; enfin, dans chaque commune, une commission annuelle, appelée commission des répartiteurs, divise le contingent communal entre les contribuables, d'après leur situation.

2º Les contributions directes sont levées par les percepteurs dans les principales communes. Le contribuable refusant de payer reçoit d'abord une *sommation* sans frais, puis avec frais. Viennent ensuite d'autres mesures qui, en cas de besoin, aboutissent à la *saisie* et à la vente des meubles jusqu'à concurrence de la somme due. Chaque percepteur verse l'argent reçu au *receveur particulier* qui siège au chef-lieu de chaque arrondissement. Les fonds des recettes particulières sont centralisés par le *trésorier-payeur général* de chaque département.

3º Dans les autres branches de la perception des impôts, les agents qui en sont chargés portent le titre de *receveurs*. Le personnel est placé sous la direction d'un *directeur* départemental et surveillé par des *contrôleurs* et des *inspecteurs*.

Les recettes et les dépenses sont vérifiées par la *Cour des comptes*, qui siège à Paris.

Les agents préposés à la perception de l'impôt dépendent du ministère des finances, sauf les employés de l'octroi qui sont sous les ordres de la municipalité.

4º *Cour des comptes.* Le contrôle suprême des finances appartient à la cour des comptes. Les magistrats qui en font partie sont chargés de vérifier les comptes de tous les fonctionnaires, sans en excepter les ministres.

RÉSUMÉ

Finances. — I. Le budget. — II. Les impôts : 1º Impôts directs. 2º Impôts indirects. — III. Administration de l'impôt. Cour des comptes.

CHAPITRE SEPTIÈME

LA FORCE PUBLIQUE. L'ARMÉE. LA MARINE

I. — FORCE PUBLIQUE

La France a besoin d'une *force publique* qui la défende à l'intérieur et à l'extérieur. La gendarmerie, qui compte près de trente mille hommes, les gardes champêtres, les douaniers, les officiers de paix, les agents de police sont chargés de la sécurité à l'intérieur. En cas de troubles exceptionnels, l'armée leur prête main-forte sur la réquisition de l'autorité civile; mais la grande mission de l'armée est de veiller à l'intégrité du territoire et à la sécurité des frontières.

II. — L'ARMÉE DE TERRE

1° Recrutement militaire.

En France, le service militaire est obligatoire pour tous les citoyens valides de 20 à 40 ans. Sont exempts de cette obligation, — outre ceux que la loi considère comme soutiens de famille, ou qui ne sont pas dans les conditions physiques voulues, — les membres de l'instruction publique, comme les instituteurs, les professeurs de l'Université; les élèves de l'École polytechnique, de l'École normale; les élèves ecclésiastiques, etc.

Le recrutement de l'armée française se fait par des *engagements volontaires* qu'on contracte à l'âge de dix-huit ans et par la *conscription*.

Pour la conscription, les maires dressent, tous les ans, au mois de janvier, le tableau de tous les jeunes gens de la commune qui ont atteint 20 ans dans l'année précédente. C'est ce qu'on appelle le *recensement*. Au jour fixé pour le *tirage au sort*, au chef-lieu du canton, en présence du sous-préfet et des maires, les jeunes gens appelés tirent eux-mêmes ou, en leur absence, par l'intermédiaire de leurs parents ou du maire. On tire au sort, parce qu'un tiers d'entre eux, formé de ceux qui ont porté les numéros les plus élevés, ne reste qu'un an sous les drapeaux en temps de paix. Tous passent un peu plus tard le *conseil de revision*, qui statue sur les cas d'*exemption*.

Ceux qui doivent partir reçoivent la *feuille de route*. C'est alors un devoir d'acquitter vaillamment sa dette à la patrie. Le meilleur moyen d'aborder bravement un champ de bataille est d'avoir la conscience en paix et d'être prêt, s'il le faut, à mourir en chrétien et en vrai français. Une mère, apprenant que son fils est tombé entouré des secours de la religion, trouvera dans cette pensée la meilleure consolation à sa douleur.

2° Durée du service.

La durée du service militaire est de 20 ans : 5 ans dans l'*armée active* (de 20 à 25 ans), — 4 ans dans la *réserve* de l'armée active (25 à 29 ans), — 5 ans dans l'*armée territoriale* (de 29 à 34 ans), — 6 ans dans la *réserve* de l'armée territoriale (de 34 à 40 ans).

Les soldats de l'armée active sont seuls en permanence sous les armes. Ils ne peuvent se marier sans autorisation. Leur temps fini, ils sont renvoyés dans leurs foyers. Ils sont rappelés en cas de guerre ou pour les *manœuvres annuelles;* elles durent 28 jours pour les réservistes de l'armée active, lesquels ont à les faire deux fois en quatre ans, et 13 jours pour les soldats de l'armée territoriale.

3° Volontariat.

Les jeunes gens pourvus du diplôme de bachelier, du diplôme d'études d'enseignement spécial, du brevet de capacité, les élèves de certaines écoles et ceux qui ont passé l'examen du volontariat d'un an, peuvent contracter, avant le tirage au sort, un engagement conditionnel d'un an. Ils sont obligés de verser

1,500 francs. En vertu de cet engagement, ils ne passent qu'une année sous les drapeaux.

4° Composition de l'armée.

L'armée comprend quatre armes différentes : l'*infanterie*, la *cavalerie*, l'*artillerie*, le *génie*. Le génie est spécialement chargé de la construction, de la défense, de l'attaque des places fortes.

La France, au point de vue militaire, est divisée en dix-huit régions dont chacune a un corps d'armée. Il y en a un dix-neuvième en Algérie. Chaque corps d'armée comprend deux divisions; chaque division, deux brigades; chaque brigade, deux régiments; chaque régiment, quatre bataillons; chaque bataillon, quatre compagnies. L'armée compte 151 régiments d'infanterie, 64 régiments de cavalerie, 38 régiments d'artillerie et 3 régiments du génie. Tout régiment a son drapeau.

5° Grades.

Les grades de sous-officiers sont : caporal (brigadier dans la cavalerie), sergent (maréchal des logis dans la cavalerie), sergent-major (ou maréchal des logis chef), adjudant.

Les officiers sont : le sous-lieutenant; le lieutenant; le capitaine, qui commande une compagnie et a sous ses ordres le lieutenant, le sous-lieutenant et les sous-officiers; le commandant (chef de bataillon ou d'escadron), qui a sous ses ordres quatre capitaines; le lieutenant-colonel; le colonel, qui commande à un régiment; le général de brigade; le général de division; le maréchal de France.

Les officiers, à partir du grade de commandant et au-dessus, sont appelés *officiers supérieurs*; à partir du général de brigade, ils sont *officiers généraux*.

6° Écoles militaires.

L'École polytechnique fournit des sous-lieutenants d'artillerie et du génie; l'École de Saint-Cyr donne des officiers d'infanterie et de cavalerie. Il y a Paris une *école supérieure de guerre*, à *Saint-Maixent*, une école de sous-officiers.

III. — LA MARINE

La marine comprend l'infanterie de marine (16,000 hommes), l'artillerie de marine (4,500 hommes), le corps du génie maritime (155 hommes), les officiers de marine, au nombre de 1,783, et les marins (46,500 hommes d'équipage et 3,430 hommes chargés de divers services).

Les marins se recrutent parmi les habitants des côtes qui se livrent à une profession maritime; ils sont appelés *inscrits maritimes* (170,000 inscrits environ). Si les inscrits et les engagés volontaires ne fournissent pas un nombre suffisant d'hommes, le surplus est pris parmi les jeunes gens qui ont tiré les plus bas numéros.

Les grades de la marine sont : aspirant, enseigne de vaisseau, lieutenant de vaisseau, capitaine de frégate, capitaine de vaisseau dont le grade équivaut à celui de colonel, contre-amiral qui équivaut à général de brigade, vice-amiral qui équivaut à général de division, enfin amiral qui équivaut à maréchal.

Les navires de guerre, selon leur importance, s'appellent canonnière, aviso, frégate, vaisseau. La France compte cinq préfectures maritimes qui se partagent le littoral : Cherbourg, Brest, Lorient, Rochefort, Toulon. Chacune est commandée par un vice-amiral ou un contre-amiral. Une école navale établie à Brest forme les officiers de marine.

RÉSUMÉ

— I. Force publique. — II. L'armée de terre : 1° Recrutement militaire. 2° Durée du service. 3° Volontariat. 4° Composition de l'armée. 5° Grades. 6° Écoles militaires. — III. La marine. Composition. Recrutement. Grades. Navires de guerre.

CHAPITRE HUITIÈME

POSTES ET TÉLÉGRAPHES. TRAVAUX PUBLICS. AGRICULTURE. COMMERCE. BEAUX-ARTS. AFFAIRES ÉTRANGÈRES.

1° Postes et télégraphes.

Ces deux services réunis forment aujourd'hui un ministère. Ce ministère a pour fonctionnaires au-dessous du ministre : les directeurs généraux, les inspecteurs, les directeurs départementaux, les receveurs et les facteurs. Les femmes peuvent être employées dans ce service.

On a créé des *caisses d'épargne postales* où les petites bourses déposent leurs économies. Tous les bureaux de poste délivrent des livrets de caisse d'épargne.

2° Travaux publics.

L'État se charge de certains travaux d'utilité générale : ports, canaux, routes nationales. La plupart des chemins de fer ont été construits et sont exploités par des compagnies.

Pour exécuter les divers travaux, l'État comme les particuliers a recours aux *ingénieurs* : ingénieurs des mines, ingénieurs des ponts et chaussées. La plupart sortent de l'École polytechnique. Il y a un ingénieur en chef par département. Aux ingénieurs des ponts et chaussées est adjoint, pour les détails de la construction et de l'entretien, un corps de *conducteurs* des ponts et chaussées. Les conducteurs ont sous leurs ordres des agents appelés *piqueurs* et *cantonniers*.

Le service des chemins vicinaux est confié aux *tanges*

voyers. Il y a un agent voyer chef au chef-lieu du département et des agents voyers d'arrondissement. Les agents voyers dépendent du préfet.

3° Agriculture.

Le *ministre de l'agriculture* veille aux intérêts généraux de l'agriculture. Il organise les *concours agricoles*, les *expositions*; de lui dépendent les écoles supérieures d'agriculture (Grignon, Montpellier), les écoles vétérinaires (Alfort, Lyon, Toulouse).

On rattache à ce ministère l'administration des *forêts de l'État*. Elle est confiée à un directeur général, à des inspecteurs, sous-inspecteurs et gardes généraux sortis de l'École forestière de Nancy.

Il y a dans chaque département des chambres d'agriculture, des chambres de commerce, des chambres des arts et manufactures.

4° Commerce.

Le ministre du commerce prépare les traités de commerce, qui règlent les droits payés par les produits étrangers à leur entrée en France, et ceux payés par les produits français à l'étranger. Il dresse les statistiques de commerce. Le Conservatoire des arts et métiers (Paris), les écoles d'arts et métiers (Aix, Angers, Châlons, Nevers) dépendent du ministre du commerce.

5° Beaux-Arts.

D'ordinaire le ministre de l'instruction publique est en même temps ministre des *beaux-arts*.

Tout ce qui touche à la peinture, à la sculpture, à la musique, à l'architecture; le Conservatoire de musique et de déclamation; l'École des beaux-arts, à Paris; les écoles régionales des beaux-arts, de dessin, d'art décoratif, les musées, les palais, les théâtres dépendent de ce ministère.

6° Affaires étrangères.

La France entretient des relations avec les nations étrangères au point de vue politique et au point de vue commercial.

Au point de vue politique, les relations avec les puissances étrangères ont lieu par l'intermédiaire d'ambassadeurs, de ministres plénipotentiaires, de ministres résidents, de chargés d'affaires. Ils négocient les traités et renseignent leurs gouvernements.

Au point de vue commercial, nous avons dans les principales villes du monde des consuls généraux, consuls, vice-consuls, chargés de veiller aux intérêts de nos nationaux, de leur rendre la justice, d'exercer sur eux la police.

Toute insulte faite au représentant d'une puissance étrangère est regardée comme faite à cette puissance elle-même. Sa demeure est inviolable; elle est considérée comme faisant partie du territoire de son propre pays.

RÉSUMÉ

— I. Postes et télégraphes. — II. Travaux publics. — III. Agriculture. — IV. Commerce. — V. Beaux-arts. — VI. Affaires étrangères.

CHAPITRE NEUVIÈME

DROITS ET DEVOIRS DES CITOYENS

I. — LES DROITS

1° Les citoyens ont des droits.

Les citoyens, c'est-à-dire les *membres de la communauté politique*, ont des droits. L'homme, en entrant dans l'association, n'entend pas les abdiquer; il cherche au contraire dans l'organisation d'une puissance publique une protection pour ses libertés natives, ne sacrifiant d'elles que ce qui est nécessaire pour le fonctionnement de l'autorité générale, sauvegarde de la paix, de la sécurité de chacun.

2° Liberté individuelle, liberté du travail, liberté d'association, liberté de conscience. Garantie de la sécurité, de la vie et des biens de tous.

La *liberté individuelle* est le droit de disposer de sa personne comme on l'entend, en respectant la liberté d'autrui. La *liberté du travail* est le droit de donner à ses facultés intellectuelles et physiques l'emploi qu'on veut. La *liberté d'association* est le droit de mettre en commun avec d'autres son intelligence, son activité, son argent, dans un but déterminé et à condition de se soumettre aux lois de son pays, de respecter les droits d'autrui. La *liberté de conscience* est le droit de professer les croyances et la religion auxquelles on a donné l'adhésion de son esprit et de son cœur.

Notre *vie*, notre *domicile*, nos *biens* sont l'objet de droits particuliers. Si ma vie est menacée, je fais immédiatement appel à la justice du pays. Mon domicile est inviolable et nul, hors des cas prévus par la loi, ne peut s'y introduire sans mon autorisation. Ma propriété est sacrée et personne ne peut y toucher. Il y a, il est vrai, l'expropriation pour cause d'utilité publique; mais il faut ici l'intervention d'une loi et le payement préalable d'une indemnité. En un mot, l'État ne peut restreindre l'exercice de mes droits naturels que dans la mesure exigée par le bien public.

3° Droits civils. Droits politiques.

On divise d'ordinaire les droits en *droits civils* et en *droits politiques*. Les droits civils concernent la vie privée; ils règlent nos intérêts soit individuels, soit ceux qui naissent de nos relations avec notre famille ou avec nos concitoyens. Tels sont les droits réciproques des époux, les droits de posséder, de tester, de contracter par achat, vente, échange, etc. Les droits politiques concernent la vie publique et les intérêts d'État; ils se trouvent réglés par la Constitution. Ce sont le plus généralement : l'égalité devant la loi, l'éligibilité à toutes les fonctions publiques, le droit de choisir les délégués de la nation, de voter la loi et l'impôt, de contrôler les actes du gouvernement par la parole, par la plume, par la responsabilité des ministres.

II. — LES DEVOIRS

1° Les citoyens ont des devoirs.

A côté des droits, les devoirs. L'un ne marche jamais sans l'autre. Il importe de le dire à notre époque où chacun est plus disposé à parler de ses droits qu'à se rappeler ses devoirs. L'enfant venant au monde entre dans une patrie en même temps que dans une famille; il contracte dès le premier jour des obligations envers cette patrie même qui dès le premier jour l'entoure de ses bienfaits.

2° Obéissance aux lois.

Le premier devoir des citoyens est l'*obéissance aux lois*. En politique, la loi est l'expression de la volonté générale s'exerçant dans la limite de ses droits. La loi détermine les droits et les devoirs des citoyens. La loi, pour être bonne et efficace, doit être : 1° conforme à la justice; 2° émaner du pouvoir législatif reconnu par la Constitution; 3° être armée d'une sanction suffisante.

L'État ne peut exercer son rôle, qui est de procurer le bien public, sans les lois qui sont les règles mêmes de la justice, formulées par la volonté générale se substituant aux vues et aux ambitions particulières. Désobéir aux lois, c'est donc briser le lien national, ébranler le fondement même sur lequel s'appuie l'existence de la communauté et rendre impossible à l'État l'accomplissement de sa mission sociale.

3° Respect de l'autorité.

A l'obéissance aux lois doit se joindre le respect de l'autorité. Cette obligation nous est rappelée par le christianisme, qui nous apprend à regarder dans le magistrat moins l'homme que le dépositaire du pouvoir. « Tout pouvoir vient de Dieu, dit saint Paul... Que chacun soit soumis aux puissances, car celui qui résiste au pouvoir résiste à l'ordre établi par Dieu. » Ce précepte est bien peu pratiqué dans notre société contemporaine, qui semble avoir perdu le sens du respect et la notion de l'autorité.

Saint Paul, en nous enseignant que toute autorité vient de Dieu, veut dire que Dieu, en appelant l'homme à vivre en société, a voulu par ce fait même qu'il obéît à l'autorité publique sans laquelle toute société est impossible. Mais autre chose est l'origine, autre chose la délégation du pouvoir. Dieu veut que toute autorité légitime soit obéie, mais il laisse le plus souvent aux nations le soin de choisir les dépositaires de cette même autorité, et c'est une vieille doctrine des théologiens que la puissance vient aux princes par l'intermédiaire du peuple. C'est reconnaître dans l'établissement des gouvernements l'intervention de ce qu'on appelle la *volonté nationale*.

Indépendamment des devoirs que nous venons de faire connaître, les citoyens qui reçoivent les bienfaits de l'État doivent en retour participer à ses charges, dont les principales sont le payement de l'impôt et le service militaire.

4° Obligation de payer l'impôt.

Les citoyens sont tenus de payer l'impôt. L'État ne peut assurer le fonctionnement des services publics sans des dépenses considérables. Il est de toute justice que ceux qui en profitent lui fournissent les moyens de les faire. L'impôt représente le sacrifice consenti par chaque citoyen en retour des avantages que lui procure la communauté.

La fraude en matière d'impôt est donc condamnable. Dès lors que l'impôt est nécessaire, s'y soustraire par des moyens détournés est une injustice. Que d'illusions sur ce point dans la pratique de la vie et combien qui ne se font aucun scrupule de léser le trésor public!

5° Obligation du service militaire. Discipline. Dévouement. Fidélité au drapeau.

Être contribuable, c'est payer de sa bourse ; être soldat, c'est payer de sa personne. C'est l'impôt le plus lourd, l'impôt du sang. On le doit à sa patrie qu'il faut défendre contre les attaques du dehors; elle ne peut garantir aux citoyens la sécurité que si ses frontières sont bien gardées et tous ses enfants prêts à les défendre.

Bien qu'en principe tous les citoyens soient tenus au service militaire, on comprend que la nation en dispense certaines catégories de sujets qui, par la nature de leurs fonctions, rendent à l'État des services indispensables. Ainsi, nous l'avons dit, la loi militaire a accordé jusqu'ici des exemptions au clergé des divers cultes, aux instituteurs, aux membres de l'Université, etc.

Ce qui importe le plus à un soldat, c'est la *discipline* sans laquelle une armée est vouée à la défaite, le *dévouement* qui lui fait supporter les fatigues et lui impose au besoin le sacrifice de sa vie pour la défense et l'honneur du pays, la *fidélité au drapeau* qui lui montre dans cet étendard l'image de la patrie, et le point de ralliement pour tous les braves dans le feu du combat.

6° Obligation d'exercer les droits que confère la Constitution. Le vote.

Les citoyens d'un pays libre prennent part au gouvernement comme électeurs. Ce droit est en même temps un devoir. Telle est l'importance d'un bon choix dans la représentation de la nation, du département ou de la commune, que faire échouer par son abstention le plus digne, c'est se rendre coupable envers la chose publique et compromettre par le fait même ses intérêts privés. L'apathie des honnêtes gens amène trop souvent le triomphe des adversaires de tout ordre, la défaite des principes les plus essentiels et des droits les plus sacrés.

Il ne suffit pas de voter, il faut encore bien voter en portant son suffrage sur le plus digne. Il est souvent difficile à des électeurs illettrés de distinguer les plus méritants parmi les nombreux candidats qui se disputent leur confiance. Qu'ils s'éclairent, qu'il consultent des hommes graves, qu'ils résistent à toute tentative de corruption et d'intimidation pour n'obéir qu'à leur conscience, qu'ils ne se laissent pas égarer par les calomnies ou par les bruits ridicules qu'on fait trop souvent courir dans les campagnes; qu'il portent de préférence leur choix sur ceux que la droiture de leur caractère, l'honnêteté de leur vie, l'importance des services rendus, leur dévouement aux principes essentiels de toute société: religion, morale, contrôle public, ordre et liberté, recommandent à leurs suffrages. S'ils manient la plume ou la parole, que leurs apologies ou leurs attaques, leurs éloges ou leurs blâmes aient pour inspirateur l'amour du bien public et jamais la passion. Le vote doit être *libre, consciencieux, désintéressé, éclairé.*

RÉSUMÉ

Droits et devoirs des citoyens. — I. Les droits : 1° Les citoyens ont des droits. 2° Énumération des libertés. 3° Droits civils. Droits politiques. — II. Les devoirs : 1° Les citoyens ont des devoirs. 2° Obéissance aux lois. 3° Respect de l'autorité. 4° Obligation de payer l'impôt. 5° Obligation du service militaire. Discipline. Dévouement. Fidélité au drapeau. 6° Obligation d'exercer les droits que confère la Constitution. Le vote.

LIVRE DEUXIÈME

NOTIONS ÉLÉMENTAIRES DE DROIT USUEL

DIVISIONS DU DROIT. — LOIS. — CODES

Le droit français se divise en *droit public* et en *droit privé*. Le droit public règle la constitution de l'État et les rapports de l'État avec les particuliers. Le droit privé règle les rapports des particuliers entre eux.

Les règles du droit s'appellent *lois*. Les diverses lois sont renfermées dans les *codes*. On distingue, selon les matières, le code civil ou code Napoléon, le code de commerce, le code pénal, etc. Le code civil renferme les lois traitant des personnes, des choses et de ce qui concerne la propriété

CHAPITRE PREMIER

ÉTAT CIVIL. — PROTECTION DES MINEURS

I. — ÉTAT CIVIL

1° Ce qu'on entend par état civil.

L'*état civil* fait connaître les nom et prénoms, la date et le lieu de naissance, les parents, le mariage ou célibat, le décès de chaque individu. L'état civil est établi au moyen des *actes de l'état civil*, lesquels sont inscrits sur des registres spéciaux tenus en double à la mairie de chaque commune. Ils sont dressés par l'officier de l'état civil, maire ou adjoint, en présence des parties ou déclarants et des témoins. On peut en obtenir des copies appelées *extraits des registres de l'état civil*.

Il y a l'acte de naissance, l'acte de mariage, l'acte de décès.

2° Naissance.

La déclaration de naissance doit être faite, dans les trois jours, par le père ou par une personne ayant assisté à la naissance. L'acte de naissance indique le jour, l'heure, le lieu de la naissance, les prénoms de l'enfant, les noms, prénoms, profession et domicile des parents et des témoins. On ne peut donner à l'enfant que des prénoms en usage dans le calendrier ou qui aient été portés par des personnages célèbres de l'histoire. Les catholiques se font un devoir de choisir les prénoms de leur enfants parmi les noms de saints. L'acte doit être signé par deux témoins, par le déclarant et par l'officier de l'état civil.

3° Mariage.

Légalement, la femme peut contracter mariage à 15 ans, l'homme à 18. La fille qui n'a pas 21 ans révolus, le fils qui n'a pas atteint 25 ans, ne peuvent contracter mariage sans le consentement des père et mère. En cas de dissentiment, le consentement du père suffit. Si les parents sont morts, il faut le consentement des grands-parents. Après cet âge, on peut se marier en adressant, par la voie du notaire, trois actes respectueux aux parents refusant leur consentement. A 25 ans pour les filles, à 30 pour les garçons, un seul acte respectueux suffit. Telle est la loi, mais les enfants doivent tenir le plus grand compte des désirs et de la volonté des parents, lesquels sont guidés par leur cœur et éclairés par l'expérience. Il est bien rare que Dieu bénisse un mariage contracté contre leur volonté expresse et raisonnable.

Le mariage civil doit être précédé de deux publications à la mairie. Il est célébré à la mairie en présence des parents, ou ascendants dont le consentement est requis, et de quatre témoins majeurs. Le mariage civil entraîne toutes les conséquences légales; il précède en France le mariage religieux, mais les vrais catholiques ne se regardent pas comme mariés tant qu'ils n'ont pas reçu le sacrement de l'Église. L'Église demande trois publications faites au prône du dimanche; elles peuvent être réduites à deux et même à une, moyennant dispense de l'autorité ecclésiastique.

4° Décès.

Tout acte de décès contient les nom, prénoms, profession, domicile du défunt. Il est dressé sur la déclaration de deux témoins. Le décès doit être constaté par le médecin ou par l'officier de l'état civil. L'inhumation ne peut avoir lieu que 24 heures après cette constatation. On pourrait s'exposer, sans cette précaution, au danger d'enterrer vivantes des personnes n'offrant que les apparences de la mort.

Les actes de l'état civil ayant la plus grande importance au point de vue des intérêts et de la situation de chacun, on ne saurait les dresser avec trop de soin.

II. — PROTECTION DES MINEURS

1° Qu'est-ce qu'un mineur ?

On est *mineur* jusqu'à 21 ans. A 21 ans révolus, on est *majeur*. En principe, le mineur ne peut faire aucun contrat. Il est sous la puissance de ses parents.

2° Conseil de famille.

A la mort soit du père, soit de la mère d'enfants mineurs, la loi prescrit la réunion d'un *conseil de famille*. Le conseil de famille est formé du juge de paix du canton et de six membres choisis d'ordinaire parmi les parents du mineur, moitié du côté paternel, moitié du côté maternel.

3° Tuteur.

Le tuteur est nommé par testament ou par le conseil de famille. C'est le survivant des père et mère ou, à leur défaut, l'ascendant ou le parent le plus proche qui est choisi. Le tuteur doit veiller comme un père sur les intérêts et l'éducation du mineur. Il est contrôlé par le *subrogé tuteur*, assisté par le conseil de famille et, dans certains cas, par le pouvoir judiciaire. Le mineur sort de tutelle à 21 ans; il lui est rendu compte par le tuteur de la gestion de ses biens.

4° Conseil judiciaire.

Dans le cas où un individu majeur perdrait la raison, on peut le faire interdire ou lui donner un tuteur. S'il se livre à des prodigalités ruineuses, on le pourvoit d'un *conseil judiciaire*, c'est-à-dire d'une personne chargée de l'assister dans tous les actes importants de la vie civile.

5° Émancipation.

Le mineur peut être émancipé à 15 ans par ses parents, à 18 ans par le conseil de famille. Il est alors capable de faire plusieurs actes de la vie civile, mais non les plus importants. Un mineur est émancipé par le seul fait de son mariage.

RÉSUMÉ

— I. État civil : 1° Ce qu'on entend par état civil. 2° Naissance. 3° Mariage. 4° Décès. — II. Protection des mineurs : 1° Qu'est-ce qu'un mineur ? 2° Conseil de famille. 3° Tuteur. 4° Conseil judiciaire. 5° Émancipation.

CHAPITRE DEUXIÈME

PROPRIÉTÉ

I. — NOTIONS RELATIVES A LA PROPRIÉTÉ

1° Définition.

La *propriété* est le droit de jouir et de disposer d'une chose exclusivement à toute autre personne

2° Meubles et immeubles.

Les biens se divisent en *meubles* et *immeubles*. Les biens meubles sont ceux qui peuvent facilement se déplacer, comme l'argent, les valeurs, les objets mobiliers ; les biens immeubles sont ceux qu'on ne peut transporter ni changer de place, tels que les terres, les maisons.

3° Usufruit.

L'*usufruit* est le droit de jouir des choses appartenant à un autre, comme le propriétaire lui-même, à la charge de respecter le fonds. En cas d'usufruit, le droit du propriétaire s'appelle *nu-propriété*.

4° Servitude.

La *servitude* est une charge imposée à un fonds pour l'usage d'un fonds voisin. Ainsi la mitoyenneté d'un mur, les droits de vue, de passage, sont des servitudes. La réparation des murs mitoyens est à la charge des copropriétaires. Le copropriétaire du mur mitoyen peut adosser des constructions contre ce mur, mais il lui est défendu d'y pratiquer des fenêtres sans le consentement du voisin. Tout propriétaire peut acheter la mitoyenneté du mur construit par le voisin. Tout propriétaire peut forcer son voisin au bornage des propriétés. D'après la loi, on ne peut planter des arbres et des haies qu'à une certaine distance de la propriété du voisin : à deux mètres pour les arbres dont la hauteur dépasse deux mètres, à un demi-mètre pour les autres plantations. On peut faire arracher l'arbre qui n'est pas à la distance voulue, et même faire élaguer les branches s'étendant sur sa propriété, bien que l'arbre ait été planté à la distance légale.

5° Hypothèque.

L'*hypothèque* confère à un créancier le droit d'être payé sur le prix d'un immeuble, de préférence aux créanciers qui n'ont pas d'hypothèque. S'il y a plusieurs hypothèques, les créanciers sont payés dans l'ordre de leur inscription. Les inscriptions hypothécaires doivent être renouvelées tous les dix ans. Celui qui veut acheter un immeuble peut savoir par le *conservateur des hypothèques* s'il n'est pas grevé d'hypothèques. Lorsqu'un débiteur se libère envers son créancier, l'immeuble devient libre et l'on dit qu'il y a *purge* d'hypothèques.

La propriété s'acquiert par *succession*, par *testament*, par *donation*, par *convention* et par *prescription*.

II. — LES SUCCESSIONS. — ORDRE DE SUCCESSION ENTRE LES HÉRITIERS NATURELS

On distingue la succession *ab intestat* et la succession testamentaire. Quand une personne meurt sans testament (ab intestat), ses biens passent à ses héritiers naturels.

Un exemple nous fera mieux comprendre l'ordre de la succession. Jean meurt à 60 ans, laissant trois enfants : Pierre, Paul et Marie. Cette dernière est morte laissant elle-même deux enfants. Il s'agit de partager 30,000 francs. On divisera cette somme en trois parties égales. Pierre et Paul recevront chacun 10,000 francs; comme Marie est morte, sa part de 10,000 francs sera donnée à ses deux enfants qui auront 5,000 francs chacun.

Supposons que Jean n'ait pas laissé de descendants (enfants, petits-enfants, arrière-petits-enfants), mais que son père et sa mère lui aient survécu. Tout son bien sera partagé entre son père et sa mère qui recevront 15,000 francs chacun.

Si, avec son père et sa mère, il laisse des frères et des sœurs, les parents auront la moitié, les frères et les sœurs l'autre moitié. Si l'un des parents seulement survit, il aura un quart, les frères et les sœurs les trois autres quarts.

A défaut de descendants et d'ascendants, la succession passe aux collatéraux : frères, sœurs, neveux et nièces, oncles et tantes, cousins, cousines, jusqu'au 12º degré.

Quand une succession revient à des ascendants ou à des collatéraux, elle se partage par moitié entre la ligne paternelle et la ligne maternelle; l'ascendant le plus proche dans chaque ligne reçoit la moitié de l'héritage.

S'il n'y a pas de parents ou si les parents sont au delà du 12º degré, c'est l'État qui hérite.

III. — TESTAMENT

Le testament est l'acte par lequel on dispose, pour le temps où on ne sera plus, de tout ou partie de ses biens.

1° Diverses formes de testaments.

Le testament peut être *olographe*, c'est-à-dire écrit de la main du testateur, ou *public*, c'est-à-dire reçu par un notaire assisté de quatre témoins, ou par deux notaires assistés de deux témoins. Le testament olographe doit être écrit en entier, daté et signé par le testateur. Il est valable même sur papier non timbré, mais le timbre est payé plus tard avec amende.

Si le donateur a fait plusieurs testaments, c'est le dernier en date qui est valide.

Citons encore un genre de testament moins usité, le testament *mystique* ou *secret*; il peut être écrit par un tiers, mais il doit être signé du testateur, puis scellé et remis à un notaire devant six témoins.

Le testament olographe et le testament mystique doivent être présentés au président du tribunal de première instance, à la mort du testateur.

2° Quotité disponible.

Toute personne laissant des descendants ne peut disposer que de la moitié de ses biens quand il y a un enfant, du tiers quand il y en a deux, du quart quand il y en a trois ou plus. La part dont on est ainsi libre de disposer s'appelle la *quotité disponible*. La part qui revient aux enfants s'appelle la *légitime*.

3° Déclaration et acceptation.

Toute succession doit être *déclarée* dans les six mois du décès, au bureau de l'enregistrement.

L'acceptation *pure* et *simple* d'une succession oblige à payer les dettes dont elle peut être grevée. Celui qui y renonce est par le fait à l'abri de cette obligation. Celui qui accepte *sous bénéfice d'inventaire* n'est requis de payer les dettes que jusqu'à concurrence de la valeur de l'héritage. Il s'agit ici du *légataire universel*, c'est-à-dire de celui auquel est léguée la totalité des biens; les légataires particuliers ne sont pas tenus au payement des dettes.

4° Droit d'aînesse.

Le *droit d'aînesse*, qui créait des avantages importants en faveur de l'aîné dans la noblesse, a été aboli par la Révolution. Napoléon ayant, en 1806, créé un *majorat* pour l'aîné des familles de la nouvelle noblesse, une loi de 1835 l'a aboli.

5° Donation entre vifs.

La donation *entre vifs* diffère du testament en ce que, par la donation, on se dépouille de son vivant et irrévocablement de la chose donnée au profit du donataire qui accepte.

IV. — LES CONTRATS USUELS

On entend par *contrat* une convention entre deux ou plusieurs personnes, qui constitue une obligation sur un point déterminé. Quand les deux parties s'engagent réciproquement, le contrat est *synallagmatique* ou *bilatéral*.

1° Contrat de mariage.

Le contrat de mariage règle les rapports pécuniaires entre les époux. Il doit être fait par devant notaire et précéder le mariage. Le contrat peut stipuler : ou que la femme gardera sa dot, laquelle reste inaliénable (c'est le *régime dotal*) ; ou que la femme sera séparée de biens, conservant la propriété, l'administration et la jouissance de sa fortune (c'est le régime de la *séparation de biens*) ; ou enfin que les biens seront mis en commun (c'est le *régime de la communauté*). Dans ce dernier régime, qui est aussi la situation légale quand il n'y a pas de contrat, chaque époux garde la propriété des biens qu'il avait avant ou qui lui viennent pendant le mariage; mais tous les biens meubles, tous les revenus des deux époux, tous les immeubles acquis durant le mariage sont mis en commun et administrés par le mari.

2° Vente.

La *vente* est un contrat par lequel l'on s'engage à livrer un objet moyennant un certain prix que l'acheteur s'engage à payer. Les *droits de mutation* sont à la charge de ce dernier. Certains défauts cachés appelés *vices rédhibitoires* (morve, farcin, clavelée) permettent à l'acheteur de faire annuler une vente de bétail.

3° Echange.

L'*échange* est un contrat par lequel deux personnes s'obligent à se donner réciproquement une chose pour une autre.

4° Louage.

Le *louage* est un contrat par lequel une personne s'engage à faire jouir une autre personne de son travail ou d'un bien pendant un temps et d'après un prix déterminés.

On distingue le louage des choses : terres, maisons, animaux, et le louage des personnes ou louage des services. Le louage des maisons s'appelle *bail à loyer*, le louage des biens ruraux *bail à ferme*, le louage des animaux *bail à cheptel*.

On rapporte au louage des services les engagements pris par les ouvriers, les domestiques, les voituriers, les compagnies de chemins de fer et de navigation, les entrepreneurs, ainsi que le *contrat d'apprentissage* qui contient les engagements réciproques entre les patrons et les enfants apprentis. Au bout de deux mois, le père de l'apprenti peut résilier le contrat, si l'enfant ne peut s'habituer au métier. Le travail de l'apprenti ne doit pas dépasser, suivant son âge, de six à douze heures par jour.

5° Prêt.

Le *prêt* est un contrat par lequel l'une des parties livre à l'autre des objets ou de l'argent, à charge par l'emprunteur d'en rendre une quantité égale. On peut stipuler un intérêt. La limite de l'intérêt est de 5 % en matière civile, et de 6 % en matière commerciale.

6° Dépôt.

Le *dépôt* est une convention par laquelle on s'engage à garder la chose du déposant et à la lui restituer.

7° Mandat.

Le *mandat* ou *procuration* est un contrat par lequel une personne en charge une autre de faire telle ou telle chose en son nom.

8° Cautionnement.

Le cautionnement est un contrat par lequel une personne s'oblige envers un créancier à acquitter la dette d'un tiers et garantit ainsi le payement de cette dette.

9° Gage.

Le *gage* ou *nantissement* est un contrat par lequel le débiteur remet au créancier un meuble ou immeuble en garantie de sa dette.

Tous les contrats importants se font par écrit, pour qu'ils puissent être invoqués devant les tribunaux en cas de contestation. Mais les contrats sont *moralement* obligatoires avant de l'être *légalement*.

V. — LA PRESCRIPTION

La prescription est un moyen d'acquérir la propriété d'une chose ou de se libérer d'une dette par le seul fait d'une possession plus ou moins prolongée.

Tel homme a joui d'une terre pendant trente années consécutives sans qu'on lui en ait contesté la propriété; il est dès lors considéré comme véritable propriétaire.

Si un créancier laisse passer trente ans sans réclamer sa dette, le débiteur peut légalement lui opposer la prescription.

Les termes de loyer et de fermage, les intérêts des sommes prêtées, les arrérages de pension et de rentes viagères se prescrivent au bout de cinq ans. Un rentier qui passerait plus de cinq ans sans se faire payer ses coupons par l'État, les perdrait.

Les maîtres de pension ou d'apprentissage, les médecins et pharmaciens, les marchands en détail, les domestiques qui se louent à l'année sont sans action au bout d'un an.

Les sommes dues aux professeurs pour leurs leçons, aux hôteliers et traiteurs pour le logement et la nourriture, aux ouvriers pour leur salaire, se prescrivent au bout de six mois.

Dans la plupart des cas ci-dessus, un débiteur ne pourrait en conscience s'autoriser de la prescription bien qu'il eût pour lui la stricte légalité.

VI. — LOIS DE POLICE LES PLUS USUELLES

Nul n'est sensé ignorer la loi. Cette maxime, qui rend chacun responsable de ses ignorances légales, nous fait un devoir de connaître certains règlements dont l'application est fréquente dans la pratique de la vie.

Toute voiture circulant la nuit doit être éclairée par une ou deux lanternes. S'il n'y en a qu'une, elle est placée à droite et à l'avant. Tout conducteur, à l'approche d'une autre voiture, doit se ranger à droite et laisser à celle-ci au moins la moitié de la chaussée. Les voitures en circulation, qui ne sont pas affectées au transport des voyageurs, doivent être munies d'une plaque portant les nom, prénoms, profession et domicile du propriétaire.

La loi prescrit de ramoner tous les ans les cheminées, de faire nettoyer les fours et cheminées des usines, toutes les fois que c'est nécessaire. Quand on met le feu par sa faute, on est responsable des dommages causés aux voisins.

On est tenu de surveiller ses volailles et ses pigeons, de façon à éviter tout dégât au prochain. Il est permis au propriétaire de les tuer, à la campagne, *sur le lieu même du dégât;* mais il ne doit ni les emporter ni les poursuivre. Dans les villes on ne peut que les chasser.

Il est prescrit d'écheniller les arbres fruitiers, les jardins et les haies, c'est-à-dire de détruire les nids de chenilles. Cette opération doit être faite avant le 20 février, et le garde champêtre a le droit d'intervenir en cas de négligence.

Le logement des troupes de passage est prescrit par la loi. Les soldats ont droit à un lit garni, à deux chaises ou un banc, au feu, à la lumière et aux ustensiles nécessaires pour la cuisine. On doit aux officiers une chambre garnie et un lit pour leur domestique.

Au temps des moissons et des vendanges, on ne peut aller dans les champs ou les vignes pour y glaner ou grapiller que lorsque la récolte a été enlevée. Il est défendu d'entrer dans les champs moissonnés tant que les terres contiguës ne le sont pas. Deux jours pleins après l'enlèvement des gerbes, le propriétaire ne peut pas s'opposer au glanage.

Les enfants commettent souvent des infractions aux lois de police dont leurs parents peuvent être déclarés responsables. Voici quelques cas : Se livrer au maraudage des fruits; il est défendu de prendre les fruits sur l'arbre et même de ramasser ceux qui sont tombés; il est défendu de mutiler ou de couper les arbres dans les bois ou le long des routes, de traverser des terrains ensemencés, d'exciter les chiens, de jeter des pierres, d'allumer du feu à moins de cent mètres des maisons, des meules de paille et des bois, de faire partir des pétards au milieu de la foule ou aux pieds des chevaux. Notons encore, parmi les règlements usuels, l'obligation pour les ménagères de ne pas jeter de l'eau dans la rue, d'assujettir solidement les pots de fleurs placés aux fenêtres, l'obligation pour tous de recevoir dans les transactions les monnaies nationales, de mettre sur les factures au-dessus de dix francs un timbre à quittance de dix centimes, sous peine d'une amende de cinquante francs.

RÉSUMÉ

— I. Notions relatives à la propriété : 1° Définition de la propriété. 2° Meubles et immeubles. 3° Usufruit. 4° Servitude. 5° Hypothèque. — II. Les successions. Ordre de succession entre les héritiers naturels. — III. Testaments : 1° Diverses formes de testaments. 2° Quotité disponible. 3° déclaration et acceptation. 4° Droit d'aînesse. 5° Donation entre vifs. — IV. Les contrats usuels. — V. La prescription. — VI. Lois de police les plus usuelles.

LIVRE TROISIÈME

NOTIONS D'ÉCONOMIE POLITIQUE

I. — OBJET DE L'ÉCONOMIE POLITIQUE. — L'HOMME ET SES BESOINS. — LA SOCIÉTÉ ET SES AVANTAGES

L'Économie politique expose les lois qui président à la *production*, à la *circulation*, à la *distribution*, à la *consommation* des richesses. Par le mot *richesse* on n'entend pas seulement l'or et l'argent, mais tous les biens utiles qui nous viennent de la terre ou de l'industrie humaine, tout ce qui peut servir en un mot à la satisfaction de nos besoins.

Les *besoins* de l'homme sont multiples. Il a besoin de manger pour vivre. Il a besoin de vêtements qui le couvrent, d'une maison qui l'abrite, de meubles qui lui servent. A côté de ces besoins qui regardent le corps, l'homme en a d'autres qui regardent l'âme.

L'homme, ainsi pressé par les besoins, est disposé à faire un effort, un sacrifice pour les satisfaire; mais ils ne peuvent recevoir véritablement satisfaction que dans la société. C'est par l'union avec ses semblables, par un échange de services réciproques qu'il parviendra à réaliser ses désirs. L'homme isolé resterait à l'état sauvage. L'homme vivant parmi les autres hommes marche avec eux vers un progrès constant et arrive à la civilisation. La civilisation, en multipliant les goûts et les besoins, multiplie aussi les moyens de production et contribue au développement de la richesse publique et privée.

II. — PRODUCTION DE LA RICHESSE

Il y a deux sortes de richesses, les richesses *naturelles* et les richesses *produites*. Les richesses naturelles, ainsi que le mot l'indique, sont celles qui sont fournies par la nature, comme l'eau, le sol, la houille, le minerai. Pour utiliser la plus grande partie des richesses naturelles, il faut un effort de l'homme : il faut cultiver le sol, extraire la houille, tirer du minerai le fer et l'acier. Tout ce qui sort de cet effort, tout ce qui est le résultat de ce travail est une richesse produite ou un *produit*.

On distingue trois agents principaux de production : les *matières premières*, le *travail*, le *capital*.

1° Matières premières.

La nature fournit à l'homme les matériaux que son bras doit le plus souvent transformer pour les utiliser, c'est-à-dire pour les faire servir à ses besoins. Ces biens naturels, que l'homme est obligé d'amener par son travail à leur état définitif, s'appellent *matières premières*. Tels sont la pierre pour bâtir une maison, le bois pour faire des meubles, la laine pour confectionner des vêtements.

2° Le travail.

La force productrice par excellence, et par suite la principale source de la richesse, *est le travail* qui met tout en œuvre. Il n'y a pas de production de richesse sans travail. Le blé ne vient pas en terre sans semence et sans labour; les vêtements ne se font pas tout seuls.

Au-dessus du travail *manuel*, il faut placer le travail *intellectuel* qui, à l'aide des procédés scientifiques, centuple quelquefois la puissance productive de l'homme.

L'homme a pour auxiliaires de son travail les *agents naturels* et les *instruments*. Les agents naturels sont les forces que la nature lui fournit gratuitement, telles que la terre, l'eau. Les instruments sont les agents mécaniques qu'il a fabriqués pour son service.

Les machines. Quelle n'est pas la puissance productrice des instruments et des machines! Elles communiquent au travail humain une force illimitée. De même que le marteau remplace avantageusement le poing de l'homme quand il s'agit de frapper, la hache son bras quand il s'agit d'abattre un arbre, de même les machines à coudre, en se substituant à l'aiguille, les filatures mécaniques, en se substituant aux métiers des tisserands, ont plus que centuplé la production.

On aurait pu craindre que l'emploi des machines ne fît tort aux ouvriers en diminuant la main-d'œuvre : il n'en est rien. La consommation s'étant accrue avec la production, il est constaté que les manufactures emploient beaucoup plus d'ouvriers qu'elles n'en avaient avant l'invention des machines. Les machines permettent à l'ouvrier de faire beaucoup plus d'ouvrage dans le même temps, elles lui épargnent aussi les plus grosses fatigues. Elles ont été enfin l'occasion de l'augmentation des salaires.

Division du travail. Chaque ouvrier, travaillant dans sa spécialité, y devient plus habile et plus expéditif que s'il avait à exercer plusieurs métiers. La construction et l'ornementation d'une maison auxquelles concourent maçons, charpentiers, serruriers, peintres, seront plus tôt et plus sûrement menées à bonne fin que si l'une de ces catégories d'ouvriers voulait exécuter l'ouvrage de toutes les autres. De là le principe de la *division du travail* qui est la *coopération* de plusieurs à une œuvre commune. Dans certaines industries, on a poussé très loin cette division du travail. Avant qu'on fabriquât les épingles à la mécanique, une vingtaine d'ouvriers spéciaux concouraient à la confection d'une seule épingle, ce qui accélérait énormément la besogne.

Liberté du travail. La production est plus considérable quand le travail est libre. La liberté du travail est un des premiers droits de l'homme. Elle a pour conséquence la *concurrence* qui est à la fois une source de progrès et de bon marché.

Association du travail. Les ouvriers peuvent s'associer pour fabriquer ou vendre sans avoir besoin de patrons. Mais il leur faut dans ce cas, des capitaux, de la prudence et l'entente des affaires, sous peine de ne pas réussir.

3° Le capital.

Capital. Le capital est, avec le travail, un des principaux éléments de production. On entend par capital *toute richesse mise en réserve* pour produire une autre richesse. Dès lors, le capital n'est pas seulement l'argent placé à intérêt, ou utilisé dans l'agriculture, le commerce; il comprend tout ce qu'on possède : matières premières, terres, maisons, bestiaux, outils, machines.

Il n'y a point d'antagonisme entre le capital et le travail. La définition même du capital montre combien se trompent ceux qui voudraient voir un antagonisme entre le capital et le travail. Que deviendrait le cultivateur sans les instruments du travail de la terre? Le capital argent est absolument nécessaire à l'industrie et au commerce. L'acquisition des machines dont nous parlions tout à l'heure, les achats des matières premières qui alimentent les diverses branches de l'industrie humaine, le payement des salaires, les luttes pour la concurrence, exigent des avances considérables que seuls les capitalistes peuvent faire; les entreprises les plus simples demandent quelquefois une énorme mise de fonds. Vienne à manquer le capital et des centaines, peut-être des milliers d'ouvriers seront, faute de travail, dans la gêne et la misère. Le plus petit entrepreneur doit disposer d'un certain capital. Il n'y a donc pas d'antagonisme entre le capital et le travail et, s'il est vrai que le capital ne peut rien sans le travail, on peut ajouter avec non moins de raison que le travail ne peut à peu près rien sans le capital. Ce qu'il faut toujours désirer, c'est l'entente entre le capital et le travail. Du reste, le travail d'un homme laborieux et économe finit toujours par lui créer un certain capital.

III. — CIRCULATION DE LA RICHESSE

1° L'échange.

Chaque homme travaillant dans sa spécialité produit beaucoup plus qu'il ne consomme. Un riche cultivateur récolte plus de blé et de vin qu'il n'en dépense; un menuisier fabrique trop de meubles pour son service : que feront-ils? L'un livrera l'excédent de son blé, de son vin; l'autre, l'excédent de ses meubles, en échange d'autres services, d'autres produits, ou de la monnaie qui les représente.

Il y a l'échange d'individu à individu, de région à région, de nation à nation; car il n'est personne, il n'y a aucun pays, aucun peuple qui ait tout le nécessaire. Telle province reçoit d'une autre son vin et lui envoie son blé; telle nation expédie à une autre certaines matières premières, comme la laine, le coton, et en reçoit des objets manufacturés. C'est donc l'échange qui, en constituant la division du travail, en faisant circuler les produits et les services, entretient la vie économique des peuples.

2° Commerce.

Les échanges faits au moyen de la monnaie forment le commerce; le commerce fait circuler les richesses. On distingue le commerce *intérieur* qui se fait entre les habitants d'un même État, et le commerce *extérieur* fait par les habitants d'un pays avec les habitants d'un autre pays. Les marchandises passant la frontière à destination d'une nation étrangère constituent l'*exportation;* les marchandises qui entrent de l'étranger représentent l'*importation*. L'importation fait jouir un pays de tous les produits des pays étrangers; mais une nation dont l'importation dépasse l'exportation, finit par s'appauvrir, une partie de son capital, sortant de son sein et passant à l'étranger pour solder cet excédent.

Libre échange et protection. — Il y a *libre échange* lorsque les marchandises circulent librement d'une nation à une autre, sans qu'il y ait à payer de droits de douane à la frontière. Il y a *protection* lorsque l'entrée des marchandises est assujettie aux tarifs des douanes. En France, les uns sont partisans du libre échange, les autres de la protection. Cette question est réglée par les traités de commerce qui ont la plus grande importance pour les intérêts d'un pays.

3° La monnaie.

A l'origine des sociétés, et aujourd'hui encore parmi les peuples sauvages, les échanges se font en nature; on livre des produits contre des produits. Les héros d'Homère troquent un trépied en or contre vingt bœufs. Les voyageurs de l'Afrique échangent des étoffes, des armes contre les productions du pays. Il est facile de comprendre combien ces moyens sont compliqués et peu applicables dans la pratique de la vie. Je suis forgeron et j'ai besoin d'un habit; mais le tailleur n'a que faire de mon art. Il en est presque toujours ainsi dans les échanges. Comment tourner la difficulté? On y a réussi en créant la *monnaie* qui représente la valeur des produits et, d'après une convention générale, sert d'instrument dans les échanges. Grâce à cette invention, je puis me procurer de la monnaie en vendant n'importe quoi ou en faisant n'importe quel travail; avec cette monnaie, je puis acheter n'importe quoi ou n'importe quel service.

Monnaie française. — Il y a en France trois sortes de monnaies : la monnaie d'or, la monnaie d'argent et la monnaie de billon.

La monnaie d'or a un cours forcé. Toutes nos monnaies d'or, ainsi que la pièce de 5 francs en argent, ont une valeur intrinsèque équivalente au chiffre marqué sur chaque pièce. Les pièces de 2 francs, 1 franc et 50 centimes en argent, n'ont pas tout à fait leur valeur nominative, et la différence entre la valeur réelle et la valeur nominative est encore plus grande pour la monnaie de bronze; aussi les diverses pièces d'argent, autres que la pièce de 5 francs, n'ont-elles cours forcé que jusqu'à concurrence de 50 francs, et la monnaie de billon que jusqu'à concurrence de 5 francs. Au delà de cette somme, on peut les refuser.

4° Billet de banque.

Comme la monnaie elle-même n'est pas facile à porter, elle est souvent remplacée par le *billet de banque*. Ce qui inspire confiance dans le billet de banque, c'est qu'on peut toujours s'en faire rembourser la valeur en monnaie sonnante.

5° Crédit.

Quand on a besoin d'un objet, on n'a pas toujours l'argent pour le payer; on peut, si on offre des garanties, recevoir la marchandise à *crédit*. Le crédit a l'avantage de faire circuler et fructifier les capitaux. Il y a en France de nombreuses institutions de crédit. Parmi les instruments du crédit, nous pouvons citer les *billets à ordre*, les *billets de banque*, les *lettres de change*, les *chèques*.

L'argent prêté rapporte *intérêt*.

6° Salaire.

Ceux qui n'ont pas de fortune en propre peuvent se faire une part dans la distribution générale des richesses au moyen du *salaire*. On entend par salaire la rémunération du travail. C'est le prix convenu entre le patron et l'ouvrier. Les salaires subissent la loi de l'*offre* et de la *demande*, c'est-à-dire que le salaire augmente quand il y a plus de travail que d'ouvriers; il baisse quand il y a plus d'ouvriers que de travail.

7° Repos du dimanche.

Certains ouvriers croient gagner davantage en travaillant sans relâche, même le dimanche. Mais les forces de l'homme ne peuvent pas fournir un labeur indéfini et tel, qui aura pris au moment voulu le repos nécessaire, fournira en moins de temps une plus grande tâche que celui qui prétend ne s'arrêter jamais. Du reste, on le constate dans les grandes villes, ceux qui travaillent le dimanche se reposent le lundi. Le résultat matériel est donc le même. Quant au résultat moral, substituer le lundi au dimanche, le cabaret à l'église, c'est se dérober à toute influence religieuse et ouvrir la voie à ces excès qui engloutissent en un jour le salaire d'une semaine, le pain de toute une famille. On ne voit pas qu'en Angleterre et en Amérique, où le repos du dimanche est pratiqué, on ait à se plaindre de cette étroite observance.

IV. — CONSOMMATION DE LA RICHESSE. — L'ÉPARGNE. — LES SOCIÉTÉS DE PRÉVOYANCE, DE SECOURS MUTUELS, DE RETRAITE.

1° Consommation.

On ne produit que pour consommer ; tout excès de production sur la consommation ne peut qu'avilir la marchandise et finir par ruiner le producteur.

Il faut consommer la richesse d'une façon utile et productive, c'est-à-dire l'employer soit à des entreprises fécondes, soit à satisfaire ses besoins, et non ses appétits et ses passions. Toute dépense doit être justifiée.

Il faut toujours mesurer ses dépenses à ses revenus. Le riche peut déployer un certain luxe en rapport avec sa fortune ; le pauvre doit user de la plus stricte économie.

L'État a ici les mêmes devoirs que les particuliers. Il doit consacrer au bien public cette énorme consommation de richesses qui s'appelle l'*impôt*.

2° L'épargne.

Quand l'homme ne consomme pas tout le produit de son travail, il *épargne*. L'épargne en s'accumulant finit par lui constituer un petit capital, qui lui assurera le repos et la dignité de ses vieux jours. Tout dépenser dans la force de l'âge sans songer à la vieillesse, c'est courir trop souvent au-devant de la misère.

Les caisses d'épargne, qu'on a multipliées à notre époque et qui reçoivent les petites économies dont elles payent l'intérêt, sont admirablement instituées pour favoriser l'épargne chez le travailleur.

3° Sociétés de consommation.

Pour fournir aux ouvriers les moyens de faire des économies, on a établi des *sociétés coopératives de consommation* donnant, au prix de revient, la boulangerie, la boucherie, l'épicerie. Ces sociétés ont été fondées soit par de grands industriels, soit par des compagnies qui retiennent aux ouvriers sur leur salaire la valeur des denrées, soit par les ouvriers eux-mêmes qui voient dans cette institution une grande économie.

4° Sociétés de prévoyance.

Les sociétés de prévoyance ont pris les formes les plus diverses. Il y a des assurances maritimes contre les désastres qui peuvent, en mer, engloutir les marchandises. Il y a des assurances contre l'incendie, la grêle, l'inondation.

Il y a des *assurances sur la vie*. C'est un contrat par lequel une compagnie s'engage à payer, dès la mort de l'assuré et à ses héritiers, une somme proportionnelle aux versements annuels et sans intérêt faits durant sa vie. Cette institution permet à un père de famille économe, et qui peut faire quelques réserves, d'assurer l'avenir de ses enfants.

Les *caisses de retraite* donnent aux ouvriers et aux petites bourses la faculté de faire des placements avantageux pour se ménager la subsistance des vieux jours. Il y a une *caisse des retraites pour la vieillesse* placée sous la garantie de l'État. On peut, en y faisant des versements, s'assurer une retraite payable de 50 à 65 ans, au choix du déposant, avec ou sans remboursement, à la mort, des sommes qui ont été payées.

Les *sociétés de secours mutuels* demandent à leurs membres une petite somme mensuelle de 1 à 2 francs; elles leur assurent en retour, en cas d'infirmités, de maladies ou d'accidents, des secours tels que les soins du médecin, les médicaments et une indemnité limitée d'ordinaire à trois mois, et variant de 1 à 2 francs par jour; elles se chargent des frais de l'enterrement.

RÉSUMÉ

Notions d'économie politique. — I. Objet de l'économie politique. L'homme et ses besoins. La société et ses avantages. — II Production de la richesse : 1° Matières premières. 2° Le travail. 3° Le capital. — III. Circulation de la richesse : 1° L'échange. 2° le commerce. 3° La monnaie. 4° Billets de banque. 5° Crédit. 6° Salaire. 7° Repos du dimanche. — IV. consommation de la richesse : 1° Consommation. 2° Épargne. 3° Sociétés de consommation. 4° Sociétés de prévoyance.

FIN

TABLE DES MATIÈRES

ÉDUCATION MORALE

LIVRE PREMIER
L'HOMME

Chap.	Ier. — L'homme et l'animal	4
Chap.	II. — L'âme	6
	I. Nous avons une âme	6
	II. Facultés de l'âme	12
	III. Loi morale. Conscience	13
	IV. Immortalité de l'âme	15

LIVRE DEUXIÈME
DIEU

Chap.	Ier. — Existence de Dieu	21
	I. Preuves tirées du spectacle de l'univers	21
	II. L'existence de Dieu prouvée par l'étude de l'homme	25
Chap.	II. — La nature ou les attributs de Dieu	30
Chap.	III. — Devoirs envers Dieu. Culte. Jésus-Christ	43

LIVRE TROISIÈME
LA FAMILLE

Chap.	Ier. — Notion de la famille	54
Chap.	II. — Devoirs des parents envers leurs enfants. Éducation physique, intellectuelle, morale et religieuse	55
Chap.	III. — Devoirs des enfants envers leurs parents et leurs grands parents	67
	I. Amour et reconnaissance	67
	II. Respect	71
	III. Obéissance	73
	IV. Les assister dans leurs besoins	75
	V. Piété filiale	76
Chap.	IV. — Devoirs envers les ancêtres et envers les morts	80
Chap.	V. — Devoirs entre frères et sœurs	83
Chap.	VI. — Devoirs réciproques des maîtres et des serviteurs	90
Chap.	VII. — Les animaux	96

LIVRE QUATRIÈME
L'ÉCOLE

Chap.	Ier. — Bienfaits de l'école. Instruction. Éducation	100
Chap.	II. — Devoirs de l'enfant à l'école	104
Chap.	III. — Devoirs de l'élève envers ses maîtres	108
Chap.	IV. — Rapports avec les camarades	112

LIVRE CINQUIÈME
DEVOIRS ENVERS SOI-MÊME

Chap.	Ier. — Devoirs envers le corps. Suicide	115
Chap.	II. — Tempérance dans le boire et dans le manger	120
Chap.	III. — L'innocence	124
Chap.	IV. — Conduite à l'égard des biens extérieurs. — Avarice. — Prodigalité. — Économie. — Ordre	126
Chap.	V. — Courage. — Dignité morale	135
Chap.	VI. — Patience	140
Chap.	VII. — Colère — Douceur	144
Chap.	VIII. — Orgueil. — Vanité. — Modestie	146
Chap.	IX. — Le travail. — La paresse	156

TABLE DES MATIÈRES

LIVRE SIXIÈME
DEVOIRS SOCIAUX. — JUSTICE. — CHARITÉ

Chap.	Iᵉʳ. — Nécessité et bienfaits de la société................	160
Chap.	II. — Division des devoirs envers le prochain. — Justice. — Charité.	161
Chap.	III. — Respect de la vie du prochain. — Duel................	162
Chap.	IV. — Respect de la liberté du prochain. — L'esclavage.......	165
Chap.	V. — Respect de la conscience du prochain...............	166
Chap.	VI. — Respect de l'intelligence du prochain. — Le mensonge....	168
Chap.	VII. — Respect de la réputation du prochain. — Calomnie. — Médisance. — Jugement téméraire. — Jalousie.............	172
Chap.	VIII. — Respect de la propriété du prochain. — Vol. — Restitution. — Probité.................................	172
Chap.	IX. — La charité. — Devoirs et degrés de la charité. — Bonté. — Aumône.................................	187
Chap.	X. — La charité chrétienne...........................	198

LIVRE SEPTIÈME
LA PATRIE

Chap.	Iᵉʳ. — Ce qu'est la patrie.............................	202
Chap.	II. — Le patriotisme.................................	206
Chap.	III. — L'ancienne France.............................	209
Chap.	IV. — La France moderne. — Les principes de 1789. — Liberté. — Égalité. — Fraternité............................	216

INSTRUCTION CIVIQUE

LIVRE PREMIER
GOUVERNEMENT ET ADMINISTRATION DE LA FRANCE

Chap.	Iᵉʳ. — Organisation politique de la France. — Les pouvoirs de l'État	225
Chap.	II. — Organisation administrative de la France. — La commune. — Le département...............................	233
Chap.	III. — Administration de la justice.......................	240
Chap.	IV. — Les cultes...................................	245
Chap.	V. — Instruction publique............................	247
Chap.	VI. — Finances....................................	251
Chap.	VII. — La force publique. — L'armée. — La marine...........	254
Chap.	VIII. — Postes et télégraphes. — Travaux publics. — Agriculture. — Commerce. — Beaux-arts. — Affaires étrangères........	258
Chap.	IX. — Droits et devoirs des citoyens.....................	260

LIVRE DEUXIÈME
NOTIONS ÉLÉMENTAIRES DU DROIT USUEL

Chap.	Iᵉʳ. — État civil. — Protection des mineurs.................	266
Chap.	II. — Notions relatives à la propriété. — Succession. — Testaments. Contrats usuels. — Lois de police.................	269

LIVRE TROISIÈME
NOTIONS D'ÉCONOMIE POLITIQUE

	I. — Objet de l'économie politique......................	278
	II. — Productions de la richesse........................	278
	III. — Circulation de la richesse........................	281
	IV. — Consommation de la richesse. — Épargne. — Sociétés de Prévoyance..................................	285

Poitiers. — Imprimerie Oudin.

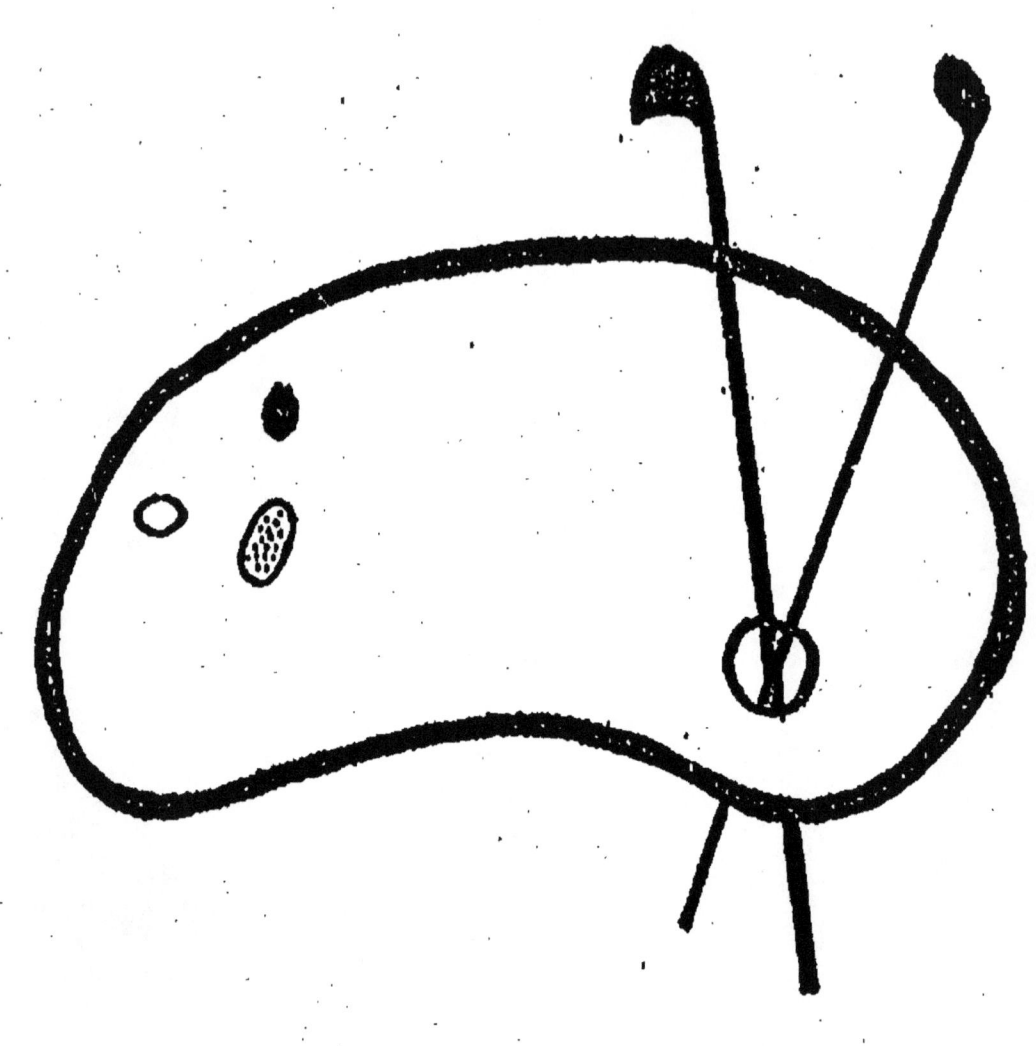

ORIGINAL EN COULEUR
NF Z 43-120-8

www.ingramcontent.com/pod-product-compliance
Lightning Source LLC
Chambersburg PA
CBHW071134160426
43196CB00011B/1893